제2인터내셔널의 붕괴

059 레닌
전집

Владимир
Ильич
Ленин

제2인터내셔널의 붕괴

양효식
옮김

AGORA

차례

일러두기

1. 본 전집의 대본은 V. I. Lenin, *Collected Works*, Progress Publishers, Moscow다.
2. 주석은 모두 각주로 처리했으며, 저자 주는 주석 앞에 '레닌 주'라고 표기했다. 원서 편집자 주는 주석 뒤에 '원서 편집자', 옮긴이 주는 '옮긴이'라고 표기했다.
3. 원문에서 이탤릭체로 강조된 것은 고딕체로 표기했으며, 볼드체로 강조된 것은 굵은 글씨로, 대문자로 강조된 것은 권점을 사용해 표기했다. 밑줄이 그어진 것은 동일하게 처리했다.
4. 신문이나 잡지의 이름은 우리말로 번역되어 익히 알려져 있거나 사용되고 있는 경우에는 번역된 우리말로 표기했으나, 그렇지 않은 경우에는 소리 나는 대로 표기했다.
5. 날짜는 러시아 구력이며, 신력을 표기할 때는 구력을 먼저 적고 괄호 안에 신력을 표기했다.

이제 어떻게
될 것인가?

기회주의와 사회배외주의에 대한
노동자 당의 임무에 대하여

세계 전쟁이 유럽 사회주의 내부에 야기한 거대한 위기의 첫 번째 결과는 (큰 위기들이 항상 그렇듯이) 대혼란이다. 그 다음으로 대혼란을 거쳐 나타난 결과는 사회주의의 각종 조류, 색조, 견해의 대표자들 사이에 일련의 새로운 그룹들이 형성된 것이다. 마지막으로, 위기로부터 사회주의 정책의 어떠한 원칙상의 변화가 비롯되는가, 위기에 의해 요구되는 변화는 무엇인가 하는 문제가 특히 첨예하고 집요하게 제기되었다. 1914년 8~12월에 러시아의 사회주의자들도 이 세 '단계'를 아주 분명하게 거쳤다. 처음에 혼란이 작지 않았음을 우리 모두는 알고 있다. 차르의 박해로 인해, '유럽인들'의 행동으로 인해, 그리고 전쟁에 대한 공포로 인해 혼란이 배가되었다. 가장 많은 수의 정치 망명자가 있고 러시아와의 연락도 가장 활발하며 가장 폭넓은 자유가 있는 파리와 스위스에서, 9월과 10월은 전쟁으로 제기된 문제들을 놓고 토론과 강연과 출판물을 통해 다양한 입장이 제시되어 서로 간에 분명한 차이를 드러낸 기간이었다. 러시아에서는 사회주의(와 사회주의 모조품) 조류

(또는 그룹) 중 자신의 태도와 경향을 표명하지 않은, 그리하여 평가되지 않은 조류는 단 하나도 없다고 분명히 말할 수 있다. 체계적인 실천 활동과 선전·선동과 조직의 기초로 복무할 수 있는 정확하고 적극적인 결론을 낼 시기가 되었다는 게 전반적인 분위기다. 상황은 분명하다. 모두 자신의 입장을 표명했다. 이제 누가 누구와 함께하고, 어디로 방향을 잡았는가를 검토해보자.

페트로그라드에서 정부가 러시아 사회민주노동당 두마 의원단 체포령[1]을 발포한 다음 날인 11월 23일(신력), 스톡홀름에

[1] 4차 두마에 파견된 볼셰비키 의원단이 1914년 11월 5~6일(18~19일)에 체포되었다. 페트로그라드 인근의 오제르키 촌에서 소집된 회의에 참가했다는 것이 체포 사유다.

11월 2~4일(15~17일)에 열린 회의에는 이들 의원단뿐만 아니라 이바노보-보즈네센스크, 하르코프, 리가 등 볼셰비키당 페트로그라드 조직들의 대표자들이 참석했다.

경찰이 밀정의 첩보를 받고 오제르키를 급습한 것은 회의가 막 끝날 무렵이었다. 경찰은 G. I. 페트롭스키(Petrovsky)와 A. Y. 바다예프(Badayev)와 의원들을 수색하는 과정에서 전쟁에 관한 레닌의 테제와 《사회민주주의자Sotsial-Demokrat》 33호(러시아 사회민주노동당 중앙위원회 선언 「전쟁과 러시아 사회민주주의The War and Russian Social-Democracy」(본 전집 58권에 수록—편집자)가 실려 있었다)를 발견했다. 회의 참가자들이 모두 체포되었지만, 의회 면책권이 있는 두마 의원단은 체포를 피했다. 그러나 이틀 뒤 그들도 체포되어 재판을 받고 동시베리아 종신 유형에 처해졌다. 레닌은 볼셰비키당 의원단의 공판과 관련하여 「러시아 사회민주노동당 두마 의원단 재판으로 무엇이 폭로되었는가?」(이 책에 수록—편집자)라는 글을 《사회민주주의자》 40호(1915년 3월 29일)에 발표했다.—원서 편집자

서 열린 스웨덴 사회민주당 대회에서는 바로 앞에서 강조한 이 두 가지 문제를 최종적으로, 되돌릴 수 없이 의사일정에 올려 놓은 사건이 발생했다.[2] 독자들은 뒤에서 이 사건을 기술한 내용을 볼 수 있을 것이다. (중앙위원회를 대표하는) 벨레닌(Belenin)[3]과 (조직위원회[4]를 대표하는) 라린의 연설문들, 브란팅이 제기한 문제에 관한 논쟁 등이 모두 스웨덴 사회민주당의 공식 보고서 전문을 번역한 자료에 들어 있다.

전쟁 발발 이래 처음으로 우리 당 및 우리 당 중앙위원회

2　이 대회의 주요 의제는 전쟁에 대한 태도 문제였다. 러시아 사회민주노동당 중앙위원회의 인사 메시지를 전하기 위해 대회에 참석한 A. G. 실리아프니코프(Shlyapnikov)는 제국주의 전쟁에 맞서 투쟁할 것, 독일 사회민주당을 비롯하여 사회배외주의로 돌아선 다른 나라 사회주의 정당 지도자들의 배반을 규탄할 것을 호소하는 선언을 낭독했다. 스웨덴 사회민주당 우파의 지도자 브란팅(Branting)은 선언 가운데 독일 사회민주당의 행동을 비난하는 부분에 대해 유감을 표명할 것을 제안하며, "다른 당들을 비난하는 것은 대회에 걸맞지 않다"고 주장했다. 좌파의 지도자 회글룬트(Höglund)는 브란팅의 제안에 대한 반대 입장을 표명하면서, 많은 스웨덴 사회민주당 당원들이 러시아 사회민주노동당 중앙위원회 선언이 밝힌 견해를 공유하고 있다고 주장했다. 그러나 표결에서 브란팅의 제안이 다수의 표를 얻어 통과되었다. Y. 라린(Ların)은 멘셰비키 조직위원회를 대표하여 대회에서 연설했다. 대회에 대한 보고가 《사회민주주의자》 36호(1915년 1월 9일)에 발표되었다.─원서 편집자

3　벨레닌은 A. G. 실리아프니코프다.─원서 편집자

4　The Organizing Committee. 멘셰비키 당의 지도 중앙으로서, 1912년 8월에 열린 멘셰비키 청산파와 모든 반당 그룹들 및 경향들의 회의에서 선출되었다. 1917년 8월에 멘셰비키당 중앙위원회가 선출될 때까지 존속했다.─원서 편집자

의 대표자와 청산파 조직위원회의 대표자가 중립국 사회주의
자들의 대회에서 만났다. 그들 두 사람의 연설은 어떻게 달랐
는가? 벨레닌은 현 사회주의 운동의 심각하고 고통스러우며
매우 급박한 문제들에 대해 가장 분명한 입장을 취했다. 그는
당 중앙기관지《사회민주주의자》5를 인용하며 기회주의에 대
한 단호한 선전포고를 했고, 독일 사회민주당 지도자들(과 "다
른 많은 당원들")의 행동을 변절이라고 규정했다. 라린은 어떤 입
장도 취하지 않았다. 그는 문제의 본질에 대해선 침묵하면서,
낡고 진부한 공문구나 남발하여 각국의 모든 기회주의자들과
사회배외주의자들로부터 항상 박수를 받았다. 그러나 그때 벨
레닌은 러시아의 여타 사회민주주의 당들이나 그룹들에 대한

5 1908년 2월부터 1917년 1월까지 비합법으로 발행된 러시아 사회민주노
   동당의 중앙기관지. 통권 58호가 나왔다. 첫호는 러시아에서, 2호부터는
   파리에 이어 제네바에서 발행되었다. 러시아 사회민주노동당 중앙위원
   회의 결정에 따라 편집위원회는 볼셰비키와 멘셰비키와 폴란드 사회민
   주주의자들의 각 대표자들로 구성되었다.
      레닌은 이 신문에 80여 편의 논설과 기사를 썼다. 편집위원으로 있
   는 동안 레닌은 일관되게 볼셰비키의 입장을 유지하였다. 일부 편집위
   원들(카메네프(Kamenev)와 지노비예프(Zinoviev)를 포함한)은 청산파
   에 대해 타협적 태도를 취하여 레닌의 방침을 뒤집으려고 했다. 멘셰비
   키 편집위원인 마르토프(Martov)와 단(Dan)은 편집위원회 업무를 사
   보타주하고 자신들의 분파 신문인《골로스 사회민주의Golos Sotsial-
   Demokrata》에서 공공연하게 청산주의를 옹호했다.
      레닌이 청산파에 맞서 비타협적으로 투쟁한 끝에 마르토프와 단은
   1911년 6월에 편집위원직을 사임했다. 레닌은 1911년 12월부터《사회민
   주주의자》의 편집위원으로 활동하기 시작했다.—원서 편집자

우리의 태도에 관해서는 아무 말도 하지 않았다. 마치 '우리의 태도는 이렇다. 다른 그룹들에 대해 아직까지는 우리 입장을 표명하지 않을 것이지만, 그들이 어느 방향을 취할지 지켜볼 것이다'라고 암시하는 것처럼. 반대로 라린은 '단결'의 깃발을 펄럭이며, '러시아에서의 쓰디쓴 분열의 열매' 위에 눈물을 떨구었다. 그리고는 플레하노프(Plekhanov)와 캅카스인들, 분트파, 폴란드인들[6], 그리고 기타 등등을 이른바 단결시킨, 조직위원회에 의해 수행된 '통합 작업'을 화려한 색채로 그려냈다. 라린의 의도에 대해서는 다른 데서(「라린은 스웨덴 대회에서 어떤 종류의 '단결'을 선언했는가?」〔이 책에 수록—편집자〕를 보라) 다룰 것이다. 여기서 우리의 관심은 단결이라는 근본 문제다.

우리 앞에는 두 개의 슬로건이 있다. 하나는 배반자들인 기회주의자들과 사회배외주의자들에 대한 전쟁이다. 다른 하나는 러시아에서의 단결, 특히 플레하노프와의 단결이다(첨언하자면 플레하노프는 쥐데쿰〔Südekum〕이 독일 동지들에게, 하인드먼〔Hyndman〕이 영국 동지들에게 행동하는 것과 똑같은 방식으로 우리에게 행동하고 있다.7) 라린은 사물을 그 본래 이름으로 부르는 것을 두려워하면서도 실제로는 기회주의자들과 사회배외주의자들

6 여기서 "캅카스인들"은 캅카스의 멘셰비키 청산파를 말하는 것이다. "분트파"는 리투아니아와 폴란드와 러시아의 유대인노동자총동맹을, "폴란드인들"은 청산파를 지지하는 폴란드·리투아니아 사회민주당 대표자들을 가리킨다.—원서 편집자

의 변호인으로 나선 것이 분명하지 않은가?

그러나 '단결' 슬로건의 의미를 일반적으로뿐만 아니라 현 사태에 비추어서 한번 생각해보자. 프롤레타리아트의 단결은 사회주의 혁명을 위한 투쟁에서 프롤레타리아트의 최대의 무기다. 이 명백한 진실로부터 다음과 같은 마찬가지로 명백한 진실이 도출된다. 사회주의 혁명을 위한 투쟁을 방해할 수 있는 상당수의 소부르주아 분자들이 프롤레타리아 당에 가입했을 때, 그 같은 분자들과의 단결은 프롤레타리아트의 대의에 해로우며 아주 위험하다. 현 사태는 한편으로는 제국주의 전쟁(즉 자본주의의 마지막 단계이자 가장 높은 단계를 반영하는 전쟁)을 위한 객관적인 조건이 성숙했다는 것, 그리고 다른 한편으로는 수십 년간의 이른바 평화적인 시대가 모든 유럽 나라들의 사회주의 당들 내부에 소부르주아·기회주의 폐물들이 쌓이는 것을 허용했다는 것을 보여주었다. 약 15년 전, 독일에서 저 유명한 '베른슈타인주의[8]' 시절 동안─그리고 다른 많은 나라들에서는 그보다 더 일찍─프롤레타리아 당들 내부의 기회주의적인 이질적 분자들의 문제가 초미의 쟁점이 된 적이 있었다. 저명한 마르크스주의자들치고 기회주의자들이 실제로 사회

7 레닌주 지금 막 입수한 플레하노프의 소책자 『전쟁에 대하여 *On the War*』(파리, 1914년)는 본문에서 제기한 주장이 진실임을 매우 생생하게 확인해주고 있다. 이 소책자에 대해서는 나중에 다시 검토할 것이다.

8 독일 사회민주당의 기회주의 지도자였던 수정주의자 베른슈타인 (Bernstein)이 이끈 사상적 조류.─옮긴이

14

주의 혁명에 적대적인 비프롤레타리아 분자라는 것을 그 동안의 각종 사안들 속에서 여러 차례 인식하지 못한 사람은 아무도 없다. 최근 몇 년간 이들 사회적 분자가 특히 급속한 성장을 이뤘음은 의심의 여지가 없는 사실이다. 여기에는 합법 노동조합의 간부들과 국회의원들, 그리고 그 밖의 지식인들 등 합법적인 대중운동에서 편하고 안락한 지위를 차지하고 있는 자들과 일부 상대적 고임금 노동자층, 사무소 피고용자들 등이 포함된다. 전쟁이 명확히 입증한 바, 위기 때(제국주의 시대는 의심할 바 없이 온갖 종류의 위기 시대 중 하나일 것이다)는 부르주아지로부터 지원을 받고 때로는 직접적으로 지도를 받는(이 점이 특히 중요하다!) 상당 규모의 기회주의자 집단이 부르주아지의 진영으로 넘어가서 사회주의를 배반하고 노동자의 대의를 손상시키고 나아가 그 대의를 파멸시키려 시도한다는 것이다. 어떠한 위기 때든 부르주아지는 항상 기회주의자들을 원조할 것이고, 가장 불법적이고 야만적인 **군사적** 조치들을 동원하여 프롤레타리아트의 혁명적 부위를 가차 없이 탄압하려 할 것이다. 기회주의자들은 부르주아지의 편에 선 프롤레타리아 혁명의 적들이다. 그들은 평화적인 시기에는 노동자 당 내에서 스스로를 숨긴 채 은밀하게 자신들의 부르주아적 사업을 수행하고, 위기의 시기에는 부르주아지의 보수적 부분부터 가장 급진민주주의적인 부분까지, 자유사상가들로부터 종교적·교권주의적 부분들까지 통합된 부르주아지 **전체**의 공공연한 동맹군임을 곧장 드러낸다. 우리가 거쳐온 사건들 이후에도 이 진실을 이해하지 못했다면 누구든 그는 구제할 길 없이 자신과 노동자들 모두를 속이는 것이 된다. 현 조건에서 개별적으로 적의 편에 붙는 것은 막을 수 없지만, 그 의미는 소부르주아 기회주의자들이라는 하나의 **사회계층**으로서, 하나의 **조류로서의** 존재에 의해 결정된다는 것을 기억해야 한다. 하인드먼, 반데르벨데(Vandervelde), 플레하노프, 카우츠키(Kautsky) 등과 같은 사회배외주의자들이 부르주아 애국주의를 옹호하며 주워담는 허접한 발언들은 하나의 사회계층으로서 전체 기회주의자들과 벌떼 같은 부르주아 신문들 및 부르주아 정치가들이 그것들을 받아 옮기지 않는다면 아무런 의의도 지니지 못할 것이다.

제2인터내셔널 시대에 사회주의 당들은 수십 년간의 '평화' 기에 기회주의가 당 대열 내부로부터 구축되는 것을 용인해왔다. 이 기회주의는 당 뒤에 숨어 혁명적 노동자들의 마르크스주의적 어법을 차용하고 그들에게 영합하면서 그 어떤 원칙상의 분명한 차이가 불거지는 것도 교묘히 피했다. 이 당들은 이제 시대에 뒤처져버렸다. 만약 전쟁이 1915년에 끝난다면, 또다시 어느 새로운 위기 때에도 이들 기회주의자들은 하나같이 (이들에 더해 여타의 많은 무정견하고 얼빠진 자들도) 부르주아지─당연하게도 그 어떤 계급적 증오와 계급투쟁에 관한 담론도 금지시킬 구실을 발견할 부르주아지─의 편에 설 것이라는 것을 경험으로부터 알고서도 1916년에 이들 기회주의자들과 함께 노동자 당의 재건을 시작할 생각을 갖는 진지한 사회주의자가 있을까?

이탈리아 당은 제2인터내셔널 시기 동안 예외였다. 비솔라티(Bissolati)를 우두머리로 하는 기회주의자들은 당에서 축출되었다. 지금의 위기 속에서 볼 때 그 결과는 아주 **훌륭한** 것으로 입증되었다. 당 내부에 다양한 경향의 사람들이 있었지만 이들이 노동자들을 속이는 일은 일어나지 않았고, '단결'에 관한 웅변을 토하며 노동자들을 눈멀게 만들지도 않았다. 각 경향의 사람들은 자신의 길을 걸었다. 기회주의자들(그리고 무솔리니(Mussolini) 같은, 노동자 당에서 이탈하여 적의 편에 선 자들)은 사회배외주의를 실행했고, '용감한 벨기에'에게 박수를 보냈으며(플레하노프가 그랬던 것처럼), 그렇게 함으로써 우크라이나와 갈리치아…… 알바니아, 튀니지 등을 약탈하고자 하는 부르주아 이탈리아(용감한 이탈리아가 아니라)의 정책을 은밀히 옹호한다. 반면 사회주의자들은 그들에 대항하여, 내란을 준비하는 가운데 전쟁에 반대하는 전쟁을 수행해왔다. 우리는 결코 이탈리아 사회당을 이상화하고 있는 것이 아니며, 이탈리아가 전쟁에 돌입할 경우에도 이 당이 확고한 입장을 취할 것이라고 확언하는 것도 아니다. 우리는 이 당의 미래에 대해서가 아니라 단지 현재에 대해 말하고 있을 뿐이다. 우리는 논박의 여지가 없는 **사실**, 즉 대부분의 유럽 나라들에서 노동자들이 기회주의자들과 혁명가들의 허구적인 단결에 의해 기만당해왔는데, 이탈리아는 현재 그와 같은 기만이 존재하지 않는 행복한 예외라는 사실을 언급하고 있는 것이다. 제2인터내셔널에서 행복한 예외였던 것이 제3인터내셔널에서는 예외 아닌 통례가 되어야 하며, 그렇게 될 것이다. 자본주의가 온존하는 동안 프롤레타리아트는 언제나 소부르주아지와 가까운 이웃일 것이다. 소부르주아지와의 일시적 동맹을 거부하는 것이 때로는 현명치 못한 것일 때도 있지만, **현재로선 그들과의 단결**, 기회주의자들과의 단결은 오직 프롤레타리아트의 적들 또는 속임수에 넘어간 지나간 시대의 **전통주의자들**에 의해서나 옹호될 수 있을 뿐이다.

1914년에 뒤이은 오늘, 사회주의 혁명을 위한 프롤레타리아 투쟁의 단결은 노동자 당이 기회주의자들의 당으로부터 완전히 분리할 것을 요구한다. 우리가 말하는 기회주의는 중앙위원회 선언에 명확하게 설명되어 있다(「전쟁과 러시아 사회민주주의」,《사회민주주의자》33호).

그러나 러시아에서 우리가 보고 있는 것은 무엇인가? 어떤 방식으로든, 그리고 일관성의 정도가 어떠하든 배외주의—푸리시케비치(Purishkevich) 식의 배외주의와 카데츠 식의 배외주의 둘 다—에 맞서 싸우고 있는 사람들과, 마슬로프(Maslov)와 플레하노프와 스미르노프(Smirnov)처럼 배외주의를 받아 읊는 사람이 서로 단결한다는 것이 우리나라 노동자계급 운동에 좋은 것인가, 나쁜 것인가? 반전 행동에 나서는 사람들과 자신들은 전쟁을 반대하지 않을 것이라고 선언하는—'문서'(34호)⁹의 영향력 있는 저자들처럼—사람들 사이에 단결이 이뤄지는 것이 좋은 것인가? 못 본 척하고 싶어하는 자들만이 이 문제에 대답하는 데 어려움을 느낄 것이다.

마르토프는 《골로스 *Golos*》의 지면을 통해 플레하노프와 논쟁을 벌였고, 다수의 다른 동지들 및 조직위원회의 열성 지지자들과 함께 사회배외주의에 반대하여 싸웠다는 점을 들어 우리에 대한 반론을 제기할 수도 있을 것이다. 우리는 이를 부정하지 않으며, 우리의 중앙기관지 33호에서 마르토프에게 솔직하게 경의를 표하기도 했다. 우리는 마르토프가 '전향하지' 않는다면(「마르토프의 전향 Martov Turns About」이라는 글을 보라), 매우 기쁠 것이다. 우리는 단호한 반배외주의 노선이 조직위원회의 노선이 되기를 무척이나 바랄 것이다. 그러나 그것은 우리의 소망이나 다른 어느 누군가의 소망에 달려 있지 않다. 객관적인 사실은 무엇인가? 첫째, 조직위원회의 공식 대표자인 라린은 사회배외주의자 플레하노프의 이름을 거론하고, 《베르너 타그바흐트 *Berner Tagwacht*》¹⁰에 글을 쓴 악셀로드(Axelrod)의 이

---

9 러시아 사회민주주의자들에게 전쟁 반대에서 기권할 것을 촉구하는 반데르벨데의 전보에 대한 페테르부르크 청산파(포트레소프[Potresov], 마슬로프, 체레바닌(Cherevanin) 등)의 회답 문서를 가리킨다. 이 회답 문서에서 러시아 청산파는 벨기에·프랑스·영국의 사회주의자들이 부르주아 정부 내각에 입각하는 것에 찬성의 뜻을 표했고, 러시아에서의 자신들의 활동도 전쟁에 반대하지 않을 것이라고 선언했다.—원서 편집자

름 또한 거론하면서도, 분명한 말이라곤 단 한 마디도 하지 않을 정도로 《골로스》에 관해 모종의 이유로 침묵했다. 그의 공식 직위는 떼어놓고 생각한다손 치더라도, 라린은 러시아의 유력한 청산파 중앙그룹과 지리적으로 가까운 것 이상이다. 둘째, 유럽의 언론이 있다. 프랑스와 독일의 신문들은 루바노비치 (Rubanovich)와 플레하노프와 치헤이제(Chkheidze)에 대해서는 말하면서도 《골로스》에 관해서는 아무것도 말하지 않는다. (독일의 주전파 '사회민주주의' 언론 가운데 가장 주전론적인 기관지 중 하나인 《함부르거 에코Hamburger Echo》는 12월 12일호에서 치헤이제를 마슬로프와 플레하노프의 지지자라고 일컬었다. 이 점에 대해서는 러시아의 일부 신문들도 암시한 바 있다. 명백한 것이지만, 모든 쥐데쿰파 지지자들은 플레하노프가 쥐데쿰파에게 제공한 이데올로기적 원조를 십분 인정하고 있다.) 러시아에서 수백만 부수를 자랑하는 부르주아 신문들은 '인민'에게 마슬로프-플레하노프-스미르노프에 대한 소식은 실어 나르지만, 《골로스》로 대표되는 경향에 대해서는 어떤 뉴스도 싣지 않는다. 셋째, 1912~4년의 합법적 노동자 언론의 경험이 분명하게 입증하고 있는 바, 청산파 운동이 누리는 일정 정도의 사회적 세력과 영향력은 그 원천이 노동자계급이 아니

IO 베른 일보. 1893년에 베른에서 창간된 스위스 사회민주당 기관지 (일간지). 1차 세계대전 초기에 이 신문은 카를 리프크네히트(Karl Liebknecht)와 프란츠 메링(Franz Mehring) 등 좌익 사회민주주의자들의 글을 실었다. 그러나 1917년 이후에는 공공연하게 사회배외주의자들을 지지했다.—원서 편집자

라 합법주의적인 저술가 중핵을 배출한 부르주아 민주주의적 인텔리겐차층에 있다. 하나의 계층으로서 이 인텔리겐차층의 민족배외주의적 기질에 대해서는 페트로그라드 노동자의 편지(《사회민주주의자》 33호 및 35호)와 '문서'(34호)에서 드러난 바와 같이, 러시아 언론 전체가 증언하고 있다. 이 계층 내부에서의 상당한 인적 재편성은 얼마든지 가능하지만, 하나의 계층으로서 그들이 '애국주의적'·기회주의적이지 않을 수 있을 개연성은 절대적으로 없다고 봐야 한다.

이것이 객관적인 사실들이고, 우리는 이 사실들을 주요하게 고려하고 있다. 또한 보란 듯이 좌익을 전시용으로 두고 있는 것(특히 그 좌익이 비공식일 때)이 노동자들에 대한 영향력을 얻고자 하는 모든 부르주아 당들에게 이득이 된다는 점을 우리는 알고 있다. 그러므로 조직위원회와의 단결이라는 생각은 노동자의 대의에 해로운 환상임을 우리는 선포해야만 한다.

조직위원회는 머나먼 스웨덴에서 11월 23일 플레하노프와의 단결을 공표하며 모든 사회배외주의자들에게 기분 좋은 달콤한 말들을 쏟아낸 반면, 파리와 스위스에서는 9월 13일(《골로스》의 발행일)에노, 11월 23일에도, 나아가 이날(12월 23일)까지도 자신의 입장에 대해 아무것도 알리지 않았다. 이러한 조직위원회의 정책은 가장 질 나쁜 정치술책과 다를 것이 없다. 조직위원회는 《오트클리키*Otkliki*》[11]가 공식 당 기관지의 성격을 갖기를 바랐다. 그러나 이 신문이 그 같은 성격을 갖지 않을 것이라는 취지의 솔직한 성명이 《베르너 타그바흐트》(12월 12일)에 발표됨으로써 그 희망은 산산이 부서졌다. (그런데 《골로스》편집자들은 52호에서, 지금의 청산파와의 분열이 계속된다면 그것은 최악의 '민족주의'일 것이라고 선언했다. 문법적으로 의미가 결여된 이 말에는 오직 정치적 의미만 있을 뿐이다. 즉 《골로스》편집자들은 사회배외주의에 대해 비타협적인 태도를 갖고 있는 사람들에게 좀 더 가까이 가는 쪽보다는 사회배외주의자들과 단결하는 쪽을 더 좋아한다는……! 《골로스》편집자들은 나쁜 선택을 한 것이다.)

그림을 완성하기 위해서는 아직 사회주의혁명가당의 기관지 《미슬Mysl》[12]에 대해 몇 마디 덧붙이는 일이 남아 있다. 이 신문 또한 '단결'을 찬양한다. 그러면서 자기 당 지도자인 루바노비치의 사회배외주의를 엄호하고(《사회민주주의자》33호 참조), 프랑스-벨기에의 기회주의자들과 입각론자들을 옹호한다. 또 러시아의 트루도비키(Trudoviks)[13] 내 극단적인 급진론자 중 한 사람인 케렌스키(Kerensky)의 연설에 깔린 애국주의적 기조에 대해서는 침묵하는 한편, 나로드니키적이고 기회주의적인 정신으로 마르크스주의를 재검토하라는 낡은 소부르주아적 저질 논리들을 쏟아내고 있다. 1913년 러시아 사회민주노동당 여

[11] '메아리'라는 뜻. 멘셰비키 조직위원회가 기관지로 발행할 계획이었다. 곧 나올 것으로 발표됐지만, 끝내 발행되지 않았다.—원서 편집자

[12] '사상'이라는 뜻. 1914년 11월부터 1915년 3월까지 파리에서 발행된 사회주의혁명가당의 일간지.—원서 편집자

름 회의의 결의[14]에서 사회주의혁명가당에 대해 언급한 내용은 《미슬》의 이러한 행동으로 완전하게 입증되었다.

일부 러시아 사회주의자들은 각국의 사회배외주의에 대한 국제적인 정당화를 담고 있는 결의—플레하노프와 쥐데쿰, 카우츠키와 에르베(Hervé), 게드(Guesde)와 하인드먼, 반데르벨데와 비솔라티 등이 지금 작성 중인 것과 같은—를 기꺼이 환영할 태세가 되어 있느냐의 문제로 국제주의를 이해하는 듯하다. 우리는 국제주의란 오직 각자의 당 내부의 모호하지 않은 명확한 국제주의적 정책에 있을 뿐이라고 감히 생각한다. 우리가 기회주의자들과 사회배외주의자들 무리 속에 있는 동안은 진정으로 프롤레타리아 국제주의적인 정책은 추구될 수 없고, 전쟁에 대한 능동적인 반대를 전파할 수도 없으며, 그러한 반대 행동을 위한 역량을 모아낼 수도 없다. 쓰디쓰지만 사회주의자에게 필수적인 이 진실을 회피하기 위한 침묵의 도피처를

13 나로드니키 경향의 농민과 지식인으로 구성된 소부르주아 민주주의 두마 의원단. 트루도비키 그룹은 1906년 4월, 1차 두마에 파견된 농민 의원들을 중심으로 하여 결성되었다. 두마에서 트루도비키는 카데츠와 사회민주주의자들 사이에서 계속 동요했다.
  1차 세계대전 중에 사회혁명가당과 인민사회주의자당과 트루도비키당은 대부분 사회배외주의 입장을 취했다.—원서 편집자

14 이 결의는 레닌이 작성하여 러시아 사회민주노동당 중앙위원회와 당 임원들의 합동회의(1913년 9월 23일~10월 1일)에서 채택된 결의안 「나로드니키The Narodniks」를 말하는 것이다. 보안상의 이유로 이 회의는 '여름' 회의 또는 '8월' 회의로 불렸다.—원서 편집자

발견하거나 이 진실을 일축해버리는 것은 노동계급 운동에 해
악적이고 파멸적인 짓이다.

| 《사회민주주의자》 36호, 1915년 1월 9일

라린은 스웨덴 대회에서 어떤
종류의 '단결'을 선언했는가?

레닌은 이 글을 멘셰비키인 라린(Y. Larin)이 1914년 11월 23일(신력) 스톡홀름에서 열린 스웨덴 사회민주당 대회에서 한 연설과 관련하여 썼다.—원서 편집자 우리가 인용한 연설(《사회민주주의자》 36호)에서 라린이 한 말은 유명한 '7월 3일' 블록¹, 즉 1914년 7월 3일에 브뤼셀에서 조직위원회, 트로츠키(Trotsky), 로자 룩셈부르크(Rosa Luxemburg), 알렉신스키(Alexinsky), 플레하노프, 분트파, 칼카스인, 리투아니아인, '좌파'², 폴란드 반대파 등 간에 체결된 동

I '7월 3일' 블록(브뤼셀 블록)은 1914년 7월 16~18일에 국제사회주의사무국 집행위원회가 러시아 사회민주노동당 내 통일을 회복하는 문제에 대한 '의견 교환'을 목적으로 소집한 브뤼셀 '통일' 회의에서 결성되었다. 여러 조직이 이 회의에 대표를 파견했다. 러시아 사회민주노동당 중앙위원회(볼셰비키), 조직위원회(멘셰비키)와 그에 동조하는 칼카스 지방위원회, 보르바 그룹, 사회민주당 국회의원단(멘셰비키), 플레하노프의 예딘스트보 그룹, 브페료드 그룹, 분트, 라트비아 지구 사회민주당, 리투아니아 사회민주당, 폴란드 사회민주당, 폴란드 사회민주당 반대파, 폴란드 사회당(좌파) 등.

단지 의견 교환을 하기 위해 회의가 소집된 것이고 어떤 구속력 있는 결정도 채택하지 않기로 한 회의였음에도, 러시아 사회민주노동당 통합에 관한 카우츠키의 결의안이 표결에 부쳐졌다. 볼셰비키와 라트비아 사회민주당이 표결을 거부했지만 결의안이 다수에 의해 가결되었다.―원서 편집자

맹을 염두에 두고 말한 것일 수 있다. 왜 라린은 암시에 머무르는가? 기괴한 일이다. 최소한으로 말해도 그렇다. 만약 조직위원회가 존속하고, 마찬가지로 동맹도 존속한다면, 이 진실을 비밀에 부치는 것은 해롭다는 것이 우리의 생각이다.

우리 당의 중앙위원회와 라트비아 사회민주당 중앙위원회는 이 동맹에 참가하지 않았다. 우리 중앙위원회는 통일을 위한 14개 항목의 엄격한 조건을 제출했지만, 조직위원회와 '블록'은 이를 거부하고, 사실상 종래의 청산주의 정책의 어떠한 단호한 전환도 약속하거나 표현하지 않은 외교적이고 얼버무리는 결의에 그쳤다.

다음은 우리가 제안한 14개 조건을 요약한 것이다. 1) 1908년 12월과 1910년 1월의 청산주의에 관한 결의를 모호함 없이 정확히 확인한다. 즉 지하조직과 비합법 출판물의 홍보에 반대하는 언동, '공개' 정당(또는 공개 정당을 위한 투쟁)에 찬성하는 언동, 혁명적 회합에 반대하는(《나샤 자리야*Nasha Zarya*》[3]와 《나샤 라

---

2   소부르주아 민족주의 정당인 폴란드 사회당의 좌파가 사회당의 분열 이후인 1906년에 독자적인 분파로 등장했다. 사회당 좌파는 민족주의를 완전히 거부하지는 않았지만, 사회당의 민족주의적 요구들 다수와 테러리즘적 투쟁 방법을 폐기했다. 전술 문제에서 사회당 좌파는 러시아의 멘셰비키 청산파와 가까운 입장을 취했고, 볼셰비키에 대항하여 멘셰비키와 힘을 합쳤다. 1차 세계대전 중에 사회당 좌파 대부분은 국제주의적 입장을 채택하여 폴란드 사회민주당에 가까워졌다. 1918년 12월에 사회당 좌파와 폴란드 사회민주당은 통합하여 폴란드 공산당을 창건했다.—원서 편집자

보차야 가제타*Nasha Rabochaya Gazeta*)⁴가 했던 것과 같은) 언동은 사회민주당 당원 자격과 양립할 수 없음을 인정하는 방식으로 확인한다. 2) 공화제 슬로건에 반대하는 언동에 대해서도 마찬가지다. 3) 비(非)사회민주주의 좌파 정당과의 블록에 반대하는 언동에 대해서도 마찬가지다. 4) 각 지역에서는 민족별로 나뉘지 않는 하나의 사회민주당 조직이 존재해야 한다. 5) '문화적-민족적 자치'를 거부해야 한다. 6) 노동자들에게 '아래로부터의 통일'을 호소한다. 비합법 조직에 속하는 자만이 당원 자격이 있다. 합법 신문의 경우, 다수파를 산정하는 문제에서는 1913년 이래 노동자 집단의 기부금과 관련한 수치만을 사용하는 것으로 한다. 7) 하나의 도시에서 서로 경쟁하는 신문들은 허용될 수 없다. 《나샤 라보차야 가제타》는 폐간해야 하며, 토론지를 창간해야 한다. 8) 사회주의혁명가당의 부르주아적 성격을 지적한 1903년 및 1907년 대회 결의를 확인한다. 사회민주당의 일부와 사회주의혁명가당 사이의 협정은 허가되지 않는다. 9) 재외 그룹들은 러시아 내의 중앙위원회에 종속된다. 10) 노동조합 내 활동과 관련해서는 런던 중앙위원회(1908년 1월)의 결의를 확인한다. 비합법 세포가 필요하다. 11) 보험평의회

3 '우리의 새벽'이라는 뜻. 멘셰비키 청산파의 합법 월간지로서 1910년부터 1914년까지 페테르부르크에서 발행됐다. 이 잡지를 중심으로 러시아의 청산파가 결집했다.―원서 편집자

4 '우리 노동자 신문'이라는 뜻. 멘셰비키 청산파의 합법 일간지로, 1914년 5월부터 7월까지 페테르부르크에서 발행됐다.―원서 편집자

및 여타 보험기관에 반대하는 언동5은 용납될 수 없다. 경합하는 기관지《노동자 보험*Strakhovaniye Rabochikh*》6을 폐간한다. 12) 캅카스 사회민주주의자는 특별히 앞의 5항과 4항을 확인한다. 13) 치헤이제파 의원단7은 '문화적-민족적 자치'를 철회하고, 위에 열거한 조건들을 승인한다. 14) '중상' 문제(말리놉스키〔Malinovsky〕, X 등)에 대해서 조직위원회와 그 동료들은 자신들이 한 비난과 중상을 철회하거나, 아니면 자신들의 모든 비난을 변호할 수 있도록 우리 당 차기 대회에 대표를 파견한다.

이러한 조건들 없이는, 그리고 청산주의를 폐기한다는 그냥 말로만의 허다한 '약속'만으로는(1910년의 총회에서 그랬던 것처럼) 아무것도 바뀌지 않을 것이라는 점은 쉽게 알 게 될 것이다. '통일'은 허구로, 그리고 청산파에게 '동등한 권리'를 승인하는 것으로 이어질 것이다.

세계 전쟁의 결과로 인한 사회주의의 거대한 위기가 모든 사회민주주의자 그룹들의 힘의 최대 긴장을 끌어냈고, 전쟁에

5 　멘셰비키 청산파는 합법적인 보험평의회에 대해 반대 입장을 밝히면서, 노동자들에게 보험평의회의 결정을 거부할 것을 요구했다. 1914년 3월에 평의회의 선거에서 페테르부르크 노동자들은 볼셰비키(프라우다파)가 제출한 명부에 따라 평의회 의원들을 선출했다.— 원서 편집자

6 　멘셰비키 청산파가 발행한 잡지로서, 1912년 12월부터 1918년 6월까지 페테르부르크에서 발행됐다.— 원서 편집자

7 　두마 당시 N. S. 치헤이제가 이끈 멘셰비키 의원단. 1차 세계대전 중에 이 그룹은 중앙파의 중도주의적 입장을 취했지만, 실제로는 러시아 사회배외주의자들의 정책을 전면적으로 지지했다.— 원서 편집자

대한 태도라는 근본 문제에서 서로 근접할 수 있는 모든 사람들을 결집하기 위한 노력을 불러일으켰다. 라린이 그렇게도 자랑한(그러면서도 그것을 제 이름으로 부르기를 꺼려한) '7월 3일' 블록은 이내 그 허구성을 드러냈다.

필요한 것은 허구적인 '통일'을 끊임없이 경계하는 것이다. 실천에서 화해할 수 없는 균열이 있는 한 말이다.

| 《사회민주주의자》 37호, 1915년 2월 1일

러시아판 쥐데쿰

쥐데쿰이라는 단어는 몰염치하고 거들먹거리는 기회주의자와 사회배외주의자 유형을 일컫는 보통명사로 사용되기에 이르렀다. 누구나 쥐데쿰파에 대해 경멸적으로 말하고 있는 것은 좋은 징후다. 그러나 이 경우에 우리 자신이 배외주의에 빠져버리는 것을 피할 수 있는 길은 하나밖에 없다. 러시아의 쥐데쿰파를 폭로하는 데 도움이 되는 일이라면, 할 수 있는 모든 것을 다 해야 한다.

플레하노프는 자신의 소책자 『전쟁에 대하여』를 통해 결정적으로 러시아 쥐데쿰파의 선두에 서게 되었다. 그의 주장은 처음부터 끝까지 변증법을 궤변으로 바꿔치기하고 있다. 그는 프랑스와 러시아의 기회주의를 엄호하기 위해, 궤변으로 독일의 기회주의를 비난한다. 그 결과, 국제기회주의에 맞서 투쟁하는 것이 아니라 그것을 지지하는 결과를 낳고 있다. 그는 갈리치아에 대해서는 아무 말도 하지 않으면서 벨기에의 운명에 대해서는 한탄하는 식으로 궤변을 늘어놓는다. 또한 제국주의 시대(모든 마르크스주의자들이 인정하고 있듯이 자본주의 붕괴의 객관적 조건이 무르익었고, 사회주의적 프롤레타리아 대중이 현존하고 있는 시대)와 부르주아 민주주의적 민족운동 시대를 궤변으로 뒤섞어버리고 있다. 달리 말해서, 프롤레타리아트의 국제 혁명이 부르주아적 조국을 파괴하는 것이 임박해 있는 시대와 부르주아 조국이 발생기를 거쳐 성장하고 확립되어가는 시대를 고의로 혼동하고 있는 것이다. 또 그는 '3국협상(Triple Entente)'[1] 측 부르주아지가 독일에 대항하여 장기간 치밀하게 전쟁 준비를 한 것에 대해서는 침묵으로 일관하면서, 독일 부르주아지에 대해서는 평화를 깼다며 비난하는 식으로 궤변을 쓴다. 그는 궤변으로 바젤 결의를 요리조리 피해나가고, 궤변으로 사회민주주의를 민족적 자유주의로 바꿔치기한다. 즉 차리즘의 승리를 바라야 한다며, 그 이유는 러시아의 경제발전에 이익이 되기 때문이라고 말하면서도, 정작 러시아 내 여러 민족의 문제, 차리즘이 러시아의 경제발전을 방해하고 있는 문제, 독일에서 생산력이 상대적으로 훨씬 더 급속하고 순조롭게 증대하고 있는 문제 등에 대해서는 그 어느 것에 대해서도 언급을 회피하

I 영국, 프랑스, 차르 러시아의 제국주의 블록으로서, 독일, 오스트리아-헝가리, 이탈리아의 3국동맹에 맞서 1907년에 최종 결성되었다. 3국협상의 성립에 앞서 1891~3년의 프랑스-러시아 협정과 1904년의 영국-프랑스 협정이 체결되었다. 1907년에 영국-러시아 협정의 조인으로 3국협상 결성이 마무리되었다. 1차 세계대전 중에 이러한 영국·프랑스·러시아의 군사·정치적 동맹에 미국, 일본, 이탈리아 등이 합류했다.—원서 편집자

고 있다. 플레하노프의 궤변을 모두 분석하려면 일련의 논문이 필요한데, 그의 터무니없고 한심한 주장들은 대부분 검토할 만한 가치가 없다. 그의 이른바 논거 중 하나만 간단히 언급하고 넘어가자. 1870년에 엥겔스는 마르크스에게 보낸 편지에서 빌헬름 리프크네히트(Wilhelm Liebknecht)가 반(反)비스마르크주의를 자신의 유일한 지도 원리로 삼는 것은 오류라고 지적했다.[2] 플레하노프는 그 글을 발견하고서 기뻐했다. 반차리즘에 대해서도 같은 이야기가 적용된다고 플레하노프는 주장한다! 그러나 궤변(사건들의 내적 연관을 고찰하지 않고, 사례들의 외적 유사성을 덜컥 움켜쥐는 방법)을 변증법(사건들 및 그 사건들의 발전의 모든 구체적 상황들을 연구하는 방법)으로 대체해보자. 독일 통합은 마르크스가 1848년 이전에도, 이후에도 필요하다고 인정했던 것이다. 일찍이 1859년에 엥겔스는 독일 인민에게 통일을 위해 싸울 것을 직접적으로 요구했다.[3] 혁명을 통한 통일이 실패하고, 비스마르크(Bismarck)가 통일을 반혁명적 방식, 융커적 방식으로 달성했을 때 반비스마르크주의를 유일한 원리로 삼는 것은 불합리했는데, 왜냐하면 통합이 필요하냐는 것이 이미 기정사실이었기 때문이다. 그러나 러시아는 어떠했는가? 우리의 용감한 플레하노프는 러시아의 발전이 갈리치아와 콘스

[2] 엥겔스가 마르크스에게 보낸 1870년 8월 15일자 편지를 보시오.─원서 편집자

[3] 레닌이 말하는 엥겔스의 저작은 "The Po and the Rhine"다.─원서 편집자

탄티노플과 아르메니아와 페르시아 등을 요구한다고 선언할 용기가 과거에 있었던가? 지금은 그렇게 말할 용기가 있는가? 러시아에서는 대러시아인들이 다수의 타민족들을 통합하기는커녕 유린해오고 있는 상황에서 독일에 대해서는 독일인들(1800년경부터 1870년경까지 프랑스와 러시아 양국에 의해 억압받아왔던)의 민족적 분열 상태로부터 통합된 민족으로 전진해야 한다고 그가 생각했던가? 플레하노프는 이러한 일들에 대해 생각해보지도 않고서 오직 자신의 배외주의를 감추느라 엥겔스 글의 의미를 왜곡했다. 플레하노프는 쥐데쿰이 1891년 엥겔스의 글, 즉 독일인들은 프랑스와 러시아의 연합군에 맞서 생사를 건 투쟁을 벌여야 한다는 취지의 글을 왜곡해서 인용한 것과 같은 방식으로 1870년의 엥겔스 글의 의미를 왜곡해서 인용한 것이다.

다른 언어로, 그리고 아주 다른 상황에서 동일한 배외주의가 《나샤 자리야》(7·8·9호)에 의해 옹호되고 있는데, 여기서 체레바닌은 독일에 맞서 "유럽(!!)이 봉기했다"고 주장하며, "독일의 패배"를 예언하고, 또한 그것을 호소한다. A. 포트레소프 씨는 독일 군국주의가 "특별한, 도를 넘어선 죄과"가 있다며, "유럽 평화에 위협이 되어온 것은 일부 러시아인 서클들의 범슬라브주의 몽상이 아니"라고 주장하면서, 독일 사회민주주의자들이 "어떤 범죄보다도 더 나쁜" '실책'을 저질렀다고 질타한다.

이와 같이 합법 출판을 통해 독일의 "도를 넘어선" 죄과를 묘사하고, 독일 패배의 필요를 주창하고 있는 것은 푸리시케비치와 사회배외주의자들의 말을 받아 옮기는 것이 아닌가? 차르 검열관들의 압박은 러시아 군국주의가 저지른, 수적으로 백 배나 더 규모가 큰, "도를 넘어선" 죄과에 대해 침묵을 강요하고 있다. 사회배외주의자가 되는 것을 바라지 않는 사람들은 적어도 독일의 패배와 독일의 도를 넘어선 죄과를 말하는 것을 이와 같은 상황에서는 명백히 삼가야 하지 않겠는가?

《나샤 자리야》는 '전쟁에 대한 무저항'의 방침만 취하고 있는 것이 아니다. 훨씬 더 많은 것을 하고 있다. '사회민주주의적' 논거를 사용하여 독일의 패배를 설파하고, 범슬라브주의자들을 엄호함으로써 차르적-푸리시케비치적 대러시아 배외주의에 끊임없이 호재를 선사해주고 있는 것이다. 1912~4년에 노동자들 사이에서 대대적인 청산주의 선전을 벌인 것은 그 누구도 아닌 바로 《나샤 자리야》의 필자들이었다.

마지막으로 악셀로드에 대해 말해보자. 마르토프는 《나샤 자리야》의 필자들을 위해 자신이 해온 것과 똑같은 방식으로, 매우 강하고 매우 서투르게 악셀로드를 엄호하고 옹호하고 변호하고자 애쓰고 있다.

《골로스》는 악셀로드의 동의를 얻어 그의 견해를 86호와 87호에 실었다. 그것은 사회배외주의적 견해였다. 악셀로드는 프랑스와 벨기에의 사회주의자들이 부르주아 정부에 입각하는 것을 옹호하기 위해 다음과 같은 논거들을 사용했다. 1) "오늘날 종종 부적절하게 인용되고 있는 역사적 필연성의 의미는 애초 마르크스에게는, 구체적인 악에 대해 수동적인 태도를 취하는,—사회주의 혁명을 기대하면서—그런 뜻이 아니었다." 정말 혼란스런 논법이군! 웬 난데없는 역사적 필연성인가. 역사에서 일어나는 모든 것은 필연성을 가지고 일어난다. 이것은 기초적인 진실이다. 사회배외주의를 반대하는 사람들이 인용한 것은 역사적 필연성이 아니라 전쟁의 제국주의적 성격이다. 악셀로드는 이를—또는 '구체적인 악'에 대한, 즉 부르주아지에 의한 전세계 영토 지배에 대한 평가가 이로부터 나온다는 것을—이해하지 못한 체한다. 또한 그는 '사회혁명'으로 이어지는 혁명적 행동에 착수할 시기가 오고 있는 것을 이해하지 못한 체한다. 이를 부정함으로써 '수동적인 태도'를 취하는 자들은 다름 아닌 사회배외주의자들이다. 2) 전쟁을 "누가 실제로 시작했는가의 문제를 무시하기"란 불가능하다. 그 문제는 "군사적 공격을 받은 모든 나라들에게 자국의 독립을 지킬 필요를 부과하기 때문이다." 그러나 같은 글에서 악셀로드는 "물론, 프랑스 제국주의자들은 이삼 년 후에 전쟁을 일으키고자 의도하고 있다"고 인정한다! 이 기간에 프롤레타리아트는 힘을 더 키울 것이고, 그럼으로써 평화의 가능성을 높여놓을 것이라고 그는 주장한다! 그러나 이 기간에는 악셀로드가 가슴 깊이 소중히 여기는 기회주의가 힘을 더 키울 것이고, 그럼으로써 훨씬 더 파렴치하게 사회주의를 배반할 가능성을 높여놓을 것임을 우리는 알고 있다. 우리는 세 강도(영국·러시아·프랑스의 부르주아지와 정부)가 독일을 약탈하기 위해 **수십 년 동안** 무장해왔다는 것을 알고 있다. 3인조 강도가 자신들이 주문한 새 칼을 손에 넣기 전에 다른 2인조 강도가 공격을 시작한 것에 놀랄 게 뭐 있는가? 바젤에서 모든 사회주의자들이 의문의 여지 없이 만장일치로 승인한 것, 즉 모든 나라의 부르주아지가 **똑같이 '책임이 있다'**는 것을 얼버무리기 위해 '전쟁을 누가 시작했는가'라는 공문구를 사용하는 것이 궤변이 아닌가? 3) "벨기에 사회주의자들이 자국 방위를 한다고 그들을 비난하는 것"은 "마르크스주의가 아니라 몰염치"다. 이 문구는 바로 마르크스가 (1863년의) 폴란드 봉기에 대한 프루동(Proudhon)의 태도를 지칭한 표현이었다.[4] 1848년 이래로 마르크스는 차리즘에 대항하는 폴란드 봉기의 역사적 진보성을 부단히 강조했다. 이것은 누구도 감히 부정하지 못하는 진실이었다. 구체적 조건은 동부 유럽에서 민족 문제가 해결되지 못한 상태라는 데에 있었다. 즉 차리즘에 대항하는 전쟁이 부르주아 민주주의적 성격—제국주의적 성격이 아니라—의 전쟁이리는 짐이 바로 구체적 조건이었던 것이다. 이것은 기초적인 진실이다.

만약 누구든 사회주의 혁명에 대한 태도가 부정적이거나 조롱 섞인 태도, 또는 태만한 태도(악셀로드의 태도처럼)라면, 차

---

4 Karl Marx, *The Poverty of Philosophy*, Moscow 참조.—원서 편집자

리즘이 우크라이나를 압살하는 것을 돕는 식의 방법 외로는 그가 현재의 이 구체적인 전쟁에서 벨기에적인 '나라'를 돕는 것이 가능하지 않다. 이것은 사실이며, 러시아 사회주의자가 이 사실을 피하는 것은 몰염치다. 갈리치아에 대해 침묵으로 일관하면서 벨기에에 대해서는 소리 높여 요구하는 것도 마찬가지로 몰염치다.

벨기에 사회주의자들의 경우 무엇을 했어야 하는가? 그들은 프랑스 사회주의자들과 함께 사회혁명을 수행할 수 없으므로 당시 국민 대다수에게 복종하여 전쟁에 나가야만 했다. 그러나 노예주 계급의 의지에 복종하더라도 노예주에게 책임을 지게 했어야 하며, 전쟁공채에 찬성 투표를 하지 말았어야 한다. 그들은 착취자를 위한 각료직 임무를 수행하라고 반데르벨데를 파견하는 것이 아니라, 그를 '사회주의 혁명'과 내란을 위한 비합법 혁명적 선전을 조직하라고(모든 나라의 혁명적 사회민주주의자들과 함께) 파견했어야 한다. 군대에서도 이러한 활동이 수행되었어야 한다(경험은 심지어 군복 입은 노동자들 간의 '친교'가 교전 군대의 참호 안에서도 가능하다는 것을 보여주었다!). 변증법과 마르크스주의를 떠들어대면서도 다수자에 복종할 일시적인 필요를 모든 조건하에서의 혁명적 활동과 결합시킬 줄 모르고 무능력만을 드러내는 것은, 노동자를 조롱하고 사회주의를 비웃는 것을 의미한다. "벨기에 시민 여러분! 우리나라는 대재앙을 맞고 있습니다. 이 재앙은 벨기에를 포함하여 모든 나라의 부르주아지가 야기한 것입니다. 여러분은 이 부르주아지를 타도하기를 바라지 않습니까? 여러분은 독일의 사회주의자에게 호소하는 것에 기대를 갖지 않습니까? 우리는 소수자입니다. 그래서 나는 여러분에게 복종하여 전장에 나가야 합니다만, 그때조차 나는 전장에서도 선전을 수행하고, 모든 나라의 프롤레타리아트에 의한 내란을 요구하고 준비할 것입니다. 왜냐하면 그것밖에는 벨기에를 비롯한 모든 나라의 농민과 노동자를 구할 다른 길은 없기 때문입니다!" 이와 같은 연설을 했다면, 벨기에 또는 프랑스의 국회의원은 장관 자리로 가는 대신, 반역자로서 감옥에 보내졌을 것이다. 그러나 그랬다면 그는 사회주의자지 반역자가 아니었을 것이다. 참호 안의 프랑스와 독일 양국의 군복 입은 노동자들은 그를 자신들의 지도자라고 말하지, 노동자계급에 대한 반역자라고 말하지 않았을 것이다. 4) "조국이 존재하고 있는 한, 프롤레타리아트의 생활과 운동이 지금까지와 마찬가지로 이러한 조국의 틀 속에 가두어지는 한, 프롤레타리아트가 자기 발밑에 이 조국 외에 다른, 별개의 국제적 기반을 느끼지 못하는 한, 노동자계급에게는 애국주의와 자기방위의 문제가 계속해서 존재할 것이다." 부르주아적 조국들은 프롤레타리아트의 국제 혁명에 의해 파괴되기 전까지 존재할 것이다. 혁명을 위한 조건이 충분히 존재한다는 것은 일찍이 1909년에 카우츠키조차도 인정했고, 그 뒤에 바젤 대회에서 만장일치로 승인되었다. 또한 전쟁공채에 찬성 투표를 하지 않은, 감옥과 그 밖의 혁명과 연결된 다른 희생들을 '역사적 필연성' 덕분에 두려워하지 않는 사회주의자들에 대해 지금 모든 나라의 노동자들이 깊이 공명하고 있는 사실로도 증명되고 있다. 악셀로드의 이야기는 혁명적 능동성을 회피하기 위한 구실 외에 아무것도 아니며, 단지 배외주의적 부르주아지가 사용한 논거의 반복에 지나지 않는다. 5) 독일 사회주의자들의 행동은 배신 행위가 아니라, "하나의 간절한 감정으로서 독일 프롤레타리아가 살아가고 노동하는 저 한 필의 대지, 즉 조국과의 유기적인 유대에서 생기는 의식"이 명령하는 행위라는 악셀로드의 주장 또한 배외주의적인 궤변에 불과하다. 실제로는 프랑스의 게드 및 그 일파의 행동뿐만 아니라 독일 인자들의 행동 또한 의심할 바 없이 배신 행위다. 그것을 은폐하고 엄호하는 것은 수치다. 실제로 노예와 노예주 간의 '유대'를 만들어냄으로써 독일 노동자와 독일 대지 사이의 '살아있는 유대'를 훼손하고 불구로 만들고 짓밟고 파괴하는 것은 바로 부르주아적 조국이다. 실제로 부르주아적 조국을 파괴하는 것만이 모든 나라의 노동자들에게 '대지와의 유대'를, 모어(母語)의 자유를, 빵을, 문명의 혜택을 줄 수 있다. 악셀로드는 부르주아지를 위해 변명하는 자에 불과하다. 6) "게드 같은 검증된 마르크스주의자들"을 기회주의라고 비난하는 것은 신중해야 한다고 노동자를 설득하는 것은 노예처럼 지도자에게 굴종하라고 노동자를 이끄는 것을 의미한다. 우리는 게드가 1914년에 사회주의를 노골적으로 배반한 것과는 **별도로** 그의 전 생애를 본보기로 해서 배울 것을 노동자에게 조언할 것이다. 그의 죄를 정상참작할 개인적이거나 다른 정황이 발견될지 모르지만, 이 문제는 개인의 죄의 문제가 아니다. 우리가 관심을 두고 있는 것은 **사건의 사회주의적 의미**. 7) 결의안 어딘가에 어떤 세부조항, 즉 "예외적으로 중요한 경우"에 대해 언급하고 있는 조항이 있다는 것을 근거로 하여 정부 입각이 '형식상으로' 허용된다고 주장하는 것은 가장 부정직한 사기협잡일 뿐인데, 왜냐하면 이 세부조항의 취지는 명백히 프롤레타리아트의 국제 혁명을 촉진하려는 것이었지, **훼방 놓으려는 것**이 아니었기 때문이다. 8) "러시아의 패배는, 나라의 유기적 발전을 손상시킬 것에 대해 두려워할 필요가 없이, 구체제를 일소하는 데 도움이 될 것이다"라는 악셀로드의 주장은 그 자체로만 놓고 보면 진실이지만, 그러한 주장이 독일 배외주의자들을 정당화하기 위해 사용될 때는 쥐데쿰파와의 **비위를 맞추기 위**한 시도 외에 아무것도 아니다. 사회주의를 배반한 것에 대해 독일과 오스트리아의 사회민주주의자들을 공공연하게 규탄하지 않고 리시아의 패배의 유용함을 인정하는 것, 이것은 현실에서 무엇을 의미하는가? 그것은 독일과 오스트리아의 사회민주주의자들이 스스로를 정당화하는 것을 도와 어려운 상황에서 **빠져나가도록** 해주는 것, 그리하여 이들이 노동자를 속이는 것을 돕는 것을 의미한다. 악셀로드의 글은 양쪽으로 머리를 조아리고 있다. 한편으로는 독일의 사회배외주의자들에게, 다른 한편으로는 프랑스의 사회배외주의자들에게. 이 양쪽으로의 고개 숙이기를 하나로 합쳐서 보면, 그것은 전형적인 '러시아적-분트적' 사회배외주의를 구성한다.

이제 독자들은 《골로스》 편집진이 시종일관 보여주고 있는 일관성에 대해 스스로 판단할 필요가 있다. 《골로스》 편집진은 악셀로드의 주장들 중에서도 이렇게 가장 치욕스러운 주장을 게재하면서 '그의 사상 중 일부'만 자신들과 의견이 다르다고 밝히는 한편, 《골로스》 96호의 사설에서는 "능동적인 사회애국주의 분자들과의 날카로운 단절"을 주장하고 있다. 《골로스》 편집진의 눈에는 진실이 안 보일 정도로 그렇게 무지하거나 부주의한가? 악셀로드의 입론들이 처음부터 끝까지 "능동적인(그가 저술한 글들이 곧 저술가의 능동성이다) 사회애국주의 분자들"이라는 것이 《골로스》 편집진의 눈에는 보이지 않는가? 그리고 체레바닌 씨와 포트레소프 씨와 그들의 동료들 같은 《나샤 자리야》의 필자들은 어떠한가? 그들은 능동적인 사회배외주의 분자들이 아닌가?

| 《사회민주주의자》 37호, 1915년 2월 1일

《나셰 슬로보》편집진에게

《나셰 슬로보Nashe Slovo》는 '우리의 말'이란 뜻의 멘셰비키 일간지로, 《골로스》를 대신해서 1915년 1월부터 1916년 9월까지 발행됐다.

《나셰 슬로보》에 보낸 레닌의 이 편지는 곧 열릴 우호주의 사회주의자(Entente Socialists) 런던 회의와 관련하여 《나셰 슬로보》 편집진이 제안한 사회애국주의에 반대하는 공동행동에 대한 회답으로 쓴 것이다. 레닌은 그 제안에 동의했고, 런던 회의에서 보고할 선언 초안을 써서 보냈다. 레닌은 이 선언에서 멘셰비키 조직위원회와 분트의 사회배외주의적 입장을 비판했는데, 이들에게도 같은 제안을 한 《나셰 슬로보》 편집진은 레닌의 선언을 수용하지 않고, 자신들이 독자적으로 선언을 작성했다.

런던 회의 이후 《나셰 슬로보》 편집진은 전쟁과 사회배외주의자들에 대한 태도를 정하기 위해 '국제주의자'의 합동회의를 개최할 것을 러시아 사회민주노동당 중앙위원회에 다시 제안했다. 1915년 3월 10일(23일)자로 작성된 답신(「《나셰 슬로보》 편집진에게 보내는 러시아 사회민주노동당 중앙위원회의 편지」(이 책에 수록—편집자))에서 레닌은 진정한 국제주의자의 결집을 위한 일련의 기본 조건을 제시했다. 그러나 《나셰 슬로보》 편집진이 조직위원회와 분트를 옹호하는 입장을 보였기 때문에 레닌은 대화를 중단했다.

《나셰 슬로보》의 통합 시도는 레닌이 표현했듯이, "이데올로기적·정치적 파탄"으로 끝났다. 레닌이 이 문제에 대해 논의한 것으로는 다음 글들을 보라. 「런던 회의에 대하여」, 「국제주의자들의 통합 문제」, 「순수관념적 국제주의의 붕괴」, 「러시아 사회민주주의 내 현황에 대하여」(네 편 모두 이 책에 수록—편집자), 「사회주의와 전쟁Socialism and War」(본 전집 60권에 수록—편집자). —원서 편집자

베른에서, 1915년 2월 9일

존경하는 동지들께

동지들은 2월 6일자 편지에서, 지금 계획되고 있는 3국협상 '연합국' 사회주의자 런던 회의¹와 관련하여 '공식 사회애국

---

i 이 회의는 1915년 2월 14일에 열렸다. 회의에는 영국·프랑스·벨기에 사회주의 당들의 사회배외주의자 및 평화주의 그룹들의 대표자들, 러시아의 멘셰비키와 사회주의혁명가당이 참석했다.

볼셰비키는 회의에 초대받지 않았지만, 리트비노프(Litvinov)(막시모비치(Maximovich))가 레닌이 쓴 초안을 기초로 한 당 중앙위원회의 선언을 회의에 제출했다. 선언은 사회주의자들이 부르주아 정부에서 철수하고 제국주의자들과 완전히 단절할 것을 요구했다. 또한 제국주의 정부와의 협력을 중단하고 난호히 투쟁할 것, 전쟁공채 찬성 투표를 규탄할 것을 요구했다. 의장은 리트비노프가 선언을 낭독하는 것을 중단시키고, 그에게서 발언권을 빼앗았다. 리트비노프는 선언문을 의장단에게 넘겨주고 퇴장했다.

레닌의 글 「런던 회의」(이 책에 수록—편집자)와 「런던 회의에 대하여」를 보라.—원서 편집자

주의'에 반대하는 투쟁 계획을 우리에게 제안하였습니다. 우리의 《사회민주주의자》 지면상에서 동지들이 보셨듯이, 당연히 우리는 이 투쟁 일반을 지지하고 있고, 또한 이 투쟁을 하고 있습니다. 바로 이 때문에 우리는 동지들의 메시지를 받고 매우 반가웠고, 공동행동 계획을 논의하자는 동지들의 제안을 기쁘게 받아들입니다.

2월 15일로 예정되었다고 하는 이 회의(우리는 아직 이 회의에 대해 단 한 장의 문서도 받지 못했습니다)는 2월 25일 또는 그후로 연기될지도 모릅니다(2월 20일의 집행위원회 회의에 대해, 그리고 집행위원회 성원(서기)과 프랑스, 영국, 러시아의 사회주의자 간의 개인적 회담 계획에 대해 보고하고 있는 위스망스(Huysmans)의 편지로 판단하건대). 또한 이 회의는 국제사회주의사무국 공식 성원들의 회의가 아니라 '주요한' 사회주의자 개인들 간의 사적인 회합으로 계획된 것일 수도 있습니다.

바로 이 때문에, '공식 사회애국주의'에 대해 '명확한 혁명적·국제주의적 관점'을 대치시키는 것—동지들이 제안에서 말하고 있고, 우리가 전적으로 공감하고 있는—에 대한 준비가 모든 가능한 경우의 수를 다 고려하여(각 당의 공식 대표자들의 회의든, 모든 형태의 사적 회합이든, 2월 15일이든, 그 이후 날짜든 모두) 이루어져야 합니다.

우리의 입장과 동지들의 바람을 고려하여, 그러한 대치의 내용을 담은 다음과 같은 선언 초안을 제안합니다(이 선언이 낭독되고 인쇄될 수 있도록).

여기에 서명한, 러시아(영국 등)의 사회민주주의 제조직의 대표자들은 다음과 같은 신념에 입각해 있다.

현 전쟁은 독일과 오스트리아-헝가리 측에서만이 아니라 영국과 프랑스(차리즘과 동맹하고 있는) 측에서도 제국주의 전쟁이다. 즉 자본주의 발전의 최후 단계 시대, 일국 한계 내에서의 부르주아 국가가 그 수명을 다한 시대의 전쟁이다. 식민지를 탈취하고, 경쟁국을 약탈하고, 한 나라의 프롤레타리아를 부추겨 다른 나라의 프롤레타리아에게 덤벼들게 함으로써 프롤레타리아 운동을 약화시키는 것, 오직 이러한 것들을 목적으로 한 전쟁이다.

따라서 모든 교전국 사회주의자들의 절대적인 의무는 바젤 결의를 즉각 단호하게 실행하는 것이다. 즉,

1) 모든 나라에서 국민적 동맹과 **계급휴전**을 파기한다.

2) 모든 교전국 노동자들에게 자국의 부르주아지에 반대하여 정력적인 계급투쟁—경제적 계급투쟁과 정치적 계급투쟁 모두—을 멀일 것을 호소한다. 지금 교전국 각국의 부르주아지는 군수품 납품으로 전대미문의 이윤을 쌓고 있는 한편, 노동자의 입에 재갈을 물리고 억압을 강화하기 위해 군부의 후원을 이용하고 있다.

3) 전쟁공채에 대한 어떠한 찬성 투표도 단호히 규탄한다.

4) 벨기에와 프랑스의 부르주아 내각에서 철수한다. 정부 입각과 전쟁공채 찬성 투표를, 독일과 오스트리아 사회민주주의자들의 행동과 조금도 다를 바 없는, 사회주의의 대의에 대한 배신 행위로 간주한다.

5) 전쟁공채 투표를 거부한 독일 사회민주당 내 국제주의적 분자들에게 손을 뻗어야 한다. 또한 그들과 함께 국제위원회를 결성하여 전쟁 중단을 선동한다. 전쟁 중단 선동은 평화주의자와 기독교 신자와 소부르주아 민주주의자의 정신으로가 아니라, 각국 프롤레타리아가 자국 정부와 부르주아지에 맞서 대중적인 혁명적 행동을 선전하고 조직하는 것과 뗄 수 없이 결합하여 수행해야 한다.

6) 영국, 독일 등의 군 당국의 금지 조치에 맞서 군대 내, 참호 안에서 교전국 사회주의자들이 교류와 친교를 이루어내려는 모든 시도를 지지한다.

7) 교전국 여성 사회주의자에게 호소하여 위에서 말한 방향으로 선동을 강화하도록 한다.

8) 차리즘에 반대하는 투쟁에 대한 전세계 프롤레타리아트의 지지를 호소한다. 또한 전쟁공채 투표를 거부했을 뿐만 아니라, 박해의 위험에도 굴하지 않고 국제주의적·혁명적 사회민주주의의 정신으로 사회주의 활동을 하고 있는 러시아의 사회민주주의자들에 대한 지지를 호소한다.

공식 사회애국주의를 옹호하고 있는 러시아의 일부 사회민
주주의적 저술가들(예를 들어 플레하노프와 알렉신스키와 마슬로프
같은)에 대해 말하자면, 아래의 서명자들은 그들의 언동에 대
하여 어떠한 책임도 지지 않으며, 그들에게 단호히 항의하며,
입수 가능한 모든 정보에 의하면 러시아의 사회민주주의 노동
자들은 그런 관점을 지니고 있지 않다는 것을 선언하는 바입
니다.

국제사회주의사무국에서 우리 당 중앙위원회를 공식적으
로 대표하는 리트비노프 동지(주소[2]. 우리는 그를 통해 동지들의 편
지와 우리의 회답 사본을 보냅니다. 긴급을 요하는 문제는 모두 직접 그에
게 문의하면 됩니다)는 이러저러한 부분적인 정정과 교섭상의 개
별적 조치 등에 대하여 그 자신의 판단으로 문제를 해결하도
록 권한을 부여받았습니다. 이는 말할 필요도 없이 당연한 것
이며, 우리는 모든 본질적인 점에서 이 동지와 완전한 연대를
이루고 있다는 것을 표명합니다.

국제사회주의사무국에 정식 대표를 내고 있는 조직위원회
와 분트에 대해 말하자면, 우리는 그들이 '공식 사회애국주의'
에 (그것의 친프랑스적 형태로든, 친독일적 형태로든, 또는 이 두 경향을

---

2   리트비노프의 주소는 원고에는 기재되어 있지 않다.—원서 편집자

화해시킨 다른 어느 형태로든) 찬성하지 않겠는가 하는 의구심을 표할 만한 근거를 갖고 있습니다. 어쨌든 동지들의 회답(동지들의 수정 의견, 선언 초안에 대한 동지들의 반대 초안 등)과 함께, 동지들이 이미 호소를 보냈거나 보내고자 하는 조직들(조직위원회, 분트 등)의 회답을 우리에게 보내주시면 대단히 고맙겠습니다.

동지적 인사를 보내며

레닌

나의 주소는,3

| 1915년 2월 9일에 집필

1931년『레닌 잡록집 *Lenin Miscellany*』 17권에 처음으로 수록

---

3   원고에는 주소가 기재되어 있지 않다.―원서 편집자

경찰과 반동파는 독일
사회민주주의의 단결을
어떻게 보호하고 있는가?

독일 사회민주당 신문《고타 민보*Gothaer Volksblatt*》1월 9일자에는 "경찰의 보호하에 있는 사회민주당 의원단의 정책"이라는 제목의 논설이 실렸다. 그 논설은 다음과 같이 말하고 있다.

군 당국의 만족스런 후견을 받고 있는 "사전검열이 실시된 최초의 이틀간은 중앙 당국이 바로 우리 대열 내부에 있는, 사회민주당 의원단의 정책에 대한 바람직하지 못한 비판자들의 입에 재갈을 물리려고 특히 부심하고 있음을 아주 명확하게 보여준다. 검열이 의도하는 바는 독일 사회민주주의자 대열 내부의 '당적 평화'를 보존하는 것, 달리 말하면 '통일된', '결속이 굳은', 강력한 독일 사회민주당을 존속시키는 것이다. 정부의 후견을 받는 사회민주주의, 이것이야말로 이 '위대한' 시기의, 독일 민족 부흥기의 국내 정치에서 가장 중요한 사건이다.

우리 사회민주당 의원단 소속 정치가들이 자신들의 견해를 알리는 정력적인 선전전을 시작한 지 두세 주가 지났다. 그들은 몇몇 규모가 아주 큰 당 지역본부들에서 노동자들의 거센 반대에 부딪혔다. 그들의 선전은 노동자들 사이에서 전쟁공채에 찬성 투표를 한 의원들에 대한 찬성 분위기를 조성하지 못하고 있으며, 오히려 반대 분위기가 형성되고 있다. 바로 이 때문에 군 당국이 지금 검열을 통해, 집회의 자유 폐지를 통해 전쟁공채 찬성 의원들을 도우려고 애쓰고 있는 것이다. 우리 고타에서는 전시 검열이, 함부르크에서는 집회 금지가 사회민주당 의원단을 돕고 있다."

베른에서 발행되고 있는 스위스 사회민주당 신문은 이 이야기를 인용하면서, 독일에서는 사회민주당 신문 상당수가 사전검열에 복종하고 있다며, 다음과 같이 논평하고 있다.

"이제 곧 독일 언론과 각종 매체, 출판물 들의 만장일치를 방해하는 것이 모두 사라질 것이다. 누구든 그러한 만장일치를 어기려는 시도를 한다면, 군사독재가 당내 평화의 지지자인 '사회민주주의자'로부터 받은 직간접의 밀고에 따라 단호하고 신속하게 그 시도를 짓밟아놓을 것이다."

실제로 기회주의적인 사회민주당 신문들은 급진적인 출판물들에 관한 정보를 직간접적으로 넘겨주고 있다!

결국, 각종 사실은 우리가 《사회민주주의자》 36호에서 제시한 다음과 같은 명제가 전적으로 옳았음을 증명해준다. "기회주의자들은 부르주아지의 편에 선 프롤레타리아 혁명의 적들이다. …… 위기의 시기에는 자신들이 …… 통합된 부르주아지 전체의 공공연한 동맹군임을 **곧장** 드러낸다."[1] 사회민주당 슬로건으로서의 통일은 오늘 기회주의자들과의 통일을, 그리고 그들에게의 복종을(또는 그들이 부르주아지와 맺고 있는 블록에 대한 복종을) 의미한다. 이것은 **실제로는** 경찰과 반동파를 도와주고, 노동운동에는 재앙이 되는 슬로건이다.

말 나온 김에 보르하르트(Borchard)의 훌륭한 (독일어) 소책자 『1914년 8월 4일 전과 후*Vor und nach dem 4. August 1914*』[2]가 출판된 것을 알려두는 것도 괜찮겠다. 이 소책자의 부제는 "독일 사회민주주의는 자신을 부정했는가?"다. '그렇다. 부정했다'고 저자는 말하면서, 8월 4일 전의 당 선언과 '8월 4일'의 정책이 지독히 모순된다는 것을 들춰냈다. 우리는 전쟁에 반대하는 전쟁에서 어떠한 희생도 마다하지 않을 것이라고, 1914년 8월 4일 이전에 독일의 사회민주주의자들은(그리고 다른 나라들의 사회민주주의자들도) 말했다. 그러나 1914년 9월 28일에 당 중앙위원인 오토 브라운(Otto Braun)은 당 합법 신문들에 투여된 자금이 2천만 마르크고, 1만 1천 명의 직원이 거기에 종사하고 있다며 조직 보전을 내세웠다. 수만 명의 지도부들과 당직자들과 특권을 지닌 노동자들이 합법주의에 젖어 사회민주주의적 프롤레타리아트의 백만 군대를 해체시켰다.

여기서 끌어낼 교훈이 배외주의·기회주의와의 단호한 단

1   「이제 어떻게 될 것인가?」 참조.—원서 편집자
2   1914년 8월 4일은 독일 사회민주당 의원단이 독일 카이저 정부를 위한 전쟁공채에 찬성 투표를 한 날이다.—원서 편집자

절임은 명백하다. 그럼에도, 공문구만 남발하는 사회주의혁명가당의 수다쟁이들(J. 가르데닌(Gardenin)[3] 일파)은 쓸데없는 말로 날을 새는 파리의 《미슬》 지상(紙上)에서 소부르주아 사상을 위해 마르크스주의를 거부하고 있다! 정치경제학의 ABC도, 단 하나의 혁명적 계급인 프롤레타리아트를 낳는 자본주의의 세계적 규모의 발전도 망각되고 있다. 차티즘도, 1848년 6월도, 파리 코뮌도, 1905년의 10월과 12월도 망각되고 있다. 노동자는 일련의 패배와 오류, 실패와 약점을 타넘지 않고는 자신들의 세계적 규모의 혁명을 향해 나아갈 수 없지만, 그러나 그들이 지금 그것을 향해 나아가고 있음은 분명하다. 고의로 눈을 감지 않았다면, 프롤레타리아트에 대한 부르주아지와 소부르주아지의 영향이 1914년 인터내셔널의 치욕과 붕괴의 근본적이고 주된 원인이었다는 것을 못 볼 수가 없다. 그러나 허풍쟁이 가르데닌 일파는 사회주의를 바로잡겠다고 하면서, 사회주의의 단 하나의 사회적·역사적 기초인 프롤레타리아트의 계급투쟁을 완전히 부인하고, 속물적인 인텔리 나로드니키적 헛소리로 마르크스주의를 희석시키고 있다. 그들은 프롤레타리아 혁명운동을 기회주의로부터 완전히 끊어내기 위해 끈질기게 활동하는 대신, 롭신(Ropshin)[4]-체르노프 유형의 기회주

---

3 '사회주의혁명가당의 지도자인 체르노프(V. Chernov)를 가리킨다.—원서 편집자

4 사회주의혁명가당의 사빈코프(B. Savinkov)를 가리킨다.—원서 편집자

의자들과 이 운동을 결합시키려 하고 있다. 이들은 그제는 폭탄을 던지는 자유주의자였다가, 어제는 자유주의자의 옷으로 갈아입고 변절자로 나서더니, 오늘은 '노동' 원리 운운하는 달콤한 부르주아적 공문구에 빠져 기뻐하고 있다! 가르데닌파는 쥐데쿰파보다 나을 게 없고, 사회주의혁명가당은 청산파보다 나을 게 없다. 그들 모두가 사회민주주의자와 사회주의혁명가당의 융합이라는 강령을 내걸고 있는 잡지 《소브레멘니크 *Sovremennik*》[5]에서 그토록 다정스럽게 만나는 것도 무리는 아니다.

| 《사회민주주의자》 39호, 1915년 3월 3일

---

5   '당대'라는 뜻. 1911~5년에 페테르부르크에서 발행된 문학·정치 월간지. 일단의 멘셰비키와 사회주의혁명가당 당원과 인민사회주의자와 좌파 자유주의자 등이 이 잡지를 중심으로 한 개의 그룹을 형성했는데, 이들은 노동자계급 대중에 아무 뿌리가 없었다. 1914년에 레닌은 이 그룹의 경향을 나로디즘과 마르크스주의를 섞어놓은 잡탕이라고 규정했다.—원서 편집자

런던 회의

다음은 러시아 사회민주노동당 대표자의 편지를 요약, 인
용한 것이다.

런던에서, 1915년 2월 14일.

어젯밤에야 비로소 인터내셔널 영국 지부의 서기로부터 회
의 주소지를 받았습니다. 그것은 내 편지에 대한 회답이었는데,
내가 서기에게 보내는 편지에 내 주소를 적었음에도 그는 나
를 초청해주지는 않았습니다. 나는 선언문 낭독을 시도하기 위
해 회의에 가기로 결정했습니다. 그 회의에는 사회주의혁명가
당의 루바노비치(사회배외주의자들의), 《미슬》의 체르노프와 보
브로프(Bobrov), 조직위원회의 마이스키(Maisky)가 참석했습
니다. 마이스키는 마르토프와 함께 대의원으로 파견됐는데, 마
르토프가 여권 발급을 허가받지 못해 참석할 수 없게 된 탓에
혼자 왔습니다. 대의원은 영국이 11명(케어 하디[Keir Hardie),
맥도널드[MacDonald] 등), 프랑스가 16명(셈바[Sembat), 바이양

〔Vaillant〕 등), 벨기에가 3명(반데르벨데 등)이었습니다.

의장이 개회 선언을 하며, 이 회의의 목적은 결의 채택이 아니라 의견 교환을 하기 위한 것이라고 통고했습니다. 프랑스 대의원이 왜 다수파의 의견을 결의에 의해 확인하지 않느냐고 질의하며 수정안을 제출했습니다. 다른 발언 없이 가결되었습니다.

의제는 1) 민족—벨기에와 폴란드—의 권리, 2) 식민지, 3) 평화 보장이었으며, 자격심사위원회를 선출(루바노비치 등)하고, 각국 대표자 한 명씩 전쟁에 대한 태도에 관하여 간단히 보고하기로 결정되었습니다.

나는 발언 신청을 해서, 국제사회주의사무국의 우리 당 공식 대표자가 초청되지 않은 것에 대하여 항의했습니다. 〔막시모비치 동지[1]는 우리 당의 대표자로서 1년 넘게 국제사회주의사무국의 성원으로 활동하고 있으며 런던에 상주하고 있다.〕 의장은 내 말을 자르고, '이름이 알려져 있는' 사람들은 모두 초청했다고 말했습니다. 나는 실제 대표자에게 통지하지 않은 것에 대해 한 번 더 항의했습니다. 그리고 나는 전쟁에 대한 일반적 태도를 보여주는 우리의 선언(《사회민주주의자》 33호의 「전쟁과 러시아 사회민주주의」를 보라)을 언급하며, 그 선언문을 국제사회주의사무국에 이미 송부한 사실을 이야기했습니다. 평화의 조건을 말하기 전에 우리가 어느 수단에 의해 평화를 달성하고자

---

[1] 막시모비치는 M. M. 리트비노프다.—원서 편집자

노력할 것인지, 먼저 그 수단을 확정하는 것이 필요하다고 말했습니다. 이를 위해서는 혁명적 사회민주주의라는 공통의 기반이 존재하는지, 그리고 우리가 배외주의자 또는 평화주의자로서 협의하는 것인지, 아니면 사회민주주의자로서 협의하는 것인지 등이 정해져야 한다고 주장했습니다. 내가 우리의 선언을 낭독하자, 의장은 내 말을 끊고, 나의 대의원 지위가 아직 확인되지 않았다(!)며, 이 회의는 '어느 당을 비판하기 위해' 모인 것이 아니라고(!) 말했습니다. 나는 자격심사위원회 보고 이후 내 발언을 계속 이어나가겠다는 입장을 표명했습니다. [낭독이 허락되지 않은 그 선언문 본문은 다음 호에 게재하겠다.]

일반 정세에 대하여 바이양, 반데르벨데, 맥도널드, 루바노비치의 간단한 입장 발표가 있었습니다. 그러고 나서 자격심사위원회의 보고에 이어 마이스키에게 그가 조직위원회를 혼자서 대표할 수 있는 것인지를 그 스스로 결정해달라는 제안이 있었고, 내가 회의에 참가하는 것이 '허락'되었습니다. 나는 그들의 '호의'에 대해 회의에 감사를 표했고, 내가 계속 남아 있을 수 있는지를 확인하고자 선언 낭독을 계속하려 했습니다. 이장이 나의 낭독을 중단시키고, 회의에 '조건'을 제출하는 것을 허락하지 않겠다고 말했습니다. 그래서 나는 어떤 이유로 내가 이제 회의에 참가하지 않고자 하는지를 밝히기 위해 발언권을 요청했습니다. 그것은 거부되었습니다. 나는 다시 러시아 사회민주노동당은 회의에 참가하고 있지 않다는 입장을 밝히기 위해 발언권을 요청했습니다. 그 이유에 대해서는 서면으로 의장에게 입장서를 남기고, 서류를 수합하여 퇴장했습니다.

우리의 선언에 완전히 동조한다는 취지의, 라트비아 사회민주당 중앙위원회 위원장(베르진(Berzinj))의 성명서가 의장에게 전달되었습니다.

회의의 대의원은 신문 보도에 정보를 제공하는 것 일체가 허락되지 않았다. 이는 물론, 회의에서 퇴장한 막시모비치 동지에게는 적용되지 않았다. 그리고 케어 하디가 협력하고 있는 《레이버 리더*Labour Leader*》[2]는 막시모비치의 퇴장과 그의 관점에 대해 약간의 일반적 논평을 했다.

지면 부족으로 런던 회의 및 회의의 결의에 대해 다음 호에서 다룰 수밖에 없게 되었다. 다만, 오직 사회배외주의를 덮어가리는 용도 외에는 아무 쓸모가 없는 그 결의의 완전한 무용성을 지적해 두겠다.

다음은 러시아 대표단 각파의 구도다. 중앙위원회와 라트비아 사회민주당은 사회배외주의에 대해 단호하고 분명한 반대 입장이다. 청산파의 조직위원회는 거리를 두거나, 그렇지 않

---

2 1891년 이래 발행된 주간지로서, 1893년부터는 영국 독립노동당의 기관지였다. 1922년 《뉴 리더*New Leader*》라는 제호로 발행되었다가 1946년에는 《소셜리스트 리더즈*Socialist Leaders*》로 제호가 바뀌었다.—원서 편집자

으면 개입하거나다. 사회주의혁명가당의 경우, '당'(루바노비치)은 사회배외주의 입장인 반면, 《미슬》(보브로프와 체르노프)은 반대파를 형성하고 있는데, 그들의 성명이 어떤 내용인지 알게 될 때 우리는 반대파에 대한 평가를 내놓게 될 것이다.

| 《사회민주주의자》39호, 1915년 3월 3일

남의 깃발을 내걸고

이 글은 1917년 3월에 프릴리프 출판사가 발행한 『논문집 *Collection*』에 실려 처음 발표되었는데, 이 『논문집』의 편집자들은 원문을 개정했다.—원서 편집자

《나셰 디엘로*Nashe Dyelo*》[1] 1호(페트로그라드, 1915년 1월)에 A. 포트레소프 씨의 매우 특징적인 강령적 논문, 「두 시대의 경계에서At the Juncture of Two Epochs」가 발표되었다. 이전 잡지에 같은 저자가 쓴 글과 마찬가지로 이 글도 오늘날 매우 중차대한 문제들과 관련하여 러시아 사상계의 부르주아적 조류—청산주의—의 기본 사상을 개진하고 있다. 엄격히 말해서, 우리 앞에 있는 이 글은 주장글이 아니라 특정 유파의 선언문이다. 그리고 그 글을 주의 깊게 읽고 내용을 숙고해본 사람은 누구든 우연적인 고려, 즉 순문필상의 이해관계와는 아무 관련도 없는 그런 류의 고려 때문에 저자의 사상이(저자는 혼자가 아니므로 그의 동료들의 사상이) 성명이나 신조(credo)라는, 보다 적합한 형태로 표현되는 것에 제약을 받았음을 알 수 있

I '우리의 대의'라는 뜻. 멘셰비키 청산파의 월간지이자 러시아 내 사회배외주의자들의 대변지였다. 1914년 10월에 탄압을 받아 정간된《나샤 자리야》를 대신해서 1915년에 페트로그라드에서 첫호가 발행되었다.—원서 편집자

을 것이다.

저자 포트레소프가 말하는 요지는 현대의 민주주의가 두 시대의 경계에 서 있다는 것, 그리고 민족적 고립으로부터 국제주의로 이행하는 데에 구시대와 신시대의 근본적인 구별점이 있다는 것이다. 포트레소프가 말하는 현대의 민주주의(이하 현대 민주주의-옮긴이)란 19세기 말과 20세기 초에 특징적인 민주주의, 즉 18세기 말에서 19세기의 1/3분기 및 2/3분기까지의 시기에 특징적인 구 부르주아 민주주의와는 구별되는 민주주의를 말한다.

언뜻 보면 저자의 사상이 절대적으로 맞는 것으로 보일 수 있고, 마치 현대 민주주의를 지배하고 있는 민족적 자유주의 경향에 대한 반대자가 우리 앞에 있는 것처럼, 저자가 민족적 자유주의자가 아니라 마치 '국제주의자'인 것처럼 보일 수도 있다.

정말이지 이러한 국제주의의 옹호야말로, 이와 같이 민족적 편협함과 민족적 배타성을 흘러간 구시대의 특징으로 규정하는 것이야말로 이 현대 민주주의의(보다 정확하게는, 그 공식 대표자들의) 질병인 민족적 자유주의 물결과의 단절이 아닌가?

언뜻 보면 단절로 보일 수 있을 뿐만 아니라, 그렇게 볼 수밖에 없을 것 같다. 그러나 그렇게 보는 것은 중대한 오류다. 저자는 남의 깃발을 내걸고 자신의 화물을 운반하고 있다. 의식적으로든, 무의식적으로든 간에—어느 것이든 이 경우에는 중요하지 않은데—그는 '국제주의'의 깃발을 내걸고 그 깃발 아래 민족적 자유주의라는 자신의 밀수품을 안전하게 운반한다는 계략을 사용했다. 결국 포트레소프는 부정할 수 없는 확실한 민족적 자유주의자다. 그의 글의(그리고 그의 강령과 정책과 신조의) 본질은 이 얄팍한—원한다면, 심지어 악의 없는—계략의 사용에 있다. 즉 국제주의의 깃발 아래 기회주의를 실어나르는 것이다. 우리는 이 책략의 모든 세부적인 지점들까지 파고들어가야 하는데, 왜냐하면 그 문제가 무엇보다도 매우 중요하기 때문이다. 포트레소프가 남의 깃발을 사용하는 것이 더욱 위험한 이유는 그가 '국제주의'의 원칙으로 자신을 가장하고 있을 뿐만 아니라, '마르크스주의 방법론'의 지지자를 참칭하고 있기 때문이다. 달리 말하면 포트레소프는 마르크스주의의 진정한 계승자이자 대변자라고 자처하지만, 실제로는 마르크스주의를 민족적 자유주의로 바꿔치기하고 있다. 포트레소프는 카우츠키가 "변호사 놀음을 하고 있다"며, 이때는 이 민족, 저때는 저 민족의 자유주의를, 말하자면 각 민족의 특유한 색깔의 자유주의를 옹호하고 있다고 비난하면서 카우츠키를 '수정'하려고 한다. 포트레소프는 민족적 자유주의를 국제주의 및 마르크스주의와 대비시키려고(카우츠키가 민족적 자유주의자가 되었다는 사실은 절대적으로 의문과 논란의 여지가 없기 때문에) 애를 쓴다. 그러나 실제로는 **잡색**의 민족적 자유주의를 **단색**의 민족적 자유주의와 대비시키고 있다. 마르크스주의는 어떠한 종류의 민족적 자유주의에 대해서도 적대적이다. 더구나 당면의 구체적인 역사적 정세에서는 절대적으로 적대적이다.

이제 우리는 이 점을, 그 이유와 함께 밝혀볼 것이다.

I

실패한 포트레소프의 계략은 결국 민족적 자유주의 깃발 아래 항행하는 것으로 귀결되어버렸는데, 그 실패의 요점은 그의 글 중 다음 구절을 검토할 때 가장 잘 파악할 수 있다.

> 그들(마르크스와 그의 동지들)은 특유의 정열로 문제의 해결에 돌진했다. 그것이 아무리 어렵더라도 말이다. 그들은 분쟁에 대한 진단을 내렸고, 어느 편의 승리가 그들의 관점에서 볼 때 바람직한 가능성들을 더 폭넓게 열어줄 것인가를 결정하고자 시도했다. 이렇게 그들은 그들의 전술을 세울 기초를 놓았다.(73쪽, 강조는 인용자)

'어느 편의 승리가 더 바람직한가.'—이것이 결정되어야 하며, 민족적 관점이 아니라 국제적 관점에서 결정되어야 한다. 이것이 마르크스주의 방법론의 본질이다. 이것이 카우츠키가 하지 않는 것이며, 그리하여 '재판관'에서(마르크스주의자에서)

'변호사'(민족적 자유주의자)가 되어버린 것이다. 대략 이것이 포트레소프의 논리 전개 방식이다. 포트레소프는 자신이 한쪽 편(말하자면 자기 편)의 승리가 바람직함을 옹호할 때 자신은 '변호사 놀음'을 하고 있지 않을 뿐더러 오히려 다른 편의 어처구니없는 죄악과 관련하여 자신이 진정으로 국제적인 고려하에 행동하고 있다고 아주 깊이 확신한다.

모두 진정으로 국제적인 고려하에 행동하고 있는 포트레소프와 마슬로프와 플레하노프 등은 포트레소프와 같은 결론에 도달했다. 이건 매우 유치한데······. 하지만 좋다. 우리는 너무 서두르지 않을 것이며, 먼저 순이론적 문제에 대한 분석을 완결 지을 것이다.

'어느 편의 승리가 더 바람직한가' 하는 문제에 대해 마르크스는, 예를 들어 1859년의 이탈리아 전쟁에서 답한 바 있다. 포트레소프는 이 특수 사례를 가지고 곱씹고 있는데, 이 사례에 대해 그는 "그 전쟁의 몇 가지 특징들 때문에 우리에게 특별한 관심사가 되고 있다"고 말한다. 우리도 포트레소프가 택한 사례를 기꺼이 취할 용의가 있다.

1859년에 나폴레옹 3세는 이른바 이탈리아 해방을 위해 오스트리아에 선전포고를 했는데, 실은 그 자신의 왕조적 야심을 위한 것이었다.

포트레소프는 다음과 같이 말한다. "나폴레옹 3세의 배후에는 프랑스인 황제와 막 비밀협정을 체결한 고르차코프

(Gorchakov)가 있음을 알 수 있을 것이다." 여기서 우리는 모순이 얽혀 있는 것을 보게 된다. 한편에는 이탈리아를 억압해온 가장 반동적인 유럽 군주제가 있다. 다른 한편에는 가리발디(Garibaldi)를 비롯한 혁명적 이탈리아의 대표자들이 이탈리아 해방을 위해 싸우고 있고, 이와 나란히 초반동적인 나폴레옹 3세 등이 있다. 포트레소프는 이렇게 말한다. "비켜서서 양쪽 다 똑같이 나쁘다고 말하는 편이 보다 간단하지 않았을까? 그러나 엥겔스도, 마르크스도, 라살(Lassalle)도 그 같은 해결책의 '단순함'에 이끌리지 않았고, 세 사람 모두 그 분쟁이 어떻게 결말이 나야만 그들에게 귀중한 대의를 위해 최대의 기회가 될 것인지 하는 문제를 탐구하기〔포트레소프는, 문제를 말하고 연구하고 조사하는 것을 가리켜 이렇게 말한다〕시작했다."

마르크스와 엥겔스는 라살에 반대하여, 프로이센이 개입하지 않으면 안 된다는 결론에 이르렀다. 포트레소프 자신이 인정하듯이, "적의 연합세력과 충돌한 결과로 독일에서 민족운동이 독일의 수많은 봉건 지배자들의 머리를 타고 넘어 발전할 수 있을 가능성"도 마르크스와 엥겔스의 고려사항 중 하나였다. "또한 유럽협조(Concert of Europe, 1815년 오스트리아·프로이센·러시아·영국 간의 4국 동맹에 의한 협정) 4대국 중 어느 대국이 주된 악(惡)인가, 도나우 연안의 반동적 군주국〔오스트리아〕인가, 아니면 이 유럽협조의 다른 주요 대표국인가 하는 문제에 대한 고려도 있었다."

"마르크스인가, 라살인가, 누가 옳았는가는 우리에게 중요하지 않다"며 포트레소프는 다음과 같이 결론을 맺는다. "중요한 것은 어느 편의 승리가 보다 바람직한가를 국제적 관점에서 결정해야 할 필요에 모두 의견이 일치하고 있다는 것이다."

이상이 포트레소프가 제시한 사례이며, 우리의 저자가 논의를 진행시키는 방식이다. 교전국 양 진영의 정부들 모두가 매우 반동적인 정부들임에도 불구하고 마르크스가 당시 "국제 분쟁을 평가"(포트레소프의 표현)할 수 있었다면, 현재 마르크스주의자들도 비슷한 평가를 내려야 할 의무가 있다고 포트레소프는 결론 내린다.

이러한 결론은 순진한 유아적 발상이 아니면 조잡한 궤변인데, 왜냐하면 그 결론은 다음과 같은 논리로 귀결되기 때문이다. '마르크스는 1859년에 어느 부르주아지의 승리가 바람직한가 하는 문제를 해결하고자 노력한 것이므로 반세기도 더 지난 뒤에 우리는 정확히 같은 방식으로 문제를 해결해야 한다'라는 논리다.

포트레소프는 1859년의 (또한 이후의 여러 사례에서도) 마르크스에게 '어느 편의 승리가 보다 바람직한가'의 문제는 '어느 부르주아지의 승리가 보다 바람직한가'를 묻는 것을 의미했다는 점을 알아차리는 데 실패했다. 포트레소프는 마르크스가 **진보적 부르주아 운동들**이 존재하는 것이 명백했던—더군다나 단순히 존재만 한 것이 아니라 유럽의 선도국들에서 역사적 과

정의 전면에 서 있었던—시점에 그 문제의 해결에 노력해왔다는 점을 알아차리는 데 실패했다. 오늘, 예를 들어 유럽 '협조' 4대국 중 영국과 독일 같은 핵심 국가에서 진보적 부르주아지나 진보적 부르주아 운동을 상상할 수 있는가? 상상하는 것조차 우스운 일일 것이다. 포트레소프는 이 점을 '망각'하여, 현대 (비(非) 부르주아적) 민주주의의 관점을 구 (부르주아적) 민주주의의 관점으로 바꿔치기했다. 이런 식의 관점 이동, 즉 다른 한 계급, 그것도 늙고 수명이 다한 계급의 관점으로 이동하는 것이야말로 바로 기회주의다. 이와 같은 관점 이동이 정당화될 수 없다는 것은 신구 양 시대에 걸친 역사 과정의 객관적 내용을 검토해 볼 때 조금도 의심의 여지가 있을 수 없다.

포트레소프가 해낸 것과 같은 식의 바꿔치기—즉 제국주의 시대를 부르주아 진보적 운동 시대, 민족·민주 해방운동 시대로 대체하는 것—를 이뤄내려고 노력하는 것이 바로 부르주아지(예를 들어 독일의 부르주아지, 그리고 이 문제로 말하면 영국의 부르주아지도)다. 포트레소프는 무비판적으로 부르주아지의 뒤를 좇아가고 있다. 이것은 더더욱 용서할 수 없는 짓인데, 왜냐하면 포트레소프는 그가 선택한 사례 속에서, 훨씬 전에 마르크스와 엥겔스와 라살이 어떤 고려에 따라 행동했는지, 그러한 고려사항들을 인정하고 적시해야 할 의무가 그 자신에게 있었기 때문이다.[2]

첫째, 이것은 민족운동(독일과 이탈리아의)에 대한 고려였다.

즉 이 운동이 '중세의 대표자들'의 머리를 타고 넘어 발전하고 있던 것에 대한 고려였다. 둘째, 유럽협조 4대국 중 반동적 군주국(오스트리아 군주정, 나폴레옹 제정 등)이라는 '주된 악'에 대한 고려였다.

이것은 완전히 명백하고 논란의 여지가 없는 고려다. 마르크스주의자들은 봉건·절대주의 세력에 대항하는 부르주아 민족해방 운동의 진보적 성격을 결코 부정한 적이 없다. 포트레소프가 오늘날에는 이와 같은 어떤 운동도 현재의 주요 국가들, 즉 주도적인 분쟁 국가들에서 존재하지 않으며, 존재할 수도 없다는 것을 모를 수가 없다. 과거에는 이탈리아와 독일 모두에, 수십 년간의 투쟁을 수반한 민중적인 민족해방 운동이 존재했다. 당시에는 서구의 부르주아지가 그 재력으로 다른 특정

2   레닌 주 첨언하면, 포트레소프는 1859년의 전쟁 상황을 평가하는 데 있어 마르크스와 라살 가운데 누가 옳았는지 결정하길 거부한다. 우리는 (메링의 생각과는 반대로) 마르크스가 옳았고, 라살은 비스마르크에게 추파를 보내던 때와 마찬가지로 그때도 기회주의자였다고 생각한다. 라살은 이탈리아와 독일의 민주주의적 민족운동이 충분한 힘이 없다며 프로이센과 비스마르크의 승리에 영합하였다. 그리하여 라살은 민족적 자유주의 노동자 정치 쪽으로 기울었다. 반면 마르크스는 자주적이고 일관되게 민주주의적인 정치 활동을, 민족적 자유주의의 비겁함에 적대적인 정치 활동을 고무하고 발전시켰다(1859년에 프로이센이 나폴레옹에 대항하여 개입했더라면, 이것이 독일에서 인민운동을 자극했을 것이다). 라살은 비스마르크에게 심취해 있었던 만큼 아래가 아니라 위로 시선을 두고 있었다. 비스마르크의 '승리'는 라살의 기회주의를 조금도 정당화시키지 못했다.

대국을 지지하는 일은 없었고, 반대로 이러한 대국이 현실에서 '주된 악'이었다. 포트레소프는—같은 글에서 그도 인정하는 것처럼—오늘날에는 다른 대국 중 어느 한 나라가 '주된 악'일 수 없다는 것을 모를 수가 없다.

부르주아지(예를 들어 독일의, 물론 독일만은 아니지만)는 이기적인 목적을 위해 민족운동 이데올로기를 고취시키면서, 이 이데올로기를 제국주의 시대로, 즉 전혀 별개의 시대로 옮겨놓으려 시도하고 있다. 여느 때와 마찬가지로 기회주의자들은 부르주아지의 꽁무니를 좇아, 현대 민주주의의 관점을 버리고 구 (부르주아적) 민주주의의 관점으로 갈아탔다. 이것이 포트레소프와 그의 청산파 동료들의 모든 글에서, 그리고 그뿐 아니라 그들의 입장과 방침 전반에서 나타나는 근본적인 과오다. 구 (부르주아적) 민주주의의 시대에 마르크스와 엥겔스는 어느 부르주아지의 승리가 바람직한가 하는 문제를 해결했다. 그들은 온건한 자유주의 운동을 폭풍 같은 민주주의 운동으로 발전시키는 일에 관여했다. 현대 (비부르주아적) 민주주의의 시대에 포트레소프는 부르주아적인 민족적 자유주의를 설교하고 있다. 영국에서든 독일에서든 프랑스에서든 부르주아 진보적 운동을—온건한 자유주의 운동이든, 폭풍 같은 민주주의 운동이든—상상조차 할 수 없는 오늘날에 말이다. 마르크스와 엥겔스는 자신의 시대를, 즉 진보적 부르주아 민족운동의 시대를 앞서서 나아갔다. 그들은 이러한 운동이 중세의 대표자들의 '머리를 타고 넘어' 발전할 수 있도록 이 운동을 추동하고자 했다.

모든 사회배외주의자들과 마찬가지로 포트레소프도 후퇴하고 있다. 그 자신의 시대, 즉 현대 민주주의의 시대로부터 이탈하여 낡고 수명이 다한, 따라서 본질적으로 허위인 관점, 구(부르주아적) 민주주의의 관점으로 넘어가버린 것이다.

여기서 포트레소프의 다음과 같은 민주주의 호소를 보라. 그의 혼란스러운 사고와 매우 반동적인 관점이 여실히 드러나 있다.

후퇴하지 말고 전진하라. 개별주의가 아니라, 그 모든 통일성과 그 모든 활력 그대로의 국제주의적 의식을 향해 전진하라. 전진하는 것은 어떤 의미에선 뒤로 되돌아가는 것을 의미하기도 한다. 엥겔스와 마르크스와 라살에게로, 국제 분쟁을 평가하는 그들의 방법으로, 그리고 국가 간의 관계를 민주주의적 목적을 위해 활용하는 것을 가능하다고 본 그들의 인식으로 되돌아가자.

포트레소프는 "어떤 의미"에서가 아니라 모든 의미에서 현대 민주주의를 뒤로 끌고 간다. 구 부르주아 민주주의의 슬로건과 이데올로기 쪽으로, 부르주아지에 대한 대중의 종속 쪽으로 끌고 간다……. 마르크스의 방법은 무엇보다도 먼저, 주어진 시점의 역사 과정의 **객관적** 내용을 일정한 구체적 조건 속에서 고찰하는 데 있다. 이것은 일차적으로, 어느 계급의 운동이 그러한 구체적 조건 속에서 가능한 진보의 원동력인가를 파악하기 위해서다. 1859년 당시 유럽 대륙에서 역사 과정의 객관적 내용을 구성하고 있는 것은 제국주의가 아니라, 각 민족의 부르주아 해방운동이었다. 원동력은 봉건적·절대주의적 세력에 대항하는 부르주아지의 운동이었다. 50년 뒤, 구래의 반동적 봉건영주가 물러가고 그 자리에 그들과 다르지 않은 노쇠한 부르주아지의 금융자본 거두들이 들어섰을 때 박식한 포트레소프는 국제 분쟁을 새로운 계급의 관점이 아니라, 부르주아지의 관점에서 평가하려고 애쓰고 있다.[3]

포트레소프는 위의 얘기 중에 자신이 발설한 진실의 의미를 제대로 생각해보지 않았다. 부르주아 민족해방 운동의 시대에 두 나라가 교전 중에 있다고 가정해보자. 현대 민주주의의 관점에서 우리는 어느 나라의 승리를 바라야 하는가? 답은 명확하다. 해당 나라가 승리할 경우, 부르주아지의 해방운동에 더 큰 추진력을 주고, 그 운동의 발전을 더욱 빠르게 진전시키고, 봉건제를 더 단호하게 무너뜨리는, 그런 나라의 승리를 바라야 한다. 한 걸음 더 나아가, 객관적인 역사적 상황의 규정적

---

3   레닌 주 포트레소프는 다음과 같이 썼다. "정말이지, 정체기로 보였던 바로 이 시기에 거대한 분자(分子) 과정이 각국 내부에서 진행되고 있었고, 국제 정세도 점차 변화해가서 식민지 획득 정책, 즉 전투적 제국주의 정책이 규정적인 특징이 되고 있었다."

특징이 변화하여, 민족해방을 지향하는 자본을 대신해 그 자리에 국제적인 반동적 제국주의 금융자본이 들어섰다고 가정해보자. 위의 교전 중인 두 나라 중 A국이 아프리카의 4분의 3을, B국이 4분의 1을 영유하고 있다고 치자. 아프리카의 재분할이 그들 양국 간 전쟁의 객관적 내용이다. 우리는 어느 편의 승리를 바라야 하는가? 이렇게 종래대로 문제를 제기하는 방식은 불합리한데, 왜냐하면 우리한테 있는 것은 예전의 평가기준이 아니기 때문이다. 수십 년에 걸친 부르주아 해방운동도 없고, 장기간의 봉건제 붕괴 과정도 없기 때문이다. A국이 아프리카의 4분의 3에 대한 자신의 '권리'를 주장하도록 돕는 것도, B국이(비록 B국이 A국보다 경제적으로 더 급속히 발전하고 있을지라도) 그 4분의 3을 탈취하도록 돕는 것도, 어느 것도 현대 민주주의의 업무는 아니다.

현대 민주주의가 스스로에게 충실한 채로 의연히 남아 있을 수 있는 경우는 어떠한 경우들일 때인가? A국이든 B국이든 제국주의 부르주아지 어느 편에도 가담하지 않을 경우에만, 양편 모두에 대해 똑같이 악(惡)이라고 말할 경우에만, 가국의 모든 제국주의 부르주아지의 패배를 바랄 경우에만, 현대 민주주의는 자기 자신에게 충실할 수 있을 것이다. 그 밖의 다른 결정은 실제로는 진정한 국제주의와는 아무 관련도 없는 민족 자유주의적 해결책이 될 것이다.

독자들은 포트레소프의 가식적인 어법에 속지 않도록 조심해야 한다. 그는 자신이 부르주아지의 입장으로 넘어간 것을 숨기기 위해 이런 어법을 사용하고 있다. 포트레소프가 "개별주의가 아니라, 그 모든 통일성과 그 모든 활력 그대로의 국제주의적 의식을 향해……"라고 외칠 때 그가 목적한 바는 그 자신의 관점과 카우츠키의 관점을 대비시키는 것이다. 그는 카우츠키의 견해(그리고 그 밖의 카우츠키 같은 사람들의 견해)를 '개별주의'라고 명명한다. 카우츠키가 '어느 편의 승리가 보다 바람직한가'를 결정하기를 거부했고, 각 '개별' 나라에서의 노동자들의 민족적 자유주의를 정당화했기 때문이라는 것이다. 그는 이런 식으로 말한다. 카우츠키와는 반대로 우리—여기서 '우리'는 포트레소프, 체레바닌, 마슬로프, 플레하노프 등이다—는 '그 모든 통일성과 그 모든 활력 그대로의 국제주의적 의식'에 호소한다. 왜냐하면 우리는 결코 개별 국가(또는 개별 민족)의 관점에서가 아니라 진정으로 국제주의적인 관점에서 특정 색깔의 민족적 자유주의를 지지하기 때문이다. 이런 논리는 파렴치하지는 않다 할지라도 우습지 않은가.

포트레소프 일파도, 카우츠키도 자신들이 대표하겠다고 무던히도 애쓴 계급의 입장을 배반하여 부르주아지의 꽁무니를 좇고 있다.

II

포트레소프는 자기 글에 "두 시대의 경계에서"라는 제목을 붙였다. 우리가 두 시대의 경계에 살고 있다는 것은 의심할 바 없이 확실하며, 우리 눈앞에 펼쳐지고 있는 역사적 사건들은, 일차적으로 한 시대로부터 다른 한 시대로 이행하는 과도기라는 객관적 조건을 분석할 때만 이해될 수 있다. 여기에 중요한 역사적 시대들이 있다. 그 각 시대에는 때로는 전진하고 때로는 후퇴하는 개개의 부분적인 운동들이 존재하며, 앞으로도 항상 존재할 것이다. 운동의 평균적인 형(型)과 평균적인 템포를 중심으로 다양한 편차들이 존재하며, 또 앞으로도 항상 존재할 것이다. 우리는 주어진 시대의 다양한 역사적 운동들이 얼마나 빨리, 얼마나 성공적으로 발전할지는 알 수 없지만, 어느 계급이 이 또는 저 시대의 중심에 서서 그 시대의 주된 내용과 주된 발전 방향과 역사적 상황의 주된 특징 등을 규정하는지는 알 수 있고, 또한 실제로 알고 있다. 오직 이러한 기초 위에서만, 즉 일차적으로 다양한 '시대'를 구분 짓는 근본적인 특성을 (개별 나라의 역사에서 하나의 삽화가 아니라) 고려해야만, 우리의 전술을 올바로 발전시킬 수 있다. 주어진 시대의 기본적인 특징에 대한 지식만이 이 또는 저 나라의 종별적인 특징을 이해하는 기초로 복무할 수 있다.

포트레소프와 카우츠키의 주된 궤변, 또는 그들의 근본적인 역사적 오류—그들 두 사람을 마르크스주의적 결론이 아니라 민족 자유주의적 결론으로 이끈 오류—가 문제가 되고 있는 것이 바로 이 영역에서다(카우츠키의 글은《나셰 디엘로》의 같은 호에 실렸다).

포트레소프가 '특별한 관심'을 가지고 선택한 사례, 말하자면 1859년 이탈리아 전쟁이라는 사례는(또한 카우츠키가 인용한 수많은 비슷한 역사적 사례들도) 우리가 그 '경계에' 살고 있는 '역사적 시대들에 어떤 식으로도 속하지 않는다'는 데 문제가 있다. 각각의 역사적 시대들을 살펴보자. 우리가 진입하고 있는(또는 이미 진입한, 그 경우 초기 단계에 있는) 시대를 오늘의(또는 제3의) 시대라고 부르자. 우리가 막 벗어난 시대를 어제의(또는 제2의) 시대라고 부르자. 이 경우 포트레소프와 카우츠키가 사례를 인용한 시대는 그제의(또는 제1의) 시대라고 불러야 할 것이다. 포트레소프와 카우츠키의 역겨운 궤변, 그들 주장의 참기 어려운 허위성은 오늘(제3) 시대의 조건을 그제(제1) 시대의 조건으로 바꿔치기한 데 있다.

다음과 같이 설명해보자.

마르크스주의 문헌에서 그렇게도 자주 인용되었고, 카우츠키에 의해 그렇게도 여러 번 되풀이된, 포트레소프의 논문에서 채택된 통상적인 시대 구분은 다음과 같다. 1) 1789~1871년, 2) 1871~1914년, 3) 1914년~? 자연이나 사회의 어디서나처럼 여기서도 물론, 구분선은 관습적이고 가변적이다. 상대적인 것이지 절대적인 것이 아니다. 우리가 가장 두드러지고 현저한 역사적 사건을 예로 들 때 그것은 중요한 역사적 운동에서 이정표로 삼는 것일 뿐이다. 프랑스 대혁명에서 프로이센-프랑스 전쟁(보불전쟁)까지의 제1시대는 부르주아지가 발흥하여 승리를 이루는 시대, 부르주아지가 상승하는 시대. 일반적으로는 부르주아 민주주의 운동의 시대이고, 특수하게는 부르주아 민족운동의 시대이며, 수명이 다한 봉건적·절대주의적 제도가 급속히 붕괴한 시대. 제2시대는 부르주아지의 완전한 지배와 쇠퇴의 시대, 진보적 성격을 가졌던 부르주아지가 반동적인, 심지어 초반동적인 금융자본으로 이행하는 시대다. 이 시대는 새로운 계급—현대 민주주의파—이 세력을 준비하고 서서히 세력을 결집하는 시대다. 제3시대는 막 시작한 시대로서, 제1시대 동안 봉건영주가 처했던 것과 동일한 '지위'에 부르주아지를 갖다 놓았다. 이 시대는 제국주의 및 제국주의적 격동의 시대이며, 제국주의의 본성에서 비롯하는 동란의 시대다.

다른 사람도 아닌 바로 카우츠키가 일련의 논문들괴 소책자 『권력으로 가는 길Der Weg zur Macht』(1909년 출간)에서 막 시작된 제3시대의 기본 특징을 완벽하다 할 만큼 명확하게 제시했고, 이 시대와 제2시대(어제의 시대) 간의 근본적인 차이를 지적하는 한편, 현대 민주주의의 당면 과제와 그 투쟁의 조건 및 형태가 모두 변화하고 있음—객관적인 역사적 조건이 바뀌면서 비롯한 변화—을 인정했다. 카우츠키는 자기가 어제 숭배했던 것을 지금 태워 없애고 있다. 그의 방향 전환은 가장 믿기 힘들고, 가장 부당하며, 가장 파렴치한 일이다. 위에서 언급한 소책자에서 그는 전쟁이 임박한 징후들에 대해, 그리고 특정해서는 1914년에 사실이 된 그 전쟁에 대해 솔직하게 말하고 있다. 카우츠키가 그 자신의 신념과 당당한 선언들을 어떻게 배신했는지 설득력 있게 보여주는 것은 이 소책자의 수많은 구절들과 그의 현재 글들을 나란히 놓고 비교해보는 것만으로도 충분할 것이다. 이 점에서 카우츠키는 개인적인 사례(또는 심지어 독일적인 사례도)가 아니다. 그는 위기의 순간에 부르주아지의 편으로 탈주한 현대 민주주의파 상층부 일반의 전형적인 대표자다.

포트레소프와 카우츠키가 인용한 역사적 사례는 모두 제1시대에 속한다. 1855년이나 1859년, 1864년, 1866년, 또는 1870년뿐만 아니라 1877년(러시아-터키 전쟁)과 1896~7년(터키-그리스 전쟁과 아르메니아 동란) 등의 전쟁 시기 역사적 현상들은 그 주된 객관적 내용에서 볼 때 부르주아 민족운동, 또는 모든 종류의 봉건제도를 제거하기 위한 부르주아 사회의 '경련'이었다. 당시로선 다수의 선도국에서 현대 민주주의파에 의한 진정으로 독자적인 행동, 즉 부르주아지가 성숙을 넘어서 퇴락해가는 시대에 맞는 그런 종류의 행동이 취해질 가능성은 결코 없었다. 당시 부르주아지는 이러한 전쟁들에 참가한 결과로서 상승하고 있던 주도 계급이었다. 압도적인 힘으로 봉건적·절대주의적 제도들에 대항하여 나설 수 있었던 계급은 부르주아지 외에는 없었다. 다양한 계층의 상품 생산 유산자들로 대표되는 이 부르주아지는 나라마다 정도의 차이는 있었지만 진보적이었고, 때로는 (1859년의 이탈리아 부르주아지의 일부처럼) 혁명적이기까지 했다. 부르주아지의 진보성은 그 시대의 일반적 특징이었다. 즉 봉건제에 대항하는 부르주아지의 투쟁은 아직 미해결, 미완성 상태였다. 현대 민주주의 분자들과 그들의 대표자로서 마르크스가 봉건제에 대항하는 진보적(즉 투쟁을 수행할 수 있는) 부르주아지를 지지하는, 의문의 여지가 없는 원칙을 당시에 행동지침으로 삼은 것, 그리고 '어느 편의 승리', 즉 어느 부르주아지의 승리가 보다 바람직한가로 문제를 다룬 것은 지극히 당연한 일이었다. 전쟁에 휩싸인 주요 나라들의 인민운동은 당시에 일반 민주주의적, 즉 그 경제적·계급적 내용에서 부르주아 민주주의적이었다. 당시에 다음과 같은 질문 외에는 어떤 다른 질문도 제기될 수 없었던 것은 아주 당연한 일이었다. 어느 부르주아지의 승리가, 어느 연합 세력의 승리가, 어느 반동 세력(부르주아지의 발흥을 가로막고 있던 봉건적·절대주의적 세력)의 패배가 현대 민주주의에게 보다 많은 '활동 무대'를 약속해 주는가?

포트레소프조차도 인정하지 않으면 안 되었듯이, 마르크스는 부르주아 민족해방 운동에 연원을 둔 국제 분쟁을 '평가'

하는 데에서 누구의 승리가 민족적인, 일반적으로는 인민적인 민주주의 운동의 '발전'(프로레소프의 글 74쪽)에 보다 더 기여할 수 있는가에 대한 고려를 행동지침으로 삼았다. 이것이 의미하는 바는, 각 민족 단위 내에서 부르주아지의 권력 획득으로부터 발생한 군사적 분쟁 시기 동안 마르크스는 1848년에서처럼, 더 광범하고 더 많은 '평민적인' 대중의 참가, 즉 소부르주아지 일반과 특수하게는 농민층, 그리고 끝으로 전체 무산계급들의 참가를 통해 부르주아 민주주의 운동을 확대하고 정점으로까지 끌어올리는 것에 가장 큰 관심을 두었다는 것이다. 운동의 사회적 기반을 확대하고 발전시키는 것에 대한 이런 마르크스의 고려야말로, 마르크스의 수미일관한 민주주의적 전술과 라살의 일관되지 못하고 불철저한 전술, 즉 민족적 자유주의자들과의 동맹 쪽으로 방향을 튼 전술을 구분 짓는 근본적인 특징이다.

제3시대에서의 국제 분쟁은 형식에서는 여전히 제1시대와 같은 종류의 국제 분쟁이었지만, 그 사회적·계급적 내용은 근본적으로 달랐다. 객관적인 역사적 상황이 완전히 바뀐 것이다.

봉건제로부터 민족적 해방을 지향하는, 상승하는 자본의 투쟁은 물러나고, 이제 그 자리에는 가장 반동적인 금융자본이 새로운 세력을 적으로 하여 수행하는 투쟁, 쇠잔하고 수명이 다해 썩어들어가는 자본의 투쟁이 대신 들어섰다. 제1시대에 봉건제로부터 스스로를 해방시키고 있던 인류의 생산력 발전의 지주였던 부르주아 민족국가 틀은 제3시대인 지금은 생산력 발전의 장애물이 되어버렸다. 발흥하는 진보적 계급이었던 부르주아지는 쇠퇴하고 퇴락한 반동적 계급으로 바뀌었다. 이제 광범한 역사적 규모로 상승하는 것은 전혀 다른 계급이다.

포트레소프와 카우츠키는 이 계급의 입장을 포기했다. 그들은 뒤로 돌아서서, 오늘날에도 역사적 과정의 객관적 내용이 봉건제에 대항하는 부르주아지의 진보적 운동에 있다는 기만적인 부르주아적 주장을 반복하고 있다. 실제로는, 현대 민주주의가 반동적인 제국주의적 부르주아지의 꽁무니를 좇는다는—그 부르주아지의 '색깔'이 무엇이건 간에—것은 이제는 있을 수 없는 얘기다.

사멸하는 봉건제의 최고 대표자들에 대항하는 투쟁에서 진보적 부르주아지는 전세계의 민주주의 부르주아지 전체에 가능한 최대의 이득을 가져다주도록 국제 분쟁을 어떻게 '이용'해야 할 것인가가 제1시대의 객관적인 역사적 과제였다. 반세기도 더 전인 제1시대에, 봉건제에 예속되어 있는 부르주아지가 '자'국 봉건적 억압자의 패배를 바라는 것—더군다나 당시 전 유럽적인 중요성을 갖는 제1급의, 중심적인 봉건 성채의 수가 그리 많지 않은 상황에서—은 당연하고 필연적인 것이었다. 이것이 마르크스가 분쟁을 '평가'한 방식이다. 그는 주어진 구체적 조건 속에서 부르주아 해방운동이 어느 나라에서 승리하는 것이 전 유럽적 봉건 성채를 폭파하는 데 있어 더 중요한

지를 평가했다.

제3시대인 현재, 전 유럽적 의의를 갖는 봉건 성채는 더 이상 존재하지 않는다. 물론 분쟁을 '이용'하는 것은 현대 민주주의(파)의 임무지만, (포트레소프와 카우츠키와는 반대로) 이러한 국제적 이용은 개개의 일국 금융자본이 아니라 국제 금융자본을 겨냥해야 한다. 분쟁 이용이 50년 전 또는 100년 전에 상승했던 계급에 의해 이루어져서는 안 된다. 당시는 가장 선진적인 부르주아 민주주의에 의한 "국제적 행동"(포트레소프의 표현)이 문제였다. 오늘, 역사에 의해 같은 종류의 임무가 창조되었다. 그리고 이 임무는 객관적 정세에 의해 또 다른 새 계급 앞에 제기되어 있다.

III

포트레소프가 제2시대 또는 그의 표현대로 "45년간"(1870~1914년)을 특징짓는 방식은 매우 불완전하다. 마찬가지로 트로츠키가 자신의 독일어판 저작에서 그 시기를 특징짓는 방식에도 불완전함이 결점으로 나타나고 있다. 트로츠키가 포트레소프의 실천적 결론에는 동의하지 않지만 말이다(물론 이에 대해서는 트로츠키를 칭찬해줘야 한다). 두 저자 모두 어떤 의미에서는 자신들이 서로 그렇게 근접해 있는 이유를 거의 깨닫지 못하고 있다.

포트레소프는 우리가 제2의 시대, 어제의 시대라고 불러온 시대에 대해 다음과 같이 쓰고 있다.

"활동과 투쟁의 세세한 제약, 그리고 어디에나 침투해 있는 점진주의—이러한 시대의 상징들은 어떤 이들에게는 하나의 원리로 격상되어 있지만, 다른 이들에게는 그들 생활의 평범한 사실이 되어 있고 그들 사고의 일부, 그들 이데올로기의 한 색깔이 되어 있다."(71쪽) "순조롭고 신중하게 전진해나가는 그것의(이 시대의) 재능은 그 반편향으로서 첫째, 점진성의 어떠한 단절과 어떠한 종류의 파국적 현상에 대해서도 적응하지 않으려는 뚜렷한 특성을 지니고 있고, 두 번째로는 민족적 행동—민족적 환경—의 범위 내로 고립을 유지하는 이례적인 특성을 지니고 있다"(72쪽). "혁명도, 전쟁도 아닌……"(70쪽) "민주주의의 '진지전'의 시기가 보다 장기화할수록, 그리고 유럽의 중심부에 그 어떤 국제 분쟁도 겪지 않았고, 그에 따라 민족국가 영토의 경계를 넘어 확대되는 그 어떤 동란도 경험해보지 못했고, 나아가 전 유럽적이거나 세계적인 차원의 그 어떤 절절한 이해관계도 느껴보지 않은 …… 이 시대가 유럽 역사의 무대 위에 오래 서성거릴수록 더욱더 실질적으로 민주주의는 일국화되고, 민족주의적으로 되어갔다."(75~6쪽)

이 시대에 대한 이러한 특징 묘사의 주된 결함은, 같은 시대에 대한 트로츠키의 특징 묘사에서도 그렇듯이, 앞서 기술한 기초 위에서 발전해온 현대 민주주의의 깊은 모순을 확인하고 인식하길 꺼려하는 데 있다. 지금 우리가 고찰하고 있는 이 시대와 같은 시간대에 있는 민주주의, (포트레소프가 말하는) 현대 민주주의가 마치 계속해서 하나의 전일체로 남아 있는 듯한 인상을 낳는다. 즉 현대 민주주의가, 일반적으로 말해서 점진주의에 젖어 민족주의적으로 변했고, 점진성의 중단과 파국으로부터 차츰 멀어져가 망각에 이르면서 왜소화되고 곰팡이가 났다는 식의, 발생부터 쇠락까지 전일체로 지속하고 있다는 인상을 만들어내고 있다는 것이다.

현실에서 이런 일은 일어날 수 없었는데, 왜냐하면 앞서 말한 경향들과 나란히 다른 반대의 경향들이 의심의 여지 없이 작동하고 있었기 때문이다. 노동대중의 일상생활은 국제화되고 있었다. 도시는 더욱더 많은 거주자를 끌어들이고 있었고, 전세계 대도시들의 생활조건은 평준화되어갔다. 자본은 국제화되고 있었고, 대규모 공장에서 도시 주민과 농촌 주민, 토착민과 이주민이 뒤섞이고 있었다. 계급모순이 더욱더 격화되고 있었다. 고용주 단체가 노동조합에 가하는 압박이 더욱더 커져가고 있었다. 보다 격렬하고 보다 첨예한, 예를 들어 대중파업과 같은 투쟁 형태들이 생겨나고 있었다. 생계비가 오르고 있었다. 금융자본의 압박이 참을 수 없는 지경에 이르렀다 등의 경향들 말이다.

사실상 사태는 포트레소프가 기술한 패턴을 **따르지 않았**다. 이 점은 우리가 분명하게 알고 있는 사실이다. 이 시대를 통틀어 유럽의 자본주의 대국들 중 어느 나라도, 문자 그대로 단 한 나라도 당대의 민주주의 내에서 상호 대립하는 두 흐름 간의 투쟁을 비껴가지 못하고 있다. 대국들 각국에서 이 투쟁은 때에 따라 가장 폭력적인 형태를—분열을 포함하여—띠기도 했는데, 이는 이 시대의 일반적 성격이 '평화적', '정체된', 잠들어 있는 것이라는 규정과는 다른 것이었다. 이러한 모순적인 흐름들이 예외 없이 모든 각종 생활 분야와 현대 민주주의의 모든 문제들에 영향을 미쳤다. 즉 부르주아지에 대한 태도, 자유주의자들과의 동맹, 전쟁공채에 대한 투표, 식민지 정책, 개혁, 경제투쟁의 성격, 노동조합의 중립성 등과 같은 문제들에 대한 태도에도 그러한 상호대립하는 흐름들이 나타난 것이다.

'어디에나 침투한 점진주의'는, 포트레소프와 트로츠키의 저작들이 말하고 있는 것처럼 결코 현대 민주주의 전체의 지배적인 기류는 아니었다. 확실히 아닌 것이, 당시에 이러한 점진주의는 유럽에서 현대 민주주의의 개별 집단으로서의 모습을 형성해가고 있었으며, 때로는 개별 정당을 탄생시킨 특정 정치 조류로서의 모습을 취해가고 있었다. 이러한 조류는 자신의 지도자들, 자신의 기관지, 자신의 정책, 주민대중에게 영향을 미치는 그 자신의 특유한—그리고 별도로 조직된—방법을 지니고 있었다. 게다가 이러한 조류는 현대 민주주의 내 특정 사회계층의 이익에 자기 기반을 두는—그리고 궁극적으로는 그 기반을 굳건하게 다지는—경향을 더욱더 강화시켜갔다.

'어디에나 침투한 점진주의'는 당연히 다수의 소부르주아 지지자들을 이 민주주의의 대열로 끌어들였다. 나아가 소부르주아지 특유의 조건들과 그에 따른 소부르주아 정치 성향이 국회의원, 언론인, 노동조합 간부들 같은 특정 계층 사이에서 준칙이 되었다. 일종의 노동자계급 관료층과 귀족층이 다소간에 확연하고 뚜렷이 구별되는 모습으로 형성되고 있었다.

식민지의 영유와 식민지 영토의 확장을 예로 들어보자. 이러한 현상들은 앞에서 다룬 시대의 대국들 대다수의 명백한 특징이다. 이것은 경제적으로 무엇을 의미하는 것이었는가? 그것은 부르주아지에게 초과이윤과 특권을 의미했다. 게다가 그것은 소수의 소부르주아지 외에도, 피고용자 중 상대적으로 나은 지위에 있는 층과 노동운동 관료 등에게도 그 초과이윤과 특권의 작은 떡고물이 떨어질 가능성이 있음을 의미했다. 예를 들어 영국에서 노동자계급 내 극소수층이 식민지와 특권에서 비롯되는 이득의 작은 떡고물을 얻는다는 점은 확인된 사실로서, 마르크스와 엥겔스가 인정하고 지적한 바 있다. 전에는 영국 한 나라에 한정되었던 이 현상이, 유럽의 모든 자본주의 대국들의 식민지 영토가 확장됨에 따라, 그리고 일반적으로는 자본주의의 제국주의 시대가 성장하고 발전함에 따라 이들 대국들의 공통된 현상이 되었다.

한마디로 제2시대(어제의 시대)의 '어디에나 침투한 점진주의'는, 포트레소프가 생각한 바의 '점진성의 어떠한 단절에 대해서도 적응하지 않으려는 특성'만을(그리고 트로츠키가 추측하는 것과 같은 '가능주의적(possibilist)' 경향만을) 낳은 것이 아니다. 그것은 현대 민주주의 내 특정 사회계층에 기반을 두고, 수많은 공통의 경제적·사회적·정치적 이해관계의 끈으로 부르주아지(그 자신의 민족적 '색깔'을 지닌)와 연결된 전체 기회주의 조류를 낳았다. 이 기회주의 조류는 '점진성의 단절'과 같은 그 어떤 사상에 대해서도 직접적으로, 공공연하게, 의식적으로, 체계적으로 적대적이다.

트로츠키의 수많은 전술적·조직적 오류(포트레소프의 오류는 말할 것도 없고)는 기회주의 조류가 '성숙'에 도달했다으며, 그 조류가 우리 시대의 민족적 자유주의자들(또는 사회민족주의자들)과 긴밀하고 불가분하게 연결되어 있다는 사실을 인정하길 그가 두려워하거나 꺼려하거나 아니면 인정할 능력이 없는 데서 비롯한 것이다. 실천상으로는, 이러한 '성숙'과 이러한 불가분의 연결이라는 사실을 인정하지 못하면 지금 기승을 부리고 있는 사회민족주의적(또는 민족자유주의적) 해악 앞에서 결국 완전한 혼란과 무기력으로 이어지게 될 것이다.

기회주의와 사회민족주의가 연결되어 있다는 사실은 포트레소프만이 아니라, 마르토프와 악셀로드와 코솝스키(Kosovsky)(그는 자신은 독일 민주주의자들이 민족적 자유주의 입장에서 전쟁공채에 찬성 투표를 한 것을 옹호한다고 드러내놓고 말하기까지 했다), 트로츠키 모두 부정하고 있다.

그들의 주된 '논거'는 민주주의와 관련하여 '기회주의 라인에 따른' 어제의 구분과 '사회민족주의 라인에 따른' 오늘의 구분 사이에 완전한 일치 같은 것은 없다는 것이다. 이 논거는 첫째, 사실관계에서 부정확한데, 이에 대해 곧 증명해 보일 것이다. 둘째, 전적으로 일면적이고 불완전할 뿐만 아니라, 마르크스주의 원칙의 견지에서 볼 때 성립될 수 없는 주장이다. 개인과 그룹은 한쪽 편에서 다른 쪽 편으로 옮겨갈 수 있다. 이것은 가능할 뿐만 아니라, 거대한 사회적 격변기에는 불가피하기까지 하다. 그러나 그것은 특정 조류의 성격이나 특정 조류들 간의 이데올로기적 연결이나 그들의 **계급적** 의미에는 전혀 영향을 미치지 않는다. 이 모든 사항은 워낙 일반적으로 알려져 있고 논란의 여지가 없는 것처럼 보일 수 있어서 이것을 그처럼 강조해야만 하는 것에 당혹감마저 느낄지도 모른다. 그럼에도 앞에서 언급한 저자들은 바로 이러한 사항을 잊어버리고 말았다. 기회주의의 근본적인 계급적 의미—또는 달리 말하면 그것의 사회적·경제적 내용—는 현대 민주주의의 어떤 분자들이 수많은 개개 사안들에서 부르주아지의 편으로 넘어갔다(사실상 아마 의식하지 않고 넘어갔겠지만)는 데 있다. 기회주의는 다름 아닌 자유주의 노동자 정치다. 이 표현의 '분파적' 외견에 겁내는 사람이 있다면, 그는 마르크스와 엥겔스와 카우츠키(이분은 '분파주의'에 대한 반대자들에게는 아주 적합한 '권위자'가 아니신가?)가 말하자면 영국의 기회주의에 대해 내린 평가를 귀찮더라도 연구해보는 편이 좋을 것이다. 연구해보면 기회주의와 자유주의 노동자 정치 사이에 근본적인 일치점들이 있음을 인정할 수밖에 없을 것이다. 이것은 조금도 의심의 여지가 있을 수 없다. 오늘 사회민족주의의 근본적인 계급적 의미도 정확히 같다. 기회주의의 기본 **사상**은 부르주아지와 그 대립자 사이의 동맹, 또는 접근(때로는 협정, 블록 등)이다. 사회민족주의의 기본 사상도 정확히 같다. 기회주의와 사회민족주의 사이의 이데올로기적·정치적 친밀함과 연관성과 심지어 동일성은 의심할 바 없다. 당연히 우리는 개인이나 그룹이 아니라, 사회적 **조류**들의 **계급**적 내용에 대한 분석과 그들의 주요 핵심 원칙에 대한 이데올로기적·정치적 검토를 우리의 기초로 삼아야 한다.

우리는 같은 주제를 다소 다른 각도에서 접근하여 다음과 같이 질문해보겠다. 사회민족주의는 어디에서 나타난 것인가? 그것은 어떻게 성장하고 성숙했는가? 무엇이 그것에 의의와 힘을 부여했는가? 이 문제들에 대한 답을 발견하지 못하는 사람은 사회민족주의가 무엇인지 이해하는 데 완전히 실패한 것이며, 그래서 자기 자신과 사회민족주의 사이에 명확한 '이데올로기적 선'을 그을 능력이 전혀 없는 것이다. 아무리 자신이 그렇게 할 준비가 되어 있다고 강력히 주장할지라도 말이다.

이 질문에 대한 답은 오직 하나뿐이다. 사회민족주의는 기회주의로부터 발전해나왔고, 그것에 힘을 부여한 것은 기회주의였다. 사회민족주의는 어떻게 '갑자기' 나타날 수 있었을까? 임신해서 아홉 달이 지나면 아기가 '갑자기' 나타나는 것과 같은 방식으로 나타났다. 모든 유럽 나라들에서 제2(어제의)시대 전 기간을 통해 기회주의의 수많은 발현태들 하나하나가 실개천이 되어 이제 '갑자기' 사회민족주의라는, 크지만 아주 얕은 (말 나온 김에 덧붙이면, 진흙탕의 더러운) 강으로 흘러들어갔다. 수태 후 아홉 달이 지나면 태아는 모태로부터 분만되지 않으면 안 된다. 기회주의가 수태되고 수십 년이 지난 지금 사회민족주의가 그 기회주의의 성숙한 태아가 되어 단기간(수십 년과 비교할 때)에 현대 민주주의로부터 분만되지 않으면 안 될 것이다. 선한 사람들이 이 같은 생각과 말을 두고 아무리 야단치고 격노하고 고함치더라도 이것은 피할 수 없다. 왜냐하면 그것은 현대 민주주의의 사회적 발전 전체로부터, 그리고 제3시대의 객관적 조건으로부터 생겨난 것이기 때문이다.

그러나 '기회주의 라인에 따른' 구분과 '사회민족주의 라인에 따른' 구분 사이에 완전한 일치가 존재하지 않는다면, 이것은 그 두 사실 간에 본질적인 연관은 없다는 것을 증명하는 것이 아닌가? 그렇지 않다. 첫째, 18세기 말에 개개의 부르주아가 봉건영주 편으로든, 아니면 인민의 편으로든, 그 어느 쪽으로 넘어갔든 그 사실이 부르주아지의 성장과 1789년 프랑스 대혁명 간에 '아무 연관도 없다'는 것을 증명하는 것은 아니지 않은가? 그와 같은 이치다. 둘째, 전체적으로 보아 그러한 일치는 존재한다(그리고 우리는 일반적 의미에서만, 운동 전체에 대해서만 이야기하고 있는 것이다). 하나의 개별 나라가 아니라 다수의 개별 나라들, 말하자면 독일, **영국, 프랑스, 벨기에,** 러시아, 이탈리아, 스웨덴, 스위스, 네덜란드, 불가리아 등 유럽 10개국을 예로 들어보자. 굵은 글씨체로 강조한 세 나라만이 예외로 보일 수 있다. 다른 나라들에서는 기회주의에 대해 비타협적으로 반대하는 **조류**가 사회민족주의에 적대적인 **조류**를 낳았다. 독일의 유명한 《월간 사회주의 *Sozialistische Monatshefte*》파와 그 반대파를 비교해보라. 러시아의 《나셰 디엘로》파와 그 반대파를, 이탈리아의 비솔라티의 당과 그 반대파를, 스위스의 그로일리히(Greulich)파와 그림(Grimm)파를, 스웨덴의 브란팅파와 회글룬트파를, 네덜란드의 트룰스트라(Troelstra)파와 파네쿡(Pannekoek)·호르터르(Gorter)파를, 그리고 끝으로 불가리아의 《오브시체 디엘로 *Obshcho Dyelo*》4파와 테스냐키(Tesnyaki)5파를 비교해보라. 종래의 구분과 새 구분 사이의 전반적인 일치는 사실이다. 완전한 일치로 말할 것 같으면, 가장 단순한 자연현상에서도 그러한 일치는 일어나지 않는다. 그것은 카마 강이 합류하기 전의 볼가 강과 합류 후의 볼가 강처럼 같은 강 사이에도 완전한 일치는 없는 것과 마찬가지다. 또한 아기와 그 부

---

4 '공동의 대의'라는 뜻. 온건파(Shiroki) 사회주의자라는 이름으로도 알려져 있는데, 불가리아 사회민주당 내 기회주의 조류다. 《오브시체 디엘로》는 1900년부터 발행되었다. 1903년에 사회민주당 10차 대회에서 분립하여 개량주의적인 불가리아 사회민주당(온건파 사회주의자들의)을 결성했다. 1914~8년의 세계 제국주의 전쟁 중에 《오브시체 디엘로》파는 배외주의적 입장을 취했다.—원서 편집자

모 사이에도 완벽하게 닮는 일은 없다. 단지 영국은 예외로 보이기만 할 뿐이다. 실제로 전전(戰前) 영국에 양대 조류가 있었는데 이들은 두 일간지, 기회주의자들의 일간지인 《데일리 시티즌Daily Citizen》[6]과 그 반대파의 기관지인 《데일리 헤럴드Daily Herald》[7]로 각각 대변된다(이것이야말로 이들 조류가 대중적 성격을 띠고 있다는 것을 보여주는 가장 충실한 객관적 징표다). 두 신문 모두 민족주의의 파도에 휩쓸려버렸다. 그럼에도 《데일리 시티즌》의 10분의 1 조금 못 되는 지지자들과 《데일리 헤럴드》의 약 7분의 3의 지지자들이 민족주의를 반대한다는 입장을 표명해왔다. 영국사회당과 독립노동당만으로 국한해서 비교하는 통상적인 비교 방법이 정확하지 않은 이유는 독립노동당이 사실상 페비언파[8] 및 노동당과 함께 블록을 이루고 있음을 그러한 비교 방법이 간과하고 있기 때문이다. 그렇다면 10개국 중 두 나라만이 예외라는 사실이 도출되지만, 그조차도 완전

5   불가리아 사회민주당 내 혁명적 조류로서, 1903년에 독자 정당인 불가리아 노동자사회민주당을 결성했다. 테스냐키의 지도자는 D. 블라고예프(Blagoyev)와 그의 지지자들인 게오르기 디미트로프(Georgy Dimitrov)와 바실 콜라로프(Vasil Kolarov)(나중에 디미트로프와 바실 콜라로프가 이 당을 이끈다)다. 1914~8년에 테스냐키는 제국주의 전쟁을 반대했으며, 1919년에는 공산주의 인터내셔널에 가입하여 불가리아 공산당을 결성했다.─원서 편집자
6   애초부터 기회주의 블록─영국의 노동당, 페비언파, 독립노동당─의 기관지로서, 1912년부터 1915년까지 런던에서 발행되었다.─원서 편집자
7   영국사회당의 기관지로서 1912년부터 런던에서 발행됐다.─원서 편집자

히 예외는 아니다. 왜냐하면 제조류는 위치를 바꾼 것이 아니고, 단지 파도가 기회주의에 대한 거의 모든 반대파를 휩쓸어 버렸을(그 이유는 너무도 명백해서 상세히 기술할 필요가 없다) 뿐이기 때문이다. 의심할 바 없이 이것은 파도의 힘을 입증하지만, 그러나 그렇다고 전 유럽에 걸쳐 종래의 구분과 새 구분이 일치하지 않는다는 것을 증명하는 것은 결코 아니다.

'기회주의 라인에 따른' 구분은 시대에 뒤진 것이고, 단 하나의 구분만이, 즉 국제주의의 지지자들과 민족적 자족의 지지자들 사이의 구분만이 의미를 갖는다는 이야기를 우리는 듣는다. 이러한 의견은 근본적으로 틀렸다. '국제주의의 지지

8 1884년에 창립된 영국의 개량주의 단체인 페비언협회의 성원들. 페비언이라는 명칭은 전면전으로 부딪히는 위험을 피하면서 한니발의 군대를 괴롭힌 전술로 인해 쿤크타토르(Cunctator), 즉 지연자라는 별명을 얻은 로마의 지휘관 퀸투스 파비우스 막시무스(Quintus Fabius Maximus, 서기 203년)에 빗대 따온 것이다. 페비언협회의 성원들은 대부분 (웹 부부, 버나드 쇼, 램지 맥도널드 같은) 학자, 저술가, 정치가 등의 부르주아 지식인들이었다. 이들은 프롤레타리아트의 계급투쟁과 사회주의 혁명의 필요를 부정했고, 오직 개량과 점진적인 사회 변혁을 통해서만 자본주의에서 사회주의로 이행할 수 있다고 주장했다. 레닌은 페비언협회를 "극단적으로 기회수의적인 조류"라고 했다("The Agrarian Programme of Social-Democracy in the First Russian Revolution, 1905~1907"[본 전집 37권에 수록—편집자] 참조). 페비언협회는 1900년에 노동당에 가입하여 노동당 정책의 이데올로기적 원천 중 하나로 기능했다.
   1차 세계대전 동안 페비언파는 사회배외주의적 입장을 취했다. 레닌이 페비언파에 대해 기술한 것으로는 「영국인의 평화주의와 영국인의 이론 혐오」(이 책에 수록—편집자)를 보라.—원서 편집자

자들'이라는 개념은 그에 대해 우리가 **구체적으로** 진술하지 않는다면 모든 내용과 의미를 결여한 개념이다. 그러나 그와 같이 구체적으로 진술하는 방향으로 한 걸음만 나아가도 기회주의에 대한 적대의 특징들을 열거하지 않을 수가 없게 될 것이다. 실제로 이것이 훨씬 더 진실인 것으로 판명될 것이다. 국제주의의 지지자라면 동시에 기회주의에 대한 가장 일관되고 단호한 적대자이지 않을 수 없다. 그런데 국제주의의 지지자라면서 기회주의에 대한 적대자는 아니라면 그것은 유령, 그 이상이 아니다. 아마 이러한 유형의 개인들 중 어떤 이들은 진짜로 자신을 '국제주의자'로 여길지도 모른다. 그러나 사람을 판단하는 기준은 그가 자신에 대해 어떻게 생각하는가가 아니라 그의 정치적 행동이다. 기회주의에 대한 일관되고 단호한 적대자가 아닌 '국제주의자'의 정치적 행동은 언제나 민족주의 조류를 돕고 지지할 것이다. 반면 민족주의자들도 자신을 '국제주의자'라고 부른다(카우츠키, 렌쉬(Lensch), 해니쉬(Haenisch), 반데르벨데, 하인드먼 등). 그들은 자신을 그렇게 부를 뿐만 아니라, 자신과 견해를 공유하는 사람들의 국제적 접근, 협조, 융합을 완전하게 인정하고 있다. 기회주의자들은 '국제주의'에 반대하지 않는다. 그들은 단지 기회주의자들에 대한 국제적 인정과 기회주의자들 사이의 국제적 협정에 찬성하고 있을 뿐이다.

| 1915년 2월 이후에 집필

러시아 사회민주노동당
재외지부 회의

이 회의는 1915년 2월 27일부터 3월 4일까지 스위스 베른에서 열렸다. 레닌이 발의해서 소집된 것으로, 사실상 당의 총회로서의 의의를 지니고 있었다. 왜냐하면 전시여서 당 대회나 전국협의회를 소집하는 것이 모두 불가능했기 때문이다.

이 회의에는 러시아 사회민주노동당 중앙위원회 및 중앙기관지(《사회민주주의자》)의 대표자들과 파리·취리히·제네바·베른·로잔의 러시아 사회민주노동당 (볼셰비키) 지부들에서 파견한 대의원들, 보기(Baugy) 그룹의 대의원이 참가했다. 레닌은 이 회의에 중앙위원회와 중앙기관지를 대표하여 참석해 회의 진행을 했고, 주요 의제인 '전쟁과 당의 임무'에 대해 보고했다. 이 회의는 레닌이 기초한 전쟁에 대한 결의를 채택했다.—원서 편집자

스위스에서 열린 러시아 사회민주노동당 재외지부(그 성원들이 국외에 거주하는 지부들) 회의가 며칠 전 의사일정을 모두 끝마쳤다. 회의는 순전히 국외적인 문제들—이에 대해 중앙기관지 다음 호에서 간략히 논평해볼 예정이다—을 심의하는 것 외에, 중요하고 긴급한 전쟁 문제에 대한 결의를 작성했다. 우리는 여러 의견들이 뒤섞여 난무하는 작금의 혼란 상태—이 혼란 상태는 말로는 국제주의를 인정하지만, 행동에서는 어떻게든 사회배외주의와 타협하려고 하는 행태에서 단적으로 나타난다—에서 벗어나 활기차게 사업을 수행할 길을 성실히 찾고 있는 모든 사회민주주의자들에게 이 결의가 도움이 될 것이라는 희망으로 결의를 발표한다. 여기서 한 가지 덧붙인다면, '유럽합중국' 슬로건 문제에 대해서는 토론이 전적으로 정치적인 측면에 편중되어서, 이후 출판물을 통해 문제의 경제적 측면에 대한 토론이 이루어질 때까지 그 문제에 대한 거론은 미루기로 결정했다.

회의의 결의

본 회의는 《사회민주주의자》 33호에 발표된 중앙위원회 선언[1]을 기초로 하여 다음과 같은 방침들을 결정했다(이 방침들은 우리 당의 선전에 계통성을 부여해줄 것이다).

전쟁의 성격에 대하여

현 전쟁은 그 성격에 있어 제국주의 전쟁이다. 이 전쟁은 자본주의가 발전의 최고 단계에 도달한 시대적 조건의 결과물이다. 상품 수출뿐 아니라 자본 수출이 최대의 의의를 점하게 되고, 생산의 카르텔화 및 경제생활의 국제화의 비중이 현저하게 높아지고, 식민지 정책에 의해 전 지구가 거의 완전히 분할되며, 세계 자본주의의 생산력이 민족국가의 제한된 국경 범위를 뛰어넘어 성장함에 따라 사회주의 실현을 위한 객관적 조건이 완전히 무르익은 단계가 바로 이 최고 단계, 제국주의 단계다.

'조국 방위' 슬로건

이 전쟁의 본질은 영국·프랑스·독일 간의 식민지 분할과 경쟁국 약탈을 위한 투쟁이다. 차리즘과 러시아 지배계급의 입장에서는 페르시아, 몽골, 아시아령 터키, 콘스탄티노플, 갈리치아 등을 손아귀에 넣으려는 시도다. 오스트리아-세르비아 전쟁

[1] 「전쟁과 러시아 사회민주주의」를 보라.―원서 편집자

에서 민족적 요소는 완전히 부차적인 의미만을 지닐 뿐, 전쟁의 전반적 성격, 즉 제국주의적 성격에 영향을 미치지 못한다.

지난 이삼십 년간의 경제사와 외교사 전체를 살펴보면 교전국 양 진영 모두가 현재와 같은 전쟁을 체계적으로 준비해왔음을 알 수 있다. 어느 쪽이 먼저 군사 공격을 했는가 또는 어느 쪽이 최초 선전포고를 했는가 하는 문제는 사회주의자의 전술 결정에 어떤 의미도 주지 못한다. 조국 방위, 적의 침략에 대한 반격, 방어전 따위와 같은 쌍방의 문구들은 인민을 기만하는 말에 불과하다.

진정한 민족 전쟁—특히 1789년과 1871년 사이에 일어난 전쟁들과 같은—은 그 기저에 대중적 민족운동, 절대주의와 봉건제에 대항하는 투쟁, 민족 억압의 타도, 민족적 기초 위에서의 국가 형성(자본주의 발전의 전제로서) 등의 오랜 과정이 깔려 있었다.

그 시대가 창조해낸 민족적 이데올로기는 소부르주아 대중과 프롤레타리아트 일부에 깊은 각인을 남겼다. 부르주아 궤변가들과 그들의 뒤꽁무니를 좇는 사회주의 배반자들이 지금 이 민족적 이데올로기를 당시와는 상황이 완전히 다른 시대인 제국주의 시대에, 노동자들을 분열시키고 노동자들의 주의를 그들의 계급적 목표와 부르주아지에 대한 혁명적 투쟁으로부터 다른 데로 돌리기 위해 활용하고 있다.

"노동자에게는 조국이 없다"는 『공산당 선언*Communist*

Manifesto』의 구절은 과거 어느 때보다도 오늘 더 진실이다. 부르주아지에 대한 프롤레타리아트의 국제적 투쟁만이 프롤레타리아트가 쟁취한 성과물을 보존할 수 있고, 피억압 대중에게 더 나은 미래로 가는 길을 열어줄 수 있다.

혁명적 사회민주주의자들의 슬로건

"단 하나의 올바른 프롤레타리아 슬로건은 지금의 제국주의 전쟁을 내란으로 전화해야 한다는 것이다. 코뮌의 경험으로부터 도출되고 바젤 결의(1912년)에서 그 윤곽이 제시된 이 슬로건은 고도로 발달한 부르주아 국가들 사이에서 벌어진 제국주의 전쟁의 모든 조건들이 지시하는 결론이다."[2]

오늘 혁명적 사회민주주의자가 요구하고 있는 내란은 프롤레타리아트가 부르주아지에 대항하는 무장 투쟁으로서, 선진 자본주의 나라들에서는 자본가계급에 대한 수탈을, 러시아에서는 민주주의 혁명(민주공화제, 지주 토지 몰수, 8시간 노동제)을, 낙후된 군주제 나라들 일반에서는 공화제 수립을 목표로 한다.

전쟁이 야기한 대중의 참화와 고통은 혁명적 감정과 운동을 불러일으키지 않을 수 없다. 내란 슬로건은 이 같은 감정과 운동을 일반화하고 방향성을 부여하는 역할을 해야 한다.

노동자계급 조직이 매우 심각한 손상을 입고 있는 상태다.

---

2 「전쟁과 러시아 사회민주주의」에서.―원서 편집자

그럼에도 혁명적 위기가 무르익고 있다. 전쟁 후에 모든 나라 지배계급들은 프롤레타리아트의 해방운동을 수십 년 뒤로 돌려놓기 위해 한층 강화된 노력을 기울일 것이다. 혁명적 사회민주주의자의 임무는 혁명적 발전이 급속하게 전개되든 위기가 길게 지속되든 장기적·일상적 작업을 방기하지 않고, 지금까지의 계급투쟁 방법들을 그 어느 하나도 버리지 않는 것이다. 대중의 혁명적 투쟁의 정신으로 의회투쟁과 경제투쟁 모두를 기회주의에 대항하도록 지도하는 것, 이것이 혁명적 사회민주주의자의 임무다.

다음 사항들은 현 제국주의 전쟁을 내란으로 전화시키기 위한 첫 단계 방침들이다. 1) 전쟁공채에 대한 찬성 투표를 절대 거부하고, 부르주아 정부에서 사임한다. 2) 계급휴전(국내 평화) 정책과 완전히 단절한다. 3) 정부와 부르주아지가 계엄령을 도입하여 헌법상의 자유를 폐지하는 곳에서는 어디서든 비합법 조직을 만든다. 4) 참호에서, 그리고 전장 일반에서 교전국 병사 간의 우애를 지지한다. 5) 프롤레타리아트 일반에 의한 모든 종류의 혁명적 대중행동을 지지한다.

기회주의와 제2인터내셔널의 붕괴

제2인터내셔널의 붕괴는 사회주의적 기회주의의 붕괴다. 사회주의적 기회주의는 그에 선행한 노동운동 발전의 '평화적' 시기의 산물로서 성장한 것이다. 이 시기는 노동자계급에게 의

회 활동을 비롯한 모든 합법적 기회들과 같은 중요한 투쟁 수
단을 활용할 것, 대중적인 경제적·정치적 조직과 광범위한 노
동자 언론을 창설할 것 등을 가르쳐주었다. 한편, 이 시기는 계
급투쟁을 부정하고 계급평화를 설교하며, 사회주의 혁명을 부
정하고 비합법 조직의 원칙 자체를 폐기하고 부르주아 애국주
의를 인정하는 등의 경향을 낳았다. 노동자계급의 특정 층(노동
운동 관료, 그리고 세계 시장에서 자기 '조국'의 특권적 지위와 식민지에 대
한 착취로부터 나온 이윤의 일부 부스러기를 받는 노동귀족)과 사회주의
당 내 소부르주아 동조자들이 이런 경향의 사회적 지주이자,
프롤레타리아트에게 부르주아적 영향이 미치게 하는 통로다.

기회주의의 유해한 영향은 제2인터내셔널의 공식 사회민
주당들 대부분이 전시 중에 취한 정책에서 가장 강력하게 나
타났다. 전쟁공채에 찬성 투표를 하고, 부르주아 정부에 참여
하고, 계급휴전 정책을 취하고, 적들에 의해 합법성이 폐기된
상황에서 비합법 조직을 거부하는 것은 모두 인터내셔널의 가
장 중요한 결정들을 위반하고 모독하는 것이며, 사회주의에 대
한 노골적인 배반이다.

제3인터내셔널

전쟁이 조성한 위기는 기회주의의 진짜 정체가 부르주아지
와 공모하여 프롤레타리아트에 맞서는 부르주아지의 하수인이
라는 것을 명백히 드러내주었다. 카우츠키를 필두로 하는 이

른바 사회민주당 '중앙'은 실질적으로 완전하게 기회주의로 넘어갔다. 지극히 유해하고 위선적인 문구들 뒤에 숨어서, 제국주의와 유사한 내용으로 날조된 '마르크스주의' 뒤에 숨어서 슬그머니 기회주의로 달아난 것이다. 지금까지의 경험은, 예를 들어 독일에서 사회주의적 입장의 옹호는 오직 당 지도부 다수파의 의지에 대한 단호한 반대에 의해서만 가능해진 상황임을 말해준다. 기회주의자들과 완전하게 조직적 단절을 하지 않고서도 진정한 사회주의적 인터내셔널을 재건할 수 있기를 바란다면 그것은 해로운 환상이다.

러시아 사회민주노동당은 프롤레타리아트에 의한 모든 국제적인 혁명적 대중행동을 지지해야 하며, 인터내셔널 내에서 배외주의에 반대하는 모든 분자들을 결집시켜야 한다.

평화주의와 평화 슬로건

평화주의, 즉 평화를 추상적으로 설교하는 것은 노동자계급을 속이는 수단 중의 하나다. 자본주의하에서, 특히 그 제국주의적 단계에서 전쟁은 불가피하다. 그러나 다른 한편으로 제국주의 전쟁이 아닌, 혁명적 전쟁이 존재한다. 예를 들어 1789년에서 1871년 사이에 치러진 전쟁들, 민족 억압을 제거하기 위한 목적, 분산된 봉건적 소국가들로부터 자본주의적 민족국가를 창설하기 위한 목적으로 수행된 전쟁들, 또는 프롤레타리아트가 부르주아지에 대항하는 투쟁에서 승리하여 쟁취한 성과물을 방어하기 위해 수행되는 전쟁들이 그것이다. 사회민주주의자는 이러한 혁명적 전쟁의 적극적 의의를 놓칠 수 없다.

현 시기에 혁명적 대중행동에 대한 요구가 동반되지 않은 평화 선전은 단지 환상을 유포하고 프롤레타리아트를 혼란과 사기저하로 몰아넣을 수 있을 뿐이다. 왜냐하면 그러한 평화 선전은 프롤레타리아트로 하여금 부르주아지가 인도적이라고 믿게 만들고, 교전국의 비밀외교에 놀아나게 만들기 때문이다. 특히 일련의 혁명이 없이도 이른바 민주주의적 강화(講和)가 가능하다는 생각은 명백한 오류다.

차르 군주제의 패배

각각의 나라에서 혁명적 선전의 결과로 그 나라가 패배할지도 모른다는 가능성 때문에, 제국주의 전쟁을 수행하고 있는 정부에 대한 투쟁이 머뭇거려서는 안 된다. 정부 군대의 패배는 정부를 약화시키고, 그 정부가 억압하는 민족들의 해방을 촉진하며, 지배계급에 대한 내란을 용이하게 한다.

이 명제는 러시아와 관련해 특히 진실이다. 러시아의 승리는 반동의 강화─전세계에서나 러시아 내에서나 모두─를 가져올 것이고, 이미 점령된 지역들에 살고 있는 인민들의 완전한 예속을 동반할 것이다. 이 점에서 우리는 러시아가 패배하는 쪽이 모든 조건에서 해악이 가장 작은 길이라고 생각한다.

다른 당들과 그룹들에 대한 태도

배외주의의 범람을 가져온 이 전쟁은 민주주의(나로드니키) 인텔리겐차와 사회주의혁명가당(《미슬》을 중심으로 모인 반대파의 완전한 불안정과 함께), 플레하노프의 지지를 받고 있는 청산파 주류(《나샤 자리야》) 등이 모두 배외주의의 포로가 되어 있음을 드러내주었다. 위장한 채 은밀히 배외주의를 지지하고 있는 라린과 마르토프를 비롯하여 애국주의를 원칙적으로 옹호하고 있는 악셀로드에 이르기까지 사실상 조직위원회도 배외주의의 편에 섰다. 친(親)독일 배외주의가 우세를 점한 분트파도 배외주의로 넘어갔다. 브뤼셀 블록(1914년 7월 3일의)이 와해된 한편,《나셰 슬로보》주위에 결집해 있는 분자들은 국제주의에 대한 순수관념적인 동조와, 어떤 희생을 치르고서라도《나샤 자리야》및 조직위원회와 대동단결하고자 하는 갈망 사이에서 동요하고 있다. 같은 동요가 치헤이제의 사회민주주의 그룹에서도 일고 있다. 치헤이제 그룹은 한편으로는 플레하노프파인 배외주의자 만코프(Mankov)를 제명하면서도 다른 한편에선 어떻게든 플레하노프,《나샤 자리야》, 악셀로드, 분트파 등이 배외주의를 삼싸수고자 갖은 수를 다 쓰고 있다.

러시아에서 사회민주노동당의 임무는 1912~4년에 주로《프라우다*Pravda*》[3]에 의해 이룩된 프롤레타리아적 통일을 더욱 강화하는 것이며, 사회배외주의자들과 단호히 조직적으로 단절한 기초 위에서 사회민주주의 노동자계급 조직들을 재건하는 것이다. 일시적 협정은 오직 조직위원회,《나샤 자리야》, 분트파와의 단호한 조직적 결별을 지지하는 사회민주주의자와만 가능하다.

| 늦어도 1915년 2월 19일(3월 4일)에 집필

1915년 3월 29일자《사회민주주의자》40호에 발표

3 페테르부르크에서 발행된 볼셰비키의 합법 일간지로서, 1912년 4월에 페테르부르크 노동자들이 발기인으로 참가하여 창간되었다.

《프라우다》는 대중적으로 널리 구독된 노동자계급 신문으로서, 노동자들 스스로 모금한 돈으로 발행되었다. 신문의 주위에 대규모 노동자 통신원·선전원 집단이 형성되었다. 노동자들이 보내온 통신원 투고가 한 해에 1만 1천 편 이상 실렸다. 발행부수는 하루 평균 4만 부였는데 6만 부까지 배포하는 경우도 있었다.

레닌은 국외에서《프라우다》를 지도했다. 그는 거의 매일《프라우다》를 위해 글을 썼고, 편집위원회에 훈령을 보냈으며, 당의 최량의 문필 역량들을 그 신문 주위로 결집시켰다.

《프라우다》는 상시적으로 경찰의 탄압을 받았다. 창간 첫해에만 41차례나 압수당했고, 편집위원들이 36차례나 기소되어 총 47.5개월의 실형을 살았다. 27개월이 지나는 동안 차르 정부에 의해 여덟 차례 정간당했지만,《라보차야 프라우다Rabochaya Pravda》,《세베르나야 프라우다Severnaya Pravda》 등 제호를 바꿔 발행했다. 1차 세계대전 전야인 1914년 7월 8일(21일)에 폐간됐다.

발행이 재개된 것은 2월 혁명 이후였다. 1917년 3월 5일(18일)에《프라우다》가 정식으로 러시아 사회민주노동당 중앙기관지로 발행되었다. 레닌은 외국에서 귀국하여 4월 5일(18일) 편집위원회에 합류했다. 1917년 7월 5일에《프라우다》편집사무소가 사관생도들과 카자크에 의해 침탈당했다. 7월에서 10월 사이에 임시정부의 탄압으로《리스톡 프라우디Listok Pravdy》,《프롤레타리Proletary》 등 제호를 자주 바꿔야 했다. 10월 27일(11월 9일)에 다시《프라우다》제호로 발행하기 시작했다.—원서 편집자

《나셰 슬로보》
편집진에게 보내는
러시아 사회민주노동당
중앙위원회의 편지

이 글은 원래 제목이 없었는데, 소련 공산당 중앙위원회 마르크스−레닌주의 연구소가 제목을 단 것이다.—원서 편집자

존경하는 동지들께

　모든 진정한 사회민주주의적 국제주의자들의 단결이 현재 가장 절실한 과제 중의 하나라는 동지들의 의견에 우리는 전적으로 동의합니다……. 동지들의 실질적인 제안에 답하기 전에, 주된 쟁점에서 우리들 간에 의견이 일치하는지 알기 위해 터놓고 몇몇 예비적인 문제들을 명확하게 하는 것이 필요하다고 봅니다. 알렉신스키와 플레하노프와 그들의 동료들이 외국 언론에 나와, 자신의 목소리를 "러시아 프롤레타리아트의, 또는 그 내부의 유력한 그룹의 목소리"라고 주장하는 것에 대해 동지들이 분개하고 있는 것은 지극히 정당합니다. 그에 대해서는 싸워야 합니다. 싸우기 위해서는 적폐의 뿌리로 눈을 돌리지 않으면 안 됩니다. 악명 높은 재외 '유파들'의 이른바 대표제도보다 더 큰 적폐는 없었으며, 현재까지도 없다는 데는 조금도 의심의 여지가 있을 수 없습니다. 이 점에서는 외국인에게 책임을 물을 권리가 우리에게 없습니다. 가까운 과거를 떠올려

봅시다. 저 브뤼셀 회의(1914년 7월 3일)에서도 알렉신스키와 플레하노프(그리고 이들 두 사람만은 아니며)에게 '유파들'을 대표할 권한이 주어졌던가요? 이 일이 있고 나서는 외국인이 지금까지도 그들을 '유파들'의 대표자로 잘못 알고 있는데 이게 놀랄 일이기나 할까요? 이러저러한 성명서는 이 적폐에 맞서 싸우는 데 별 도움이 되지 못합니다. 긴 투쟁이 필요합니다. 이 투쟁이 성공하기 위해서 우리는 수년 동안 노동대중과 연결되어 있고 공인된 위원회들로부터 권한을 부여받은 조직들만을 인정한다는 것, 그리고 두세 호의 신문이나 잡지를 낸 대여섯 명 남짓한 지식인들이 자신을 '유파'로 선언하거나 당과 '동등한 권리'를 요구하는 제도는 노동자를 기만하는 것으로 규정한다는 것을 우리들 스스로 확고히 밝히지 않으면 안 됩니다.

동지들, 이에 대해 우리들 사이에 의견일치가 존재하나요?

다음은 국제주의자에 관한 것입니다. 귀 신문 최근 호의 한 사설에서 동지들은 국제주의적 입장에 서 있다고 하는 조직들을 열거했습니다. 그 명단 상위에 분트가 있습니다. 우리는 무슨 근거로 분트를 국제주의자로 꼽아야 했는지 알고 싶습니다. 분트 중앙위원회의 결의는 사회주의의 주요 문제들에 대해 단 한 마디 분명한 말도 담고 있지 않습니다. 그것은 아주 무원칙한 절충주의로 가득 차 있습니다. 분트의 기관지《정보회보 *Information Bulletin*》[1]는 의심의 여지 없이 친독일 배외주의 입장에 서 있거나, 프랑스 배외주의와 독일 배외주의의 '종합판'을 제시하고 있습니다. 코솝스키의 글이 이른바 '사회주의' 기관지 가운데 지금 가장 평판이 나쁜(이에 대해서는 동지들이 우리와 같은 의견일 것이라고 믿는데) 잡지 중 하나인 《노이에 차이트 *Die Neue Zeit*》의 지면을 장식한 것은 결코 우연이 아니라고 봅니다.

우리는 마음으로부터 국제주의자들의 통합을 지지합니다. 우리는 국제주의자의 숫자가 더 커지기를 간절히 바랍니다. 그러나 우리가 자기기만에 빠져서는 안 됩니다. 국제주의가 단지 서류상에만 존재하는 사람들과 조직들을 국제주의자로 끼워 넣을 수는 없습니다.

국제주의라는 말은 어떻게 이해해야 할까요? 예를 들어 상호 '사면'의 원칙에 서서 인터내셔널을 부활시키고자 하는 사람들을 국제주의자로 쳐주는 것이 가능한가요? 동지들도 알다시피, 카우츠키는 '사면'론의 선도적 대표자입니다. 빅토르 아들러(Victor Adler)도 그런 취지로 자기 입장을 밝혔습니다. 우리는 사면 옹호자가 국제주의의 가장 위험한 적이라고 생각합니다. '사면'의 원칙에 입각해 인터내셔널이 부활된다면 그것은 사회주의를 저속화시킬 것입니다. 카우츠키 일파에 대해서는 어떠한 양보도, 어떠한 타협도 용납할 수 없습니다. '사면'론에 대한 단호한 투쟁이야말로 국제주의의 필수 요건(conditio sine qua non)입니다. '사면' 옹호자와 완전히 단절하고자 하는 열망

I 분트 재외 조직의 기관지로서, 1911년 6월부터 1916년 6월까지 제네바에서 발행되었다. 통권 11호가 나왔다.—원서 편집자

과 결의가 없다면 국제주의를 운운하는 것은 다 소용없는 짓입니다. 이 근본 문제에 있어 동지들과 우리 사이에 의견일치가 있는 것인지요? 귀 신문에서 '사면' 정책에 대한 부정적인 태도를 암시하는 내용들을 보았던 것 같습니다. 그러나 우리로서는 실천적인 행동으로 들어가기 전에 동지들이 이 문제를 어떻게 바라보고 있는지 상세하게 알 수 있도록 동지들께 요청할 자격이 있다는 데에 동지들도 동의할 것이라고 생각합니다.

이와 연결된 문제가 조직위원회에 대한 태도 문제입니다. 동지들께 보낸 우리의 바로 그 첫 편지[2]에서 우리는 이 기관의 국제주의라는 것에 대해 의심할 확실한 근거들이 있다고 동지들께 아주 솔직하게 이야기하는 것이 필요하다고 보았습니다. 동지들은 이러한 의심을 불식시키려는 어떠한 시도도 하지 않았습니다. 동지들께 재차 질의합니다. 조직위원회가 국제주의적 입장을 견지하고 있다고 간주할 만한 어떤 자료들을 가지고 있는 것이 있습니까? 몇몇 저작에서 개진된 악셀로드의 입장이 명백히 배외주의적(플레하노프에 가까운)이라는 것을 진지하게 부정하는 것은 가능하지 않습니다. 악셀로드는 의심할 바 없이 조직위원회의 지도적인 대표자입니다. 게다가 조직위원회의 공식 성명서들을 봅시다. 조직위원회가 코펜하겐 회의[3]에서 한 보고는, 독일에서도 가장 극단적인 배외주의자들이 그 보

---

2 레닌 주 「《나셰 슬로보》 편집진에게」(이 책에 수록─편집자)를 보라.

고를 자신들의 출판물에 전재할 정도로 배외주의적인 기조를 띠고 있습니다. 조직위원회의 '재외 서기국'의 성명들도 마찬가지입니다. 분명한 것이라곤 그 어떤 것도 말하지 않는다는 것이 그나마 그 성명들의 장점이라고 말해야 할 정도입니다. 반면 라린—공식적으로 (모종의 재외 서기국을 대표하는 것이 아니고) 조직위원회를 대표하는—은 배외주의를 옹호하기 위한 목적의 성명들을 내고 있습니다. 여기에 국제주의적인 것이 무엇이 있습니까? 조직위원회가 철두철미하게 상호 '사면' 입장에 서 있다는 것이 명확하지 않은가요?

더욱이 조직위원회가 러시아 국내에 모종의 세력을 대표하고 있다는 어떤 보장이 있습니까? 《나샤 자리야》의 성명이 나온 지금, 이 질문은 특히 정당합니다. 수년 동안 《나샤 자리야》 그룹은 자신의 독자 방침을 밀고 왔습니다. 그들은 일간신문을 냈고, 그 자신의 독자 방식으로 대중적 선동에 집중해왔습니다. 그러나 조직위원회는 어떻습니까?

취리히, 파리 등의 재외 그룹들의 역관계에 의해서가 아니라 페테르부르크를 비롯한 전 러시아의 노동자들 속에서 누리는 영향력에 의해서 문제가 해결될 것이라는 것을 우리 모두

3 중립국(스웨덴, 노르웨이, 덴마크, 네덜란드) 사회주의자 코펜하겐 회의는 제2인터내셔널을 재건하려는 목적으로 1915년 1월 17~8일에 열렸다. 회의는 각 사회주의 당 소속 국회의원들을 통해 중립국 각국 정부에게 교전국 사이를 조정할 중재자로 나서줄 것을 호소하고, 전쟁 종식을 위한 노력을 펼칠 것을 결의했다.—원서 편집자

는 인정하고 있습니다. 우리가 어떤 실제 조치로 들어가든 간에 이것이 염두에 두어져야 합니다.

이상이 우리가 동지들께 고려하도록 요청드리고자 하는 지점들입니다. 이 모든 문제들에 대한 상세하고 명확한 회답을 받는다면 대단히 기쁠 것입니다. 그렇게 되면 우리는 다음 차례가 무엇이어야 할지에 대해 생각할 수 있을 것입니다.

| 1915년 3월 10일(23일)에 집필

1931년, 『레닌 잡록집』 17권에 처음 발표

러시아 사회민주노동당 두마 의원단 재판으로 무엇이 폭로되었는가?

러시아 사회민주노동당 두마 의원단의 재판은 1915년 2월 10일(23일)에 페테르부르크 특별법원에서 열렸다. 그에 앞서 1914년 11월 2~4일(15~17일)에 페테르부르크 근교의 오제르키에서 전쟁에 대한 태도 문제를 심의하기 위해 회의가 개최되었다. 볼셰비키 두마 의원과 페테르부르크, 이바노보 보즈네센스크, 리가, 하르코프, 그 외 사회민주당 조직의 대의원이 출석했다. 볼셰비키 의원 A. E. 바다예프, M. K. 무라노프(Muranov), G. I. 페트롭스키, F. N. 사모일로프(Samoilov), N. R. 샤고프(Shagov) 등 다섯 명은 11월 5일(8일)에 체포되어 '국가반역죄'라는 죄목으로 기소되었다. 기소의 증거로 제시된 것은 그들이 검거되었을 때 압수된 레닌의 테제 「유럽 전쟁에서 혁명적 사회민주주의의 임무」(본 전집 58권에 수록—편집자)와 중앙위원회 선언 「전쟁과 러시아 사회민주주의」였다.—원서 편집자

1914년 11월 4일, 페테르부르크 근교에서 회의를 하다가 체포된 러시아 사회민주노동당 두마 의원단 5인과 그 밖의 6인의 사회민주주의자에 대한 차르 정부의 재판이 끝났다. 그들 모두 시베리아 종신유형을 선고 받았다. 합법 신문은 이 재판에 관한 기사를 게재했지만, 검열 당국은 그 중에서 차르와 애국주의자들의 심기를 건드릴 만한 내용들은 모두 삭제했다. '국내의 적'이 신속히 처리되어, 다시 공적 생활의 수면 위에는 으르렁거리는 한 무리의 부르주아 배외주의자들의 광기 어린 목소리와 이러한 소리에 장단을 맞추는 한 줌의 사회배외주의자들의 목소리 외에는 아무것도 보이지도, 들리지도 않는다.

그렇다면 러시아 사회민주노동당 두마 의원단 재판은 무엇을 증명했는가?

첫째, 러시아에서 혁명적 사회민주주의의 이 선진 부대가 재판에서 충분히 강고한 태도를 보여주지 못했다는 점인데, 피고들의 목적은 검사가 러시아에 있는 중앙위원은 누구인지, 노동자 단체들과 당의 연락을 맡고 있는 당 대표자들은 누구인지를 적발하는 것을 막아내는 것이었다. 이 목적은 달성되었다. 이 목적을 계속 달성하기 위해서는 앞으로도 당이 전부터 공식적으로 권고해온 방법, 즉 증거 제공을 거부하는 방법을 취하지 않으면 안 된다. 그러나 로센펠트(Rosenfeld)의 경우처럼 사회애국주의자 요르단스키(Yordansky) 씨와의 유대관계 또는 당 중앙위원회와의 의견불일치를 증명하려고 시도하는 것은 그릇된 방법으로, 혁명적 사회민주주의의 관점에서 용서될 수 없는 일이다.

여기서 염두에 두어야 할 것이 있다. 《디엔*Dyen*》[1](40호)의 보도—재판에 관한 완전한 공식 기록이 없다—에 따르면, 페트롭스키 동지는 다음과 같이 진술했다. "같은 시기(11월)에 나는 중앙위원회 결의를 받았다. …… 그 외에 나는 7개 지역의 노동자들이 전쟁에 대한 그들의 태도와 관련하여 채택한 결의문을 받았는데, 그 결의는 중앙위원회의 태도와 일치했다."

이러한 진술은 페트롭스키의 명예다. 모든 방면에서 배외주의의 조수가 세찬 흐름을 일으키고 있었다. 페트롭스키의 일기에는 급진 성향의 치헤이제조차 연설을 할 때 열정적으로 '자유'를 위한 전쟁을 외쳐댔다는 내용이 들어 있다. 이러한 배

[1] '매일'이라는 뜻. 부르주아 자유주의적 경향의 일간신문으로서 1912년부터 페테르부르크에서 발행되었다. 멘셰비키 청산파가 기고자들로 참가했다가 1917년 2월 이후에는 이 신문을 완전히 인수했다. 같은 해 10월 26일(11월 8일)에 페트로그라드 소비에트 혁명군사위원회에 의해 정간되었다.―원서 편집자

외주의에 대해서는 러시아 사회민주노동당 의원단이 자유의 몸이었을 때 이미 맞서 싸운 바 있지만, 배외주의와 확실한 선을 긋는 것은 법정에서도 그들의 의무였다.

카데츠의 《레치*Rech*》[2]는 러시아 사회민주노동당 의원단이 차르 군대의 패배를 바란다는 '신화'를 차르의 법정이 '불식시켜주었다'며 차르의 법정에 비굴하게 '감사'를 표했다. 러시아에서 사회민주주의자들이 활동에 손발이 묶여 있는 조건을 이용하여 카데츠는 짐짓 자신들이 우리 당과 의원단 간의 이른바 '갈등'을 심각하게 취급하는 척하면서, 피고들이 아무 강압도 없었는데 증거를 내주었다고 발표했다. 얼마나 순진한 애들인가? 카데츠는 1심 재판에서 의원들에게 군사재판에 회부하여 사형선고를 내리겠다는 위협이 가해진 것을 모른 체하고 있다.

동지들은 비합법 조직 문제와 관련한 증언을 거부했어야 했고, 지금 시기의 역사적 중요성을 놓고 볼 때 공개 재판을 이용하여 차리즘 일반에 대해서뿐만 아니라 온갖 색조의 사회배외주의에 대해 직대적인 사회민주주의적 견해를 공공연하게 피력했어야 했다.

2 '말'이라는 뜻. 카데츠당의 일간 중앙기관지로서 1906년 2월부터 페테르부르크에서 발행되었다. 1917년 10월 26일(11월 8일)에 페트로그라드 소비에트 혁명군사위원회에 의해 정간당했지만, 1918년 8월까지 다른 제호들로 계속 발행되었다.─원서 편집자

정부와 부르주아 언론이 격분하여 러시아 사회민주노동당 의원단을 공격하라고 놓아두자. 사회주의혁명가당과 청산파와 사회배외주의자들이 아주 신이 나서 약점의 흔적들이나 가공의 '중앙위원회와의 의견불일치'의 흔적을 '발견'하라고 놓아두자(원칙 문제에서 우리와 싸울 수 없다면 이들은 어떻게라도 다른 문제에서 우리와 싸우지 않으면 안 된다). 혁명적 프롤레타리아트의 당은 스스로를 공공연하게 비판하며, 모호하지 않고 분명하게 오류를 오류라고, 약점을 약점이라고, 단호히 그 본이름으로 부를 만큼 강하다. 러시아의 계급적으로 각성한 노동자는 세계 전쟁이 일어나고 국제기회주의가 전세계적으로 붕괴하는 시기에 국제주의적인 혁명적 사회민주주의자로서의 의무를 수행하는 능력을 어느 누구보다도 훌륭하게 발휘해온 당을 만들어냈고, 그러한 선진부대를 전면에 세워놓았다. 우리가 걸어온 길은 최대의 위기를 거쳐 검증되었고, 단 하나의 올바른 길임을 거듭거듭 증명하였다. 우리는 더욱더 강고하고 단호하게 이 길을 따라 걸을 것이다. 우리는 새로운 선진부대를 배출하여, 이 선진부대가 같은 임무를 수행할 뿐만 아니라 더욱 정확하게 수행하도록 전력을 다할 것이다.

둘째, 재판은 세계 사회주의에서 전례가 없는 광경—혁명적 사회민주주의가 의회 정치를 이용하는 광경—을 보여주었다. 이러한 실례는 어떤 연설보다도 호소력 있게 프롤레타리아 대중의 마음과 가슴에 전달될 것이며, 어떤 논거보다도 설득력 있게 합법주의적인 기회주의자들과 아나키스트 공론가들을 논박할 것이다. 무라노프의 비합법 활동에 관한 보고와 페트롭스키의 수기는 우리 당 의원단이 수행한 이 차원의 활동(우리가 부지런히 숨겨야만 했던 활동)에서 하나의 모범으로 길이 남을 것이다. 그러한 활동의 의미는 러시아의 모든 계급적으로 각성한 노동자들에게 더욱더 풍부한 생각의 양식이 되어줄 것이다. 거의 모든 유럽의 '사회주의적'(이 단어를 타락시키게 된 것을 용서하라!) 의원들이 배외주의자임이, 또는 배외주의자의 하인임이 입증되었을 때, 우리나라의 자유주의자들과 청산주의자들을 한때 현혹시킨 저 유명한 '유럽주의'가 노예적인 합법성에 순응하는 어리석은 습성으로 드러났을 때, 그때 러시아에서는 이와는 완전히 다른 종류의 의원들을 지닌 노동자 당을 볼 수 있을 것이다. 이 당의 의원들은 과장된 연설을 하거나, 부르주아 인텔리들의 살롱에서 '영접'을 받거나, '유럽'의 변호사나 의원들처럼 사업적 수완에서 뛰어난 것이 아니라, 노동대중과의 결합에서, 대중 속에서의 헌신적인 활동에서, 그리고 비합법 선전가와 조직가의 겸허하고 드러나지 않으며 힘들고 생색도 나지 않지만 매우 위험한 임무를 수행하는 데서 뛰어났던 것이다. '사회'에서 영향력 있는 의원이나 장관 신분을 향해 더 높이 오르는 것, 이것이 '유럽적인'(즉 비굴한) '사회주의적' 의회주의의 실제 의미였다. 대중 속으로 깊이 들어가는 것, 피착취자·피억압자의 계몽과 단결을 돕는 것, 바로 이 슬로건이 무라노프와 페트롭스키의 모범 사례가 들어올린 슬로건이다.

　이 슬로건은 세계사적 의의를 획득할 것이다. 모든 선진국
에서 부르주아 의회주의의 낡은 합법성이 한순간에 폐지되어,
사실상 기회주의자들과 부르주아지의 더없이 가까운 동맹에
불과한 것으로 귀결되어버린 후에는 세계 어느 나라에서도 그
러한 합법성에 자신을 가두는 데 동의할 의식 있는 노동자는
없을 것이다. 혁명적인 사회민주주의적 노동자와 어제의―그
리고 오늘의―'유럽적'인 사회민주주의적 합법주의자 간의 '통
일'을 꿈꾸는 자는 아무것도 배우지 못했고 모든 것을 잊어버
린 자이며, 실제로는 부르주아지의 맹우이자 프롤레타리아트
의 적이다. 러시아 사회민주노동당 의원단이 왜 합법주의·기회
주의와 화해한 사회민주주의 의원단과 단절하였는가를 이날
까지도 이해하지 못한 자는 이제라도 무라노프와 페트롭스키
의 활동(재판 기록에 기술된 바)으로부터 교훈을 배울 수 있다. 이
러한 활동이 단지 이 두 의원에 의해서만 수행된 것이 아니며,
오직 구제불능으로 순진한 인간들만이 이러한 활동과 《나샤
자리야》나 《세베르나야 라보차야 가제타Severnaya Rabochaya
Gazeta》[3]에 대한, 《소브레멘니크》나 조직위원회나 분트에 대한
'우호적이고 관대한 태도'가 양립 가능하다는 헛된 꿈을 꿀 수
있을 것이다.

3　'북부노동자신문.' 멘셰비키 청산파의 합법 일간지로서 1914년 1월부터 5
　월까지 페테르부르크에서 발행되었다.―원서 편집자

정부는 러시아 사회민주노동당 의원단 성원들을 시베리아로 유형 보냄으로써 노동자들을 겁주길 바라는가? 저들은 자신들의 바람이 잘못된 것임을 알게 될 것이다. 노동자들은 겁먹기는커녕, 자신의 목적을, 청산파나 사회배외주의자와 구별되는 노동자 당의 목적을 더 잘 이해하게 될 것이다. 노동자들은 대중 속에서 이와 비슷한 더욱더 광범위한 활동을 훨씬 더 큰 보안 유지 속에서 수행하기 위해 러시아 사회민주노동당 의원단과 같은 인물들만을 두마에 선출하는 것을 배울 것이다. 정부는 러시아에서 '비합법적 의회 활동'을 제거하려고 하는가? 그러나 정부는 프롤레타리아트와 이러한 종류의 의회 활동을 배타적으로 연결하는 고리를 강화시켜주는 일만 하게 될 것이다.

셋째,—이것이 가장 중요한 것인데—러시아 사회민주노동당 의원단에 대한 공판 과정에서 전쟁에 대한 러시아 사회 내 각 계급의 태도라는 가장 근본적이고 가장 유의미하며 가장 중요한 문제에 관한 공공연한 객관적 자료가 처음으로 만들어져, 러시아 선국에 수백만 부씩 보급되었다. '조국 방위'와 '원칙상의' 국제주의(즉 입으로만 떠드는 위선적인 국제주의)가 양립 가능하다는 역겨운 인텔리적 수다는 이미 충분히 듣지 않았는가? 이제는 일부 공문구의 달인들 수십 인의 얘기가 아니라 각 계급에 관한, 즉 실생활을 영위하는 수백만 인에 관한 사실들을 주시해야 할 때가 아니겠는가?

개전 후 반 년 이상이 지났다. 모든 조류의 합법·비합법 언론이 자신의 의견을 발표했고, 모든 당의 의원단들이 각자의 입장을 정했다. 이것은 우리나라의 계급적 구획을 보여주기에는 매우 불충분한, 그러나 유일한 객관적 지표다. 러시아 사회민주노동당 의원단 재판과 그것에 대한 언론 논평은 이 모든 자료를 총괄, 요약하고 있다. 재판은 러시아에서 프롤레타리아트의 최상의 대표자들이 배외주의 일반에 적대하고 있을 뿐 아니라, 우리 당 중앙기관지와 입장을 같이하고 있음을 특히 잘 보여주었다. 의원들은 1914년 11월 4일에 체포되었다. 결과적으로 그들은 2개월 이상 자신의 활동을 수행한 셈이다. 그들은 누구와 어떻게 활동했는가? 그들은 노동자계급 내 어느 유파를 반영하고 표현했는가? 대답은 '테제'와 《사회민주주의자》가 회의 자료였다는 사실, 몇 차례에 걸쳐 우리 당 페테르부르크 위원회가 같은 성격의 전단을 발행했다는 사실에서 찾을 수 있다. 회의에서는 그 외의 다른 자료는 없었다. 의원들은 노동자계급 내 다른 유파에 관해서는 회의에 보고하려 하지 않았다. 왜냐하면 다른 유파는 없었기 때문이다.

혹시 러시아 사회민주노동당 의원단 성원들이 단지 소수 노동자의 의견을 대표했던 것은 아닐까? 이렇게 추측할 근거는 없는데, 왜냐하면 1912년 봄부터 1914년 가을까지 2년 반 사이에 러시아의 계급적으로 각성한 노동자 중 5분의 4가 《프라우다》 주위로 결집하였고, 이들 의원들은 《프라우다》와 이데올로기적으로 완전히 결속한 가운데 활동했기 때문이다. 이것은 사실이다. 만약 노동자들 사이에서 중앙위원회의 입장에 대해 다소간에 주목할 만한 항의가 있었다면, 이러한 항의는 확실히 결의 초안에 표현되었을 것이다. 재판에서는 이 비슷한 어떤 것도 등장하지 않았다. 재판이 의원단이 한 활동의 많은 것을 '드러냈다'고 했지만 말이다. 페트롭스키가 직접 작성한 수정안을 보면, 의견 차이를 암시하는 어떤 흔적도 드러나 있지 않다.

사실들이 보여주듯이, 개전 후 몇 달 사이에 러시아 노동자들의 계급적으로 각성한 전위는 실제로 중앙위원회와 중앙기관지의 주위로 결집하였다. 이 사실이 어떤 '그룹들'에게는 아무리 불쾌한 일일지라도 그것은 부정할 수 없다. 다음은 공소장에 인용되어 있는 말이다. "총구는 우리의 형제인 다른 나라의 임금노예를 향해서가 아니라, 모든 나라의 반동적인 부르주아 정부와 당들을 향해 겨누어져야 한다." 이 말은 재판 덕분에, 프롤레타리아 국제주의와 프롤레타리아 혁명에의 요구로 러시아 전역에 퍼져나갈 것이며, 이미 퍼져나가고 있다. 재판 덕분에 광범한 대중이 러시아 노동자 전위의 계급적 슬로건을 접하게 된 것이다.

부르주아지와 일부 소부르주아지 사이에서 유행병처럼 번지고 있는 배외주의, 소부르주아지의 또 다른 일부에서 일고 있는 동요, 그리고 노동자계급의 이러한 요구 같은 것들이 우리나라의 정치적 분할의 실제 객관적인 그림이다. 자신의 '전망', 희망, 슬로건을, 지식인들과 각 소그룹 창립자들의 비현실적인 소망에 맞추는 것이 아니라, 이러한 실제 상황에 맞도록 맞추어야 한다.

《프라우다》계의 신문과 '무라노프형(型)'의 활동은 러시아의 계급적으로 각성한 노동자 5분의 4의 통일을 만들어냈다. 약 4만 명의 노동자가 《프라우다》를 사며, 그보다 훨씬 많은 수의 노동자가 《프라우다》를 읽는다. 전쟁과 감옥과 시베리아 유형과 중노동이 그들을 5배, 심지어 10배 더 파괴하려고 해도 이들 노동자층을 절멸할 수는 없다. 이들은 살아있다. 이들은 혁명적 정신과 반배외주의로 충만해 있다. 이들 홀로 근로인민과 피착취·피억압자의 국제주의의 옹호자로서 대중 속에서 대중에 깊이 뿌리를 내리고 있다. 이들 홀로 총체적 붕괴 속에서도 제자리를 지키며 버텨왔다. 이들 홀로 반(牛)프롤레타리아 분자들을 카데츠와 트루도비키와 플레하노프와 《나샤 자리야》의 사회배외주의로부터 끌어내 사회주의 쪽으로 인도하고 있다. 이들의 존재와 이들의 이념과 이들의 활동과 이들의 '타국 임금노예와의 우애' 호소가 러시아 사회민주노동당 의원단 재판에 의해 러시아 전역에 드러났다.

우리는 이들과 함께 활동해야 하며, 사회배외주의자들로부터 이들의 통일을 지켜내야 한다. 이것이 러시아의 노동계급운동이 '유럽'형 민족적 자유주의 쪽이 아니라, 사회혁명 쪽으로 발전할 수 있는 단 하나의 길이다.

| 《사회민주주의자》 40호, 1915년 3월 29일

런던 회의에 대하여

여기에 발표하는 러시아 사회민주노동당 중앙위원회의 대표 막시모비치 동지의 성명은 이 회의에 대한 당의 견해를 완전하게 표현하고 있다. 프랑스의 부르주아 언론은 영불(英佛, Anglo-French) 부르주아지의 술수, 또는 책략이 작용한 것이라며 회의의 배경을 멋지게 까발렸다. 역할 분담은 다음과 같이 이루어졌다. 《르 탕*Le Temps*》[1]과 《에코 드 파리*L'Echo de Paris*》[2]는 '국제주의에 과도한 양보'를 하고 있다며 프랑스 사회주의자들을 공격했다. 이러한 공격은 비비아니(Viviani) 수상이 그 유명한 침략적 애국주의 연설을 의회에서 시연하기 전에 길을 닦기 위한 사전포석에 불과한 것이었다. 한편 《주르날 데 데바*Journal des Débats*》[3]는 지금까지 전쟁과 모병에 반대해온 케어하디 주도의 영국 사회주의자들을 유도하여, 독일에 승리할 때

---

1   1861년부터 1942년까지 발행된 부르주아 일간지. 여기서 레닌은 이 신문 1915년 2월 15일자와 10일자에 발표된 런던 회의에 관한 두 기사를 인용하고 있다.—원서 편집자

2   1884년부터 1938년까지 파리에서 발행된 초반동적인 부르주아 일간지.—원서 편집자

까지 전쟁 수행을 계속하는 것에 찬성 투표를 하도록 이끌어 낼 수 있느냐에 회의의 성패가 걸려 있다고 밝힘으로써 속내를 털어놓았다. 이것은 영국 사회주의자들과 프랑스 사회주의자들을 영불 부르주아지의 편으로 끌어들이려는 공작의 정치적 결과물로서, 그들 부르주아지에게는 가시적인 중요한 성과물이 될 것이다. 국제주의라든가 사회주의라든가 국민투표라든가 하는 따위의 문구는 한낱 문구에 불과한 것들로서, 아무 의미를 갖지 못하는 게으른 공담이다.

의심할 바 없이, 프랑스 부르주아지의 영리한 반동파가 무심코 진실을 발설해버렸다. 독일과 오스트리아와 터키를 파멸시키고 약탈하려는 목적으로 영불 부르주아지가 러시아와 손잡고 수행하고 있는 전쟁이 바로 이 전쟁이다. 영불 부르주아지에게 필요한 것은 독일에 승리할 때까지 계속 전쟁을 수행하는 것에 사회주의자들이 동의해주는 것과 함께 모병관(募兵官)으로 나서주는 것이다. 그 밖의 것은 게으르고 수치스런 말장난으로, 사회주의와 국제주의 같은 위대한 말들을 모욕하는 것이다. 실제로는 부르주아지의 꽁무니를 좇아서 부르주아지가 타국을 약탈하는 것을 도우면서, 입으로는 대중에게 '사회

<hr />

3   1894년부터 1934년까지 파리에서 발행된 부르주아 주간지로, 여기서 레닌은 이 잡지 1915년 2월 19일자에 발표된 기사 「사회주의자들의 런던 회의The London Conference of Socialists」를 인용하고 있다.—원서 편집자

주의와 인터내셔널'에 대한 위선적 승인으로 귀를 즐겁게 해주는 것, 이것이 기회주의의 대죄(大罪)이며, 제2인터내셔널이 붕괴한 주된 이유다.

따라서 런던 회의에서 사회배외주의에 대한 반대자들 앞에 놓인 임무는 명백한 것이었다. 그들은 명확한 반(反)배외주의적 원칙의 이름으로 회의에서 퇴장하지 않으면 안 되었다. 한편 친(親)독일주의의 함정에 빠지지 않으면서 그렇게 해야 했는데, 왜냐하면 친독일파는 다른 이유에서가 아니라 오직 배외주의적인 이유로 런던 회의에 결사반대하는 것이었기 때문이다. 막시모비치 동지는 독일 사회주의자들의 배신 행위를 분명한 어조로 규탄함으로써 이 임무를 완수했다.

분트파와 조직위원회 지지자들은 이 간단명료한 사실을 이해할 능력이 없다. 분트파는 독일 사회민주주의자들의 전쟁공채 찬성 투표를 솔직하게 정당화하고 있는 코숩스키 식의 친독파다(분트의 《정보회보》 7호, 1915년 1월, 7쪽, 5장 첫머리를 보라). 이 회보 편집부는 코숩스키에게 동의하지 않는다는 언급을 어디에서도 하지 않고 있다. 러시아 애국주의의 옹호자 보리소프(Borisov)에 대해서는 의견이 다르나고 힘주어 강조하면서 말이다. 분트 중앙위원회의 선언(같은 책, 3쪽)은 명시적으로 사회배외주의에 반대하는 말은 단 한 마디도 포함하고 있지 않다.

조직위원회의 지지자들은 친독일 배외주의를 친프랑스 배외주의와 화해시키고 싶어한다. 이 점은 악셀로드의 성명

《골로스》 86호 및 87호 그리고 조직위원회 재외서기국의 《이즈베스티야 *Izvestia*》[4], 1915년 2월 22일, 1호)에서 분명하게 볼 수 있다. 《나셰 슬로보》 편집진이 '공식 사회배외주의'에 공동으로 반대하자는 제안을 우리에게 했을 때, 솔직하게 우리는 조직위원회와 분트 스스로 공식 사회애국주의의 편이 되었다고 답변했다. 우리는 답변서에 우리의 선언 초안을 첨부하였고, 막시모비치 동지의 결정적인 발언을 증거로 인용했다.

왜 《나셰 슬로보》는 32호 사설에서 이에 대해 잠자코 있는 것인가? 자신과 남을 속이려고 하면서까지 말이다. 왜 《나셰 슬로보》는 독일 사회민주주의자들의 배신 행위에 대해 우리의 선언이 말한 것에 대해서도 침묵하는가? 《나셰 슬로보》의 성명은 이 가장 중요한 주안점을 누락했다. 우리도, 막시모비치 동지도 이 성명을 받아들이지 않았고, 또 받아들일 수도 없었다. 이것이 우리와 조직위원회가 행동 통일이라는 결과로 이어지지 못한 이유다. 그런데 왜 《나셰 슬로보》는 자신과 남을 속이면서까지 행동 통일을 위한 지반이 있다고 단언하는 것인가?

'공식 사회애국주의'는 현 시기 사회주의에서 주된 악이다. 이 악과 싸우기 위해(그리고 이 악과 화해하는 것으로 타락하지 않기 위해, 또는 이 점에서의 국제적 상호 '사면'으로 빠지지 않기 위해) 모

---

4 멘셰비키 조직위원회가 1915년 2월부터 1917년 3월까지 스위스에서 발행한 잡지.—원서 편집자

든 세력이 차비를 갖추고 결집해야 한다. 카우츠키 일파는 '사면'과 사회배외주의와의 평화를 위한 명확한 강령을 만들어냈다. 우리는 사회배외주의와의 투쟁을 위한 명확한 강령을 제시하고자 했다. 《사회민주주의자》, 특히 33호와 거기에 발표되어 있는 결의를 보라. 아직 우리는 《나셰 슬로보》가 '국제주의에 대한 순수관념적인 공명'과 사회배외주의와의 평화 사이를 동요하는 것으로부터 무언가 보다 명확한 쪽으로 넘어가야 한다는 희망을 표할 따름이다.

| 《사회민주주의자》 40호, 1915년 3월 29일

내란 슬로건의 예증을
위하여

1월 8일(신력), 스위스 각 신문에 다음과 같은 베를린 발 보도가 실렸다. "최근에 신문은 참호 속에서 독일 병사들과 프랑스 병사들이 친교를 맺기 위해 벌인 평화적인 시도를 반복해서 보도했다.《일간평론*Tägliche Rundschau*》[1]에 따르면, 12월 29일부 군 명령은 어떠한 친교도, 참호 안에서의 적과의 그 어떤 종류의 교류도 금지하고 있다. 이 명령을 위반하면 국가반역죄로 처벌된다."

이와 같이 적과의 친교와 교류 시도는 사실이다. 독일군 당국은 이 문제에 우려를 보이고 있는데, 이는 군 당국이 그 문제를 꽤나 중시하고 있음을 의미하는 것이다. 1915년 1월 7일 영국의 노동자 신문《레이버 리더》에는 크리스마스 때 '48시간 휴전'하기로 정해졌다거나 참호와 참호 사이의 중간지대에서

[1] 부르주아 민족주의 경향의 일간지로, 1880년 10월부터 줄곧 베를린에서 발행되었다. 1922년에《도이체 알게마이네 차이퉁*Deutsche A ilgemeine-Zeitung*》사에 매각되었다. 1924년 12월부터 1928년까지는《새 일간평론*Neue Tägliche Runclschau*》이라는 이름으로 나왔다. 1933년에 발행이 중단되었다.—원서 편집자

의좋게 서로 만난다는 등, 영국 병사와 독일 병사 간의 친교 사례에 관한 영국 부르주아 언론의 보도로부터 인용한 일련의 뉴스들이 실렸다. 영국의 군 당국은 친교를 금지하는 **특별 명령**을 발포했다. 하지만 사회주의적 기회주의자들과 그들의 변호자들(또는 시종들?)은 전시 검열 덕택에 자신들이 논박 받지 않는다는 것을 알고 있기 때문에 최고로 만족하고 안심하는 얼굴로 언론을 통해 노동자들에게(카우츠키가 했듯이), 교전국 사회주의자들이 협정을 이루어내 반전 행동을 하는 것은 가능하지 않다(《노이에 차이트》에서 카우츠키가 사용한 표현 그대로다)고 확언했다!

하인드먼과 게드와 반데르벨데와 플레하노프와 카우츠키 등이 부르주아지를 돕는 것(그들이 지금 몰두하고 있는 것)이 아니라 '참호' 안에서, 그리고 일반으로는 군대에서도 교전국 사회주의자 간의 '친교와 교류를 위한 시도'를 선동하기 위한 국제위원회를 만드는 것을 상상해보라. 만약 개전 후 6개월도 채안 된 지금, 모든 정치 지도자들, 권위자들, 전문가들이 사회주의를 배반했음에도 **불구하고** 전쟁공채에 찬성 투표를 하고 각료직을 수락한 자들에 대항하여 모든 방면에서 반대가 고조되고 있다면, 그리고 군 당국이 적과의 '친교'는 사형이라고 위협하고 있다면, 지금부터 두세 달 뒤에 어떤 결과가 나타날 것인가?

"실제 문제는 자국의 승리인가, 패배인가라는 오직 그 문제만이 있을 수 있다"고 기회주의자들의 시종 카우츠키는 게드와 플레하노프와 그들 일파의 입맛에 맞춰 이렇게 썼다. 정말이지, 사회주의와 계급투쟁이 망각되어야 한다면, 이 말이 진리일 것이다. 그러나 사회주의라는 것을 잊지 않는다면, 그 말은 맞지 않다. 여기 또 다른 실제 문제가 하나 있다. 우리는 노예주들 간의 전쟁에서 맹목의 무력한 노예로 죽어갈 것인가, 아니면 노예제 타도를 위한 노예들 간의 '친교를 위한 시도'에 뛰어들 것인가?

이것이야말로 현실에서 '실제' 문제다.

| 《사회민주주의자》 40호, 1915년 3월 29일

사회배외주의자의 궤변

페트로그라드에서 청산파가 발행하는 《나셰 디엘로》
(1915년 1호)는 카우츠키가 쓴 소책자 『국제주의와 전쟁
Internationalism and War』을 번역해서 게재하고 있다. 그러는
동시에 청산파의 일원인 A. 포트레소프 씨는 자신은 카우츠키
와 의견이 다르다고 말한다. 포트레소프 씨는 카우츠키가 어
떤 때는 "변호사"처럼(즉 사회배외주의의 프랑스-러시아적 변종을 인
정하지 않는 독일 사회배외주의의 변론자로서) 행동하고, 또 어떤 때
는 "재판관"처럼(즉 편견 없이 마르크스주의적 방법을 적용하려고 하
는 마르크스주의자로서) 행동한다고 비난한다.

실제로는 포트레소프 씨도, 카우츠키도 모두 근본 문제들
에서 마르크스주의를 배반했다. 명백한 궤변을 사용하여 민족
적 자유주의 노동자 정치를 옹호하는 데서 볼 수 있듯 말이다.
포트레소프 씨는 지엽적인 문제를 놓고 카우츠키와 논쟁을 벌
이면서 독자들의 주의를 근본적인 문제로부터 다른 데로 돌리
고 있다. 포트레소프 씨에 의하면, 전쟁에 대한 태도 문제에 관
한 영불(英佛) '민주주의 파들'(필자 포트레소프 씨는 노동계급 민주

주의파를 염두에 두고 있다)의 '해결책'은 "대체로 좋은 해결책이다."(69쪽) 그는 이들 민주주의파가—비록 그들의 해결책이 "우연의 일치라는 호기를 이용하여 국민적 해결책과 일치를 이룰" 만큼 의식적이지는 못했지만—"올바르게 행동했다"고 말한다.

이 말들의 의미는 명확하다. 포트레소프 씨는 영국인과 프랑스인의 엄호를 받아 러시아의 배외주의를 옹호하고, 3국협상 측 사회주의자들의 애국주의적 전술을 정당화하고 있는 것이다. 포트레소프 씨가 카우츠키와 논쟁하고 있는 것은, 마르크스주의자로서 배외주의자와 논쟁하고 있는 것이 아니라, 러시아의 배외주의자로서 독일의 배외주의자와 논쟁하고 있는 것이다. 이것은 낡고 뻔한 수법이지만, 유념해야 할 것은 포트레소프 씨가 자기 말의 명백하고 간단한 의미를 가능한 모든 방식으로 위장하고 혼란스럽게 만들고 있다는 것이다.

문제의 본질은 포트레소프 씨와 카우츠키가 어느 점에서 의견이 일치하고 있는가다. 예를 들어 그들은 다음과 같은 점에서 의견일치를 보고 있다. "오늘의 프롤레타리아 국제주의는 조국 옹호와 양립 가능하다."(카우츠키의 소책자 독일어판 34쪽) 포트레소프 씨는 나라가 "공격을 당한" 비상 상황에 대해 말한다. "적의 침략보다 국민들에게 더 무서운 것은 없다"고 카우츠키는 말하며, 다음과 같이 주장한다. "만약 한 나라의 주민들이 전쟁의 원인을 자국 정부가 아니라 인접국의 사악한 음모에 있다고 본다면(도대체 언론 등을 통해 주민대중에게 이러한 생각을 불어넣으려 하지 않는 정부도 있을까!) 전체 주민 사이에서 적으로부터 국경을 방어하려는 거국일치의 열망이 타오를 것이다. …… 성난 군중이 국경에 군대를 파견하는 것을 방해하려는 사람들을 죽일 것이다."(카우츠키, 1911년 논문 「전쟁과 평화」, 33쪽)

이것이 자칭 마르크스주의자들이 모든 사회배외주의자들의 기본 사상을 변호하는 방식이다.

일찍이 1911년에 카우츠키는 정부(와 부르주아지)가 죄를 타국의 '사악한 음모'에 전가함으로써 '인민, 주민, 군중'을 속이려 한다고 아주 명확하게 보고 있었다. 여기서 다음과 같은 질문이 제기된다. 이러한 기만을 지지하는 것—전쟁공채에 찬성 투표를 함으로써든, 연설이나 논문 등에 의해서든—이 국제주의·사회주의와 양립할 수 있는 것인가, 아니면 민족적 자유주의 노동자 정치에 다름 아닌 것인가? 카우츠키는 이 질문을 또 다른 질문으로, 즉 자국 정부에 속은 주민 대다수의 의지를 거슬러서 "개인들"이 "국경에 군대 파견을 방해하는" 것이 이성적인 것인가 하는 질문으로 바꿔치기함으로써 아주 파렴치한 "변호사"로, 최악의 궤변가로 행동하고 있다. 이것은 쟁점이 아니다. 이것은 문제의 본질이 아니다. '정부에 속은 소부르주아들의 신념을 바꿔내서 만류를 하고, 속고 있는 것을 그들에게 설명해야 한다. 필요하다면 그들과 함께 전장에 나가, 그들이 전쟁 경험을 거쳐 이성적으로 될 때까지 기다릴 수도 있어야 한다.' 문제는 이런 것이 아니라, 부르주아지의 '국민' 기만에 사회주의자가 협력하는 것이 허용될 수 있느냐다. 카우츠키와 포트레소프는 이러한 기만을 정당화한다. 1914년 제국주의 전쟁은 모든 '대'국의—영국, 프랑스, 독일, 러시아의—정부와 부르주아지의 '사악한 음모'에 똑같은 책임이 있다는 것을 그들 자신이 완벽하게 잘 알고 있음에도 말이다. 이것은 1912년 바젤 결의에 명확하게 천명되어 있다.

'국민'이, 즉 소부르주아 대중과 기만당한 일부 노동자들이 적국의 '사악한 음모'라는 부르주아의 날조를 믿는다는 것은 의심의 여지 없이 사실이다. 그럼에도 이러한 기만에 맞서 싸우는 것—그것을 지지하는 것이 아니라—은 사회민주주의자의 의무다. 모든 나라의 사회민주주의자는 어느 강대국이든 모두 사실상 식민지 지배의 강화·확대와 소민족의 억압 등을 추구하고 있다고, 전쟁이 일어나기 오래 전부터 말해왔다. 이것은 바젤에서 재천명되었다. 전쟁은 식민지의 분할과 타국 영토의 강탈을 위해 수행되고 있다. 도둑들이 서로 싸우는데, 지금 어떤 도둑이 지고 있다며 그를 지켜야 한다고 주장하는 것은 뻔뻔스런 부르주아적 거짓이다. 그것은 도둑의 이익을 국민, 또는 조국의 이익으로 포장하는 것이다. 우리는 전쟁으로 고통 받고 있는 '국민'에게 진실을 말해야 한다. 모든 각 교전국의 정부와 부르주아지를 타도하지 않고서는 어떠한 '방위'도 전시의 고통을 막을 수 없다는 진실을 말이다. 갈리치아나 헝가리를 목 조르는 것에 의해 벨기에를 방어하는 것은 어떠한 '조국 방위'도 되지 못한다.

그러나 전쟁을 비난한 마르크스는, 예를 들어 1854~76년에 그랬듯이, 전쟁이 사회주의자들의 의지에도 불구하고 사실화되자 교전국의 한쪽 편에 섰다. 이것이 카우츠키의 소책자가 내세우는 주요 논점이자 비장의 카드다. 그것은 또한 포트레소프 씨의 입장이기도 한데, 그는 '국제주의'를, 전쟁에서 어느 편의 승리가 전세계—어느 일국이 아니라—의 프롤레타리아트의 이익이라는 관점에서 보다 바람직한지, 또는 해가 가장 적은지 알아내는 것으로 이해하고 있다. 전쟁을 수행하고 있는 것은 정부와 부르주아지다. 프롤레타리아트는 어느 정부의 승리가 전세계의 노동자에게 가장 위험이 적은가를 결정해야 한다고 그는 말한다.

이러한 논리가 궤변인 이유는 현재를 이미 지나간 역사의 한 시기로 바꿔치기하고 있기 때문이다. 다음은 카우츠키가 이제까지의 전쟁의 주요 특징들이었다고 꼽고 있는 것들이다. 1) 이제까지의 선쟁은 부르주아 민주주의적 개혁과 절대주의의 타도, 또는 타민족 억압의 타도라는 문제들을 해결했다. 2) 사회주의 혁명의 객관적 조건이 아직 성숙하지 않았고, 전쟁에 앞서서 사전에 어떤 사회주의자도 슈투트가르트 결의(1907년)와 바젤 결의(1912년)가 선언하고 있는 것처럼 '자본주의의 붕괴를 앞당기기 위해' 전쟁을 이용하는 것에 대해 말할 수가 없었다. 3) 그 당시에는 교전국 쌍방의 어느 나라에서도 규모 있고, 대중적 호소력이 있으며, 투쟁에서 검증된 사회주의 당이 존재하지 않았다.

카우츠키의 논리를 요약하자면, 모든 교전국에서 정부와 부르주아지에 대항하는 전면적인 프롤레타리아 운동을 아직 말할 수 없었던 시기에 마르크스와 마르크스주의자들이 전세계 프롤레타리아트에게 어느 부르주아지가 승리하는 편이 해가 적은가(또는 유리한가)를 결정하는 것에 스스로를 한정했다는 것은 놀라운 일이 아니다.

모든 지금의 교전국 사회주의자들이 전쟁이 일어나기 오래 전에 이미, 그리고 역사상 처음으로 모여 '자본주의의 붕괴를 앞당기기 위해' 전쟁을 이용할 것이라고 선언했다(1907년 슈투트가르트 결의). 달리 말하면, 그들은 이러한 '붕괴를 앞당기기' 위한, 즉 사회주의 혁명을 위한 객관적 조건이 성숙했음을 인정했다. 말하자면 그들은 혁명으로 정부를 위협하고 있었던 것이다. 1912년 바젤에서 그들은 파리 코뮌과 1905년 10~12월[1](즉 내란)을 언급하며, 같은 결의를 더욱 명확하게 확인했다.

전쟁이 발발하자, 이제까지 혁명으로 정부를 위협했던, 그리고 프롤레타리아트에게 이 혁명을 일으킬 것을 촉구했던 사회

---

[1] 1905년 모스크바에서 일어난 10월 전 러시아 정치파업과 12월 무장봉기를 말한다.—원서 편집자

주의자들은 반세기 전에 있었던 일을 언급하기 시작했고, 오늘은 사회주의자가 정부와 부르주아지를 지지하는 것을 정당화하고 있다! 마르크스주의자 호르터르가 자신의 네덜란드어 소책자 『제국주의, 세계 전쟁과 사회민주주의*Imperialism, the World War and Social-Democracy*』(84쪽)에서 카우츠키 유형의 '급진주의자들'을, 입으로는 용사지만 행동에서는 변절자였던 1848년의 자유주의자들에 비교한 것은 절대적으로 옳았다.

수십 년 동안 유럽 사회주의 내에서 혁명적 사회민주주의 분자들과 기회주의 분자들 간의 대립, 충돌이 발전하고 있었다. 위기가 수면 위로 올라왔다. 전쟁의 결과로 종양이 터졌다. 공식 당들 대다수가 '자'국 부르주아지의 특권과 '자'국의 식민지 영유, 소민족 억압 등의 특권을 옹호하는 민족적 자유주의 노동자 정치가들에게 정복되고 말았다. 카우츠키와 포트레소프 모두 민족적 자유주의 노동자 정치를 프롤레타리아트에게 폭로하는 것은 고사하고, 반대로 그것을 옹호하고 정당화한다. 이것이 사회배외주의자들의 궤변의 본질이다.

포트레소프 씨는 "슈투트가르트 결의는 원칙적으로 옹호될 수 없는 것이었다"(79쪽)고 단언함으로써 얼떨결에 본심을 드러냈다. 뭐 어떤가? 프롤레타리아트에게는 공공연한 변절자가 은폐된 변절자보다 낫다. 포트레소프 씨, 계속하시오. 슈투트가르트와 바젤을 부정하는 것이 더 정직한 길이오.

외교가 카우츠키는 포트레소프 씨보다 여우다. 그는 슈투트가르트와 바젤을 부정하지 않는다. 그는 단지—'단지'다!—바젤 선언을 인용하고 있을 뿐이다. 혁명을 가리키는 지점들은 전부 누락시키고서 말이다! 필시 검열이 포트레소프와 카우츠키 두 사람을 다 방해한 것이 아닐까? 검열이 허용하면 두 사람 다 혁명을 말할 준비가 되어 있는 것으로 보인다.

포트레소프와 카우츠키와 그들의 지지자들이 슈투트가르트 결의와 바젤 결의를 다음과 같은 내용으로 대체하자고 제의할 것이라는 기대를 가져보자. '만약 우리의 노력에도 불구하고 전쟁이 발발하면, 우리는 세계 프롤레타리아트의 관점에서 볼 때 무엇이 그들에게 가장 유리한가를 결정해야만 한다. 즉 인도를 영국이 수탈할 것인가, 독일이 수탈할 것인가, 아프리카 흑인에게 술을 먹이고 약탈하는 것을 프랑스가 할 것인가, 독일이 할 것인가, 터키에 대한 지배, 억압을 오스트리아-독일이 할 것인가, 영불-러시아 동맹이 할 것인가, 독일이 벨기에를 목조를 것인가, 러시아가 갈리치아를 목조를 것인가, 중국을 일본이 분할할 것인가, 미국이 분할할 것인가' 등.

| 《사회민주주의자》 41호, 1915년 5월 1일

국제주의자들의 통합 문제

전쟁은 국제사회주의 전체에 심각한 위기를 낳았다. 여느 다른 위기처럼 현재의 사회주의의 위기도 그 안에 깊이 자리하고 있는 내적 모순을 어느 때보다도 더 명료하게 폭로했다. 사회주의의 현 위기는 많은 거짓된 전래의 가면을 벗겨냈고, 사회주의 속에서 부패하고 수명이 다한 것이 무엇인지, 그리고 사회주의가 거듭나서 승리를 향해 전진하기 위해서는 결정적으로 무엇이 요구되는지를 가장 확연하게 드러내주었다.

러시아에서 사실상 모든 사회민주주의자들은 종래의 구분과 분류가 쓸모없어진 수준까진 아니라도 적어도 변형을 겪고 있다고는 인식하고 있다. 전쟁에 의해 제기된 기본 문제에 따른 구분, 즉 '국제주의자들'과 '사회애국주의자들'의 구분이 일차적인 구분이다. 이 용어들은 《나셰 슬로보》 42호의 사설에서 취한 것인데, 혁명적 사회민주주의자들과 민족적 자유주의 노동자 정치가들을 대비시켜서 그 용어들을 보완할지의 문제는 당분간 다루지 않을 것이다.

물론 명칭이 문제인 것은 아니다. 《나셰 슬로보》는 오늘날의 기본적인 분류의 본질을 정확하게 짚어냈다. 국제주의자들은 "플레하노프로 대표되는 사회애국주의에 반대 태도를 취한다는 점에서 일치하고 있다"고 《나셰 슬로보》는 말한다. 그 편집진은 "지금 분열 상태에 있는 그룹들"이 합의를 이뤄 적어도 한 가지 행동이라도, 즉 현 전쟁과 러시아의 사회애국주의에 대한 러시아 사회민주주의자의 태도를 표명하는 것만이라도 단일하게 해서 통합할 것을 호소했다.

《나셰 슬로보》 편집진은 신문을 통해 이러한 호소를 하는 것 외에, 우리와 조직위원회에게 편지를 보내 그 문제를 심의하기 위한 회의를―자신들도 참가하는―소집할 것을 제안했다. 이에 대한 회답에서 우리는 "우리들 사이에 기본적인 의견 일치가 있는지를 알기 위해 몇 가지 예비적인 문제를 명확히 할" 필요에 대해 이야기했다. 우리는 주되게 두 가지의 예비적인 문제를 제기했다. 1) "러시아의 선진적 프롤레타리아트의 의지를 위조하고 있는"(《나셰 슬로보》 편집진의 표현) "사회애국주의자들"(편집진은 플레하노프와 알렉신스키를 위시하여, XYZ지(誌)[1]를 지지하는 유명한 페트로그라드 청산주의 문필가 그룹을 이렇게 지칭하고 있다)을 폭로하는 데는 성명으로는 결코 효과가 없다. 사회애국주의자들을 폭로하기 위해서는 장기간에 걸친 투쟁이 필요하다. 2) 조직위원회를 '국제주의자'로 꼽은 것은

I   멘셰비키 청산파의 잡지 《나샤 자리야》를 가리킨다.―원서 편집자

어떤 근거에서인가?

한편 조직위원회의 재외 서기국은《나셰 슬로보》에게 보낸 회답 사본을 우리에게 보내왔는데, 요약하자면 "예비적"으로 "어떤 그룹은 뽑고, 다른 그룹은 배제하는 것"은 용납될 수 없으며, "전전(戰前)에 브뤼셀 국제사회주의사무국 회의에 …… 출석한 모든 당 본부들과 그룹들의 재외 대표자들을 초청하는 것이 마땅하다"(1915년 3월 25일자 편지)는 주장이다.

이와 같이 조직위원회는 사회애국주의자(플레하노프와 알렉신스키 일파는 브뤼셀에 대표를 파견한 것으로 알려져 있다)와도 함께 하는 회의를 희망하여 국제주의자들하고만 회의하는 것을 원칙적으로 거부했다. 같은 기조가 네르비에 모인 사회민주주의 자들의 결의에도 담겨 있다(《나셰 슬로보》53호). 이 결의는 다음과 같은 요노프(Yonov)의 보고 이후 채택되었다. (그리고 이 결의는 분트에서 가장 급진적이고 국제주의적인 분자들의 대표자인 이 요노프의 견해를 명백히 표현하고 있다).

많은 재외 사회주의자들이 모색하고 있는 '중도'라는 것이 무엇인지 적시해준 매우 전형적이고 유용한 이 결의는《나셰 슬로보》의 '원칙'에 공명을 표하고 있지만, 동시에 "조직상의 구획을 낳고, 국세주의적 사회주의자만을 통합시키며, 역사적으로 형성된 사회주의적 프롤레타리아 당들 내에 분열이 필요하다는 주장을 옹호하는"《나셰 슬로보》의 입장에는 동의할 수 없다고 밝혔다. 네르비 회의는《나셰 슬로보》가 (이 문제들을) "일면적인 방식으로 다루고 있다"며, "인터내셔널 재건과 연결된 문제들을 명확히 하는 데 매우 유해하다"는 의견을 표명했다.

우리는 이미, 조직위원회의 공식 대표자 악셀로드의 견해는 사회배외주의적임을 지적한 바 있다. 신문 지상으로도, 교신으로도 《나셰 슬로보》는 우리의 이러한 지적에 아무 회답도 해주지 않았다. 우리는 분트의 입장도 (친독일 배외주의의 색조가 우세한 것을 빼고는) 똑같다고 지적한 바 있다. 네르비 결의는 간접적으로라도 매우 유의미한 방식으로 이 점을 증명했다. 네르비 결의는 국제주의자들만의 통합은 유해하고 분열주의적이라고 선언했다. 칭찬해야 할 정도로 명확하게 문제를 제기했다.

훨씬 더 명확한 것은 조직위원회의 답변인데, 그 문제에 대해 에두르지 않고 직접적이며 정식화된 태도를 표명하고 있다. 우리는 사회애국주의자들 **없는** 회의가 아니라 그들과 **함께** 하는 회의를 해야 한다고 조직위원회는 말한다.

조직위원회가 《나셰 슬로보》에게 보낸 편지는 동(同)위원회에 대한 우리의 견해가 올바름을 확인해주고 있는데, 이 점에서 우리는 동위원회에 감사를 표해야 마땅하다.

이것은 국제주의자의 통합에 관한 《나셰 슬로보》의 구상 전체가 파탄 났음을 의미하는가? 아니다. 파탄 나지 않았다. 이데올로기상의 연대 의식과 사회애국주의와 싸우고자 하는 진심 어린 소망이 존재하는 한, 회의 개최 실패가 국제주의자의 통합을 가로막을 수는 없다. 《나셰 슬로보》 편집진은 일간신문이라는 대형 무기를 쥐고 있다. 그들은 회의를 소집하고 성명을 내는 것보다 무한히 더 효율적이고 실질적인 것을 할 수 있다. 즉 모든 그룹을 초대하여, 스스로 다음과 같은 것에 착수할 수 있다. 1) 국제주의의 내용(반데르벨데와 카우츠키와 플레하노프와 렌쉬와 해니쉬도 국제주의자로 자칭하고 있지 않은가!) 문제, 기회주의 문제, 제2인터내셔널 붕괴 문제, 사회애국주의와 싸우는 임무와 방법 문제 등에 대한 모호하지 않고 완전히 명확한 규정을 작성하는 것, 2) 국외에서만이 아니라, 주로 러시아 국내에서 이러저러한 원칙을 위한 엄중한 투쟁으로 세력을 결집하는 것.

정말이지, 이 길 외에 국제주의가 사회애국주의에 승리하는 다른 길은 없으며, 또한 있을 수도 없다는 것을 그 누가 부정할 수 있겠는가? 러시아의 반세기에 걸친 정치적 망명 생활의 역사(그리고 사회민주주의 망명 30년의 역사)는, 국외에서의 성명과 회의 등은 러시아 국내에서 어떤 사회계층의 지속적인 운동에 의해 지지되지 않는다면, 모두 무력하고 무의미하며 실체 없이 공허하다는 것을 거듭 보여주지 않았는가? 또한 현 전쟁은 미성숙하거나 쇠락한 것들은 죄다, 인습적이거나 외교적인 것들은 죄다 단 한 번의 공격에 붕괴하고 말 것이라는 것을 우리에게 가르치고 있지 않은가?

개전 후 8개월 사이에 모든 사회민주당 본부와 그룹, 유파, 조류가 누구 할 것 없이 모든 이와 회의를 갖고 협의를 했다.

그리고 '성명'을 냈다. 즉 자신들의 의견을 공개적으로 밝힌 것이다. 오늘 임무가 바뀌었고, 행동에 더 가까워졌다. 보여주기식 성명들과 전시성 회의들에 대해 더욱더 불신을 표해야 한다. 문필가와 선전가와 선동가와 모든 사고력 있는 노동자를 위한 정확한 답과 조언을 만들어내기 위해 더 많은 정력을 쏟아부음으로써 그러한 조언이 이해되지 않을 수가 없도록 해야 한다. 그러한 조언을 실행할 장기간의 활동을 위해 세력을 모으는 데서 더 명확하고 더 목적의식적이지 않으면 안 된다.

거듭 말하지만, 《나셰 슬로보》 편집진에게는 많은 것이—어쨌든 《나셰 슬로보》는 일간신문이다—주어져 있고, 만약 이 '최소 강령'조차 수행하지 못한다면, 그들은 많은 것에 대해 책임을 져야 할 것이다.

끝으로 한 가지 언급하고 마치겠다. 1910년 5월, 정확히 5년 전, 우리는 국외의 우리 신문에서 극히 중대한—대단히 '강력한' 많은 사회민주주의 중앙본부들의 회의와 성명보다 '훨씬 더 의의가 큰'—정치적 사실을 하나 지적했다. 그것은 같은 잡지 《XYZ》의 합법주의적 문필가 그룹이 러시아 내에서 결속을 이루어냈다는 사실이다. 러시아와 전세계의 노동운동 역사상 그리도 사건이 많았던 이 5년 동안의 사실들은 무엇을 보여주었는가? 러시아에 민족적 자유주의 노동자 당('유럽'형 패턴을 따른)의 분자들을 결속시킬 어떤 사회적 중핵이 있다는 것을 그 사실들은 보여준 것이 아닌가? 지금 러시아에는 《보험 문제

Voprosy Strakhovaniya》[2]만이 예외고, 《나셰 디엘로》, 《노동자 보험》, 《세베르니 갈레스*Severny Gales*》[3], 마슬로프, 플레하노프 등 이 경향만의 공공연한 활동만 볼 수 있는데, 이러한 사정은 모든 사회민주주의자들에게 어떤 결론을 강제하는 것인가?

한 번 더 말한다. 보여주기식 성명에 대해 더욱더 불신을 표하고, 중대한 정치적 현실을 직시하는 용기를 더욱더 내자.

| 《사회민주주의자》 41호, 1915년 5월 1일

---

2   볼셰비키의 합법 잡지로서 1913년 10월부터 1918년 3월까지 페테르부르크에서 간격을 두고 발행되었다. 잡지는 노동자 보험 도입만이 아니라, 8시간 노동, 지주 토지 몰수, 민주공화제 등 볼셰비키의 주요 슬로건을 위한 활동도 수행했다.—원서 편집자

3   '북부의 소리'라는 뜻. 멘셰비키의 주간지로서 1915년 1월부터 3월까지 페트로그라드에서 발행되었다.—원서 편집자

부르주아 박애주의자와
혁명적 사회민주주의

영국의 백만장자 잡지 《이코노미스트*The Economist*》[1]는 전쟁에 대하여 매우 교훈적인 방침을 취하고 있다. 가장 오래되고 가장 부유한 자본주의 나라에서 선진적 자본의 대표자들이 전쟁에 대한 비탄과 평화에 대한 염원을 줄창 표명하고 있다. 기회주의자들과 카우츠키를 좇아서 현 시기 사회주의적 강령의 핵심은 평화에 대한 선전에 있다고 생각하는 사회민주주의자들이 《이코노미스트》를 읽는다면, 자신들의 오류에 대한 증거를 발견하게 될 것이다. 그들의 강령은 사회주의적 강령이 아니라, 부르주아 평화주의적 강령이다. 혁명적 행동에 대한 선전이 없는 평화의 꿈들은 단지 전쟁의 공포를 표현할 뿐, 사회주의와는 아무 공통점도 없다.

그뿐만이 아니다. 《이코노미스트》가 평화의 편에 서는 것은 바로 혁명을 두려워해서다. 예를 들어, 그 잡지 1915년 2월 13일자에는 다음과 같은 구절이 실려 있다.

I   자본가 주간지로서 1843년부터 런던에서 발행되고 있다.—원서 편집자

박애주의자는 평화 타결이 대규모의 국제적 군 감축을 가져올 것이라는 희망을 표명하고 있다. ······ 그러나 유럽 외교를 사실상 지배하는 힘들이 무엇인지 알고 있는 사람들은 일체의 유토피아를 배격한다. 전쟁으로 우리 앞에 펼쳐진 것은 유혈 혁명의 전경이고, 노동과 자본 사이, 또는 대중과 유럽 대륙 지배계급 사이의 격렬한 전쟁의 전망이다.

이 잡지 1915년 3월 27일자를 보면, (에드워드 그레이(Edward Grey) 경이 공약하고 있는 바와 같은) 민족의 자유 등을 보장해줄 평화에 대한 염원이 표현되어 있는 것을 다시 발견할 수 있다. 이러한 희망이 실현되지 않으면, "전쟁은 혁명적 무질서를 가져올 것이다. 아무도, 이 무질서가 어디서 시작해서 무엇으로 끝날지 얘기할 수 없을 것이다"라고 잡지는 말한다.

영국의 평화주의적 백만장자들이 기회주의자들과 카우츠키 추종자들을 위시하여 그 비슷한 유의, 평화를 동경하는 사회주의자들보다 오늘의 정치에 대해 더 정확히 이해하고 있다. 첫째, 부르주아들은, 기존의 "힘들이 외교를 사실상 지배하는" 동안에는, 즉 자본가계급이 수탈되지 않는 한, 민주주의적 강화에 관한 언사들은 공허하고 우매한 유토피아라는 것을 알고 있다. 둘째, 부르주아지는 향후 전망에 대한 냉정한 평가를 내려, "유혈 혁명"과 "혁명적 무질서"를 내다보고 있다. 부르주아지에게는 사회주의 혁명이 언제나 "혁명적 무질서"로 보인다.

자본주의 나라들의 현실 정치에서는 평화에 대한 공명이 세 종류로 나타나고 있다.

1) 보다 계몽된 백만장자들은 혁명을 두려워하기 때문에 조기 강화를 바란다. 그들은 어떠한 '민주주의적' 강화(무병합의, 그러나 제한된 군비를 동반하는 등)도 자본주의에서는 유토피아라고, 냉정하고 올바르게 묘사하고 있다.

이 소시민적 유토피아를 설파하고 있는 것이 기회주의자와 카우츠키 지지자 등이다.

2) 평화에 대한 막연한 동경을 품고 있는 몽매한 인민대중(소부르주아, 반(半)프롤레타리아, 일부 노동자들 등)은 그러한 동경으로 인해 전쟁에 대한 항의 표출을 확대시켜가고 있다. 그리고 고조되곤 있지만 아직은 막연한 혁명적 감정을 표출하고 있다.

3) 혁명적 사회민주주의자, 즉 프롤레타리아트의 계몽된 전위대가 대중의 감정을 주의 깊게 연구하고, 대중의 커져가는 평화 갈망을 이용하고 있는 것은, 자본주의에서의 '민주주의적' 평화라는 속물적 유토피아를 지지하기 위해서나 박애주의자와 정부 당국과 부르주아지에게 기대를 걸라고 독려하기 위해서가 아니라, 막연한 혁명적 감정에 명확함을 불어넣고 전전(戰前) 정치의 수천 사실들로 대중을 계몽하기 위해서다. 혁명적 사회민주주의자들은 이러한 작업을 대중의 경험과 감정에 근거하여 진척시킴으로써, 자국의 부르주아지와 정부에 대한 대중적인 혁명적 행동의 필요를(그리고 민주주의와 사회주의에 이

르는 단 하나의 길로서 그러한 혁명적 행동이 필요함을) 체계적으로, 확고부동하게 증명할 것이다.

| 《사회민주주의자》 41호, 1915년 5월 1일

순수관념적 국제주의의 붕괴

《나셰 슬로보》가 자신의 국제주의가 진지한 것으로 받아들여지길 바란다면 최소한 분명한 정강을 내야 한다고 우리는 이미 지적했다(《사회민주주의자》 41호[1]를 보라). 《나셰 슬로보》 85호(5월 9일)에는, 마치 우리에게 답한다는 듯이, 《나셰 슬로보》의 파리 주재 편집진과 기고가들의 회의에서 통과된 결의가 발표되었다. 이 회의에서 "편집국원 2인은 결의의 일반적 내용에는 동의하지만, 러시아에서 당내 정치의 조직상의 방법에 대해서는 소수의견을 제출할 것이라는 입장을 밝혔다"고 한다. 이 결의는 정치적 혼란과 박약함을 전형적으로 보여주고 있다는 점에서 아주 주목할 만한 가치가 있다.

《나셰 슬로보》의 결의에는 국제주의라는 말이 거듭 반복해서 나오고 있다. "모든 사회주의적 민속수의 변종들과 이데올로기적으로 완전한 선 긋기"가 선언되었고, 슈투트가르트 결의와 바젤 결의가 인용되었다. 의도야 의심할 바 없이 최고지

[1] 「국제주의자들의 통합 문제」를 보라.—원서 편집자

만, 선언의 내용은 모두 공문구에 지나지 않은데, 왜냐하면 '모든' 현존하는 사회민족주의 변종들과 진정으로 '완전한' 선 긋기를 한다는 것은 가능하지도 않거니와 필요하지도 않기 때문이다. 이는 자본주의의 적이 되기 위해 모든 자본주의적 착취의 변종들을 모조리 열거하는 것이 가능하지도, 필요하지도 않은 것과 마찬가지다. 그러나 주요 변종들, 예를 들어 플레하노프, 포트레소프(《나셰 디엘로》), 분트, 악셀로드, 그리고 카우츠키 같은 변종들과의 명백한 구획선을 긋는 것은 필요하고 가능하다. 결의는 너무 많은 것을 약속하고 있지만, 지키는 것은 아무것도 없다. 결의는 모든 변종들과의 완전한 선 긋기를 불사하겠다고 위협하고 있지만, 그러나 그 중 적어도 가장 중요한 변종들을 이름으로 언급하기는 두려워한다.

영국 의회에서는 이름을 부르는 것이 실례고, 각 국회의원을 그가 대표한다는 선거구 이름을 앞에 붙여 '각하' 또는 '존경해 마지않는 의원님'이라고 부르는 것이 관례라고 한다. 이 《나셰 슬로보》 분들은 얼마나 멋진 영국 마니아들이신가! 얼마나 세련된 외교가들이신가! 그들은 아주 우아하게 문제의 본질을 피해나가고, 자기 생각을 은폐하기 위해 독자들한테는 아주 깍듯하게 격식을 차리고 있다. 그들은 "모든 조직이 ……혁명적 국제주의 원칙을 실행하는 한" 그 조직들 모두에 대한 '우호관계' 유지를(투르게네프(Turgenev) 소설의 한 인물이 표현한 것처럼, "이것이야말로 정말 기조(Guizot)다"[2]) 선언하고 있지만, 이 원칙을 실행하지 않는 조직들에 대해서도 그들은 '우호관계'를 유지하고 있다.

《나셰 슬로보》 사람들이 '이데올로기적으로 선 긋기'를 더욱더 엄숙하게 선포하면 할수록, 그것을 실행에 옮길 의지와 능력은 더욱더 작아진다. '이데올로기적으로 선 긋기'는 그것이 올바로 실행되려면, 사회민족주의가 어디서 왔는지, 그 힘의 근원은 무엇인지, 그리고 그것과 싸울 수단은 무엇인지를 설명하는 것이어야 한다. 사회민족주의자들은 스스로를 사회민족주의자라 부르지 않으며, 자신들이 사회민족주의자임을 인정하지도 않는다. 그들은 익명 뒤에 숨어 노동대중의 눈에 재를 뿌려서 자신들과 기회주의 사이의 연결고리를 감추고 자신들의 배반(실제로는 부르주아지의 편으로 넘어간 것)과 '자'국 정부 및 총참모부와 맺고 있는 동맹관계를 은폐하기 위해 모든 노력을 쏟고 있고, 또 쏟도록 강요받고 있다. 이 동맹에 기반하여 모든 중요한 진지를 틀어쥐고 있는 사회민족주의자들은 어느 누구보다도 더 소리 높여 사회민주주의 당들의 '통일'을 요구하고 있고, 기회주의에 대항하는 모든 이들을 겨누어 분열적 경향들이라는 비난을 가하고 있다. 예를 들어 독일 사회민주당 지도부가 진정한 국제주의의 편에 서 있는 《리히트슈트랄렌 *Lichtstrahlen*》과 《인터나치오날레*Die Internationale*》[3]를 겨냥

---

2 투르게네프의 소설 『처녀지*Virgin Soil*』에 나오는 작중인물인 S읍의 읍장을 가리킨다.—원서 편집자

하여 발표한 최근의 공식 회람장을 생각해보라. 이 잡지들은 혁명가들에 대한 '우호관계'든, '모든 사회민족주의 변종들과 이데올로기적으로 완전한 선 긋기'든 어느 것도 선언할 필요가 없었다. 그들은 곧바로 선 긋기를 시작했고, 그것도 화살이 얼마나 멋지게 급소를 쏴 맞췄는지를 증명하기나 하듯 실로 '모든 변종'의 기회주의자들이 사납게 아우성을 치며 반발할 정도로 선 긋기를 한 것이다.

그러나 《나셰 슬로보》는 어떠한가?

《나셰 슬로보》는 사회민족주의에 반기를 들고 있지만, 이 부르주아적 조류의 가장 위험한 옹호자(카우츠키 같은)를 폭로하지 못하고 있다 보니 여전히 사회민족주의 앞에 무릎을 꿇고 있다. 《나셰 슬로보》는 기회주의에 선전포고를 하지 않았고, 오히려 그에 대해 침묵을 지키고 있다. 사회주의를 그것의 치욕스런 애국주의적 족쇄로부터 해방시키기 위한 그 어떤 실제적 조치도 취하지 않았고, 암시하지도 않았다. 《나셰 슬로보》는 부르주아지에게로 넘어간 자들과의 통일도, 그들과의 단절도, 어느 것도 의무적이지 않다고 말함으로써 사실상 기회주의자들에게 항복해버렸으면서도, 한편으론 자신들이 가공할 노여움을 보여 기회주의자들을 위협했다는 의미로든, 아

---

3   로자 룩셈부르크와 프란츠 메링이 창간한 잡지. 1915년 4월에 베를린에서 1호만 나오고 중단되었다. 1922년에 뮌헨에서 "푸투루스*Futurus*"라는 제호로 발행이 재개되었다.—원서 편집자

니면 기회주의자들에게 친밀하게 손을 흔들어주었다는 의미로든 어느 쪽으로든 해석될 수 있는 아량을 베풀고 있다. 좌익적 언사와 온건한 실천이 버무려진 것을 정교하게 감식하는 눈을 가진 진짜로 능란한 기회주의자들이《나셰 슬로보》의 결의에 답을 하도록 강요받았다면, 아마 그들은 두 편집국원이 밝힌 입장과 비슷한 내용으로 답했을 것이다. 말하자면 "일반적 내용"에는 동의하지만(그들은 확실히 사회민족주의자는 아니기 때문에. 그렇지, 절대 아니지!), "당내 정치의 조직상의 방법"에 대해서는 언젠가 적절한 때에 "소수의견"을 제출할 것이라고. 이 사람 말도 맞고, 저 사람 말도 맞고! 가죽은 탐나고 호랑이는 무섭고!

《나셰 슬로보》의 줄타기 외교술은 러시아 문제를 다루지 않으면 안 되는 상황에 이르자 수포로 돌아가버렸다.

"이제까지의 조건 속에서의 당 통합은 러시아에서 불가능한 것으로 입증되었다"고 결의는 말하고 있는데, 마땅히 이는 노동자계급 당과 합법주의적 청산파 그룹이 통합하는 것은 불가능한 것으로 입증되었다는 의미로 이해되어야 한다. 이것은 청산파를 구하기 위해 결성된 브뤼셀 블록의 붕괴를 완곡하게 인정하는 것이다. 왜《나셰 슬로보》는 이 붕괴를 공공연하게 인정하길 두려워하는가? 왜 이 붕괴의 원인을 공공연하게 노동자들에게 명확히 밝히길 두려워하는가? 그것은 그 전체 참가자들의 정책이 사실상 틀렸음을 블록의 붕괴가 입증해주었기 때문이 아닌가?《나셰 슬로보》가 두(최소한 두) 사회민족주의 '변종'—말하자면 분트파와 조직위원회(악셀로드), 이들 둘다 브뤼셀 블록의 부활에 관한 자신들의 구상과 희망을 밝힌 언론 발표문을 냈다—과의 '우호관계'를 보존하길 바라기 때문이 아닌가?

"새로운 조건은…… 오랜 분파들의 지반을 발밑에서부터 허물어뜨리고 있다……."

그 역이 진실이 아닌가? 새로운 조건은 청산주의를 제거하는 것은 고사하고 그 기본 중핵(《나샤 자리야》)을 흔들어놓지도 못했다. 모든 개인적인 동요와 방향 전환에도 불구하고 말이다. 새로운 조건은 이 중핵과의 의견 차이를 더 심화시키고 격화시켰다. 왜냐하면 이 중핵은 기존의 청산주의에 더하여 사회민족주의로까지 되어버렸기 때문이다!《나셰 슬로보》는 자신들이 그리도 불유쾌하게 여기는 청산주의 문제를 요리조리 피하고 있다. 오랜 것이 새로운 것에 의해 약화되고 있다고《나셰 슬로보》는 단언하지만, 오랜…… 청산주의의 발밑에 있는 새로운 지반, 사회민족주의적 지반에 대해서는 침묵하고 있다! 찔리는 구석이 있는가 보군.

《나샤 자리야》 문제에 대해서는 그것이 이제는 존재하지 않기 때문에 입을 다물겠다고 하고,《나셰 디엘로》 문제에 대해서는 아마 포트레소프와 체레바닌과 마슬로프 일파가 정치적인 의미에서 태어난 지 얼마 안 되는 아기라고 봐도 좋을 것이기 때문에 입을 다물겠다고 한다.

《나셰 슬로보》편집진은 포트레소프 일파만이 아니라 자기 자신도 태어난 지 얼마 안 되는 아기로 간주하려 한다. 이에 대해 들어보자.

과거에 만들어진 분파 그룹 및 분파들끼리 결성한 그룹은 현재의 과도적 시점에서도 선진적인 노동자들을 조직적으로 단결시키기 위한─아무리 불완전하더라도─유일한(!) 거점으로 기능하고 있다는 사실에 직면하여, 우리 《나셰 슬로보》는 다음과 같은 의견을 갖고 있다. 국제주의자들을 통합시키기 위한 《나셰 슬로보》의 기본적인 활동이 올바로 이루어지기 위해서는, 《나셰 슬로보》신문이 오랜 당내 그룹들 중 어느 한 그룹에 직접적으로든 간접적으로든 조직적으로 굴복하는 것도, 《나셰 슬로보》의 지지자 동지들을 오랜 그룹들에 정치적으로 대립하는 별도의 분파 그룹으로 인위적으로 단결시키는 것도, 모두 배제해야 한다고 생각한다.

이건 무슨 뜻인가? 이걸 어떻게 받아들여야 할까? 새로운 조건이 오랜 그룹들을 약화시키고 있으니까, 그러므로 오랜 그룹들을 유일한 실재적인 것으로 인정한다! 새로운 조건이 청산주의적 원칙 위에서가 아니라, 국제주의 위에서 새로운 그룹을 요구하니까, 그러므로 국제주의자들의 어떠한 단결도 "인위적"인 것이라 거부한다. 정치적 무기력의 극치다!

200일간이나 국제주의를 설파한 뒤, 《나셰 슬로보》는 자신의 완전한 정치적 파산을 시인했다. 오랜 그룹들에게 "굴복"하는 것도(왜 "굴복" 같은 겁에 질린 단어를? 왜 '동조', '지지', '연대'는 아니고?), 새로운 그룹을 만드는 것도, 어느 것도 원치 않는다. 우리는 계속 옛 방식으로 청산주의 그룹들 속에서 살 것이라고 《나셰 슬로보》는 말한다. 청산주의 그룹들에게 "굴복"하면서, 한편으로는 《나셰 슬로보》 신문을 국제주의적 공문구를 위한 노골적인 광고판으로 사용하거나, 그렇지 않으면 그러한 공문구로 우거진 정원이 있는 산책로로 삼는다. 거기서 《나셰 슬로보》의 필자들이 쓰기를 하면, 《나셰 슬로보》의 독자들은 읽기를 할 것이다.[4]

200일 동안 이 사람들은 국제주의자의 단결에 대해 이야기해왔지만, 아무도 단결시킬 수 없다는, 심지어 자신들, 《나셰 슬로보》의 편집진과 기고가 자신들도 단결시킬 수 없다는 결론에 도달하여, 이러한 단결을 "인위적"이라고 선언한 것, 오직 이것이 전부다. 포트레소프와 분트파와 악셀로드에게 이 얼마나 반가운 활력소인가! 그리고 이 얼마나 능란한 노동자 기만술인가! 겉으로는 쩌렁쩌렁한 국제주의적 언사가, 닳아빠진 오

---

4   살티코프-시체드린(Saltykov-Shchedrin)의 "Miscellaneous Letters"에
    나오는 구절을 따온 것이다. "쓰기는 필자의 일이다. 독자의 일은 읽기를
    하는 것이다."—원서 편집자

래된 그룹들을 떨쳐버린 진정으로 비분파적인《나셰 슬로보》
로부터 울려퍼져나온다. 그러나 속으로는, 그 오랜 그룹들이
'유일한' 단결의 거점이다.

이제 스스로도 인정하는《나셰 슬로보》의 이데올로기적·
정치적 파산은 우연이 아니라, 현실의 세력 연합을 대수롭지
않게―입으로는―취급하려는 헛된 시도가 낳은 불가피한 결
과다. 러시아의 노동계급 운동에서 이 세력 연합은 청산주의·
사회애국주의 조류(《나셰 디엘로》)가 마르크스주의적 사회민주
노동당을 상대로 벌이고 있는 투쟁으로 표현된다. 1912년 1월
회의5에 의해 재건되었고, (노동자 선거구에서) 4차 두마 선거에
의해 강화되었고, 1912~4년의《프라우다》계 신문들에 의해
통합되었고, 두마에서 러시아 사회민주노동당 의원단에 의해
대표된 마르크스주의적 사회민주노동당을 상대로 말이다. 이
당은 부르주아적인 청산주의 조류에 대한 투쟁을, 결코 청산
주의 조류 못지않게 부르주아적인 사회애국주의 조류와의 투
쟁을 통해 계속해왔다. 이 당, 우리 당의 방침이 올바르다는 것
은 현 유럽 전쟁의 방대한 세계사적인 경험에 의해 확실히 입
증되었다. 그리고 최근에《나셰 슬로보》자원에서 벌인 1천 1
번째의 비분파적 통합 시도라는 그저 그런 작은 경험에 의해
서도 증명되었다. 이 통합 시도는 대실패를 맞았고, 그럼으로

5 1912년 1월 5~17일(18~30일)에 프라하에서 열린 러시아 사회민주노동
   당 6차 (프라하) 전국협의회를 가리킨다.―원서 편집자

써 '순수관념적' 국제주의자들에 관한 베른 회의의 결의(《사회민주주의자》 40호)를 확인시켜주었다.[6]

진정한 국제주의자들은 오래된 청산주의 그룹들에 남아 있는(노동자들에게 그 사실을 숨기면서) 것도, 모든 그룹들 외부에 머물러 있는 것도, 어느 것도 바라지 않을 것이다. 그들은 우리 당 쪽으로 찾아올 것이다.

| 《사회민주주의자》 42호, 1915년 5월 21일

---

6 「러시아 사회민주노동당 재외지부 회의」(이 책에 수록―편집자)를 보라.―원서 편집자

사회배외주의와의 투쟁에 대하여

사회배외주의와의 투쟁이라는 중차대한 문제에 대한 가장 흥미로운 최신 자료가 최근에 베른에서 정회된 국제사회주의 여성대회에 의해 제공되었다.[1] 독자들은 아래에서 이 대회의 기사와 두 결의안—하나는 채택된 것이고, 다른 하나는 부결된 것—본문을 볼 것이다. 이 글에서는 문제의 한 측면만을 논의하고자 한다.

　　조직위원회 소속의 여성단체들을 대표하는 여성들, 네덜란드의 트룰스트라당의 여성들, 《베르너 타그바흐트》에 적대적인—그 신문의 이른바 과도한 좌익적 편향 때문에—단체들을

[1]　1915년 3월 26~28일에 베른에서 열린 이 대회에서는 전쟁에 대한 태도 문제를 다루었다. 회의 소집은 러시아 사회민주노동당 중앙위원회 소속의 여성단체들이 밝의했고, 국제 여성운동 시노자 클라라 체트킨(Clara Zetkin)이 회의 참가를 독려했다. 영국, 독일, 프랑스, 네덜란드, 스위스, 러시아, 폴란드에서 온 21명의 대표자가 출석했는데, 러시아 대표단에는 N. K. 크룹스카야(Krupskaya)와 이네사 아르망(Inessa Armand)이 포함되었다.

　　이 회의에 관한 보고는 《사회민주주의자》 42호(1915년 6월 1일) 증보판에 실렸다.—원서 편집자

대표하는 스위스 여성들, 사회배외주의적 입장을 견지하는 것으로 알려진 공식 당과 일절 중요한 지점에서는 의견을 달리하길 꺼려하는 프랑스 대표 1인, 평화주의와 혁명적 프롤레타리아 전술 사이에 명확히 일선을 긋는다는 생각에 대해 적대적인 영국 여성들, 이들 모두가 독일 사회민주당 '좌파' 여성들과 하나의 결의안에서 의견일치를 이뤘다. 우리 당 중앙위원회와 연결된 여성단체 대표들은 그들과 의견을 달리하여, 이러한 종류의 블록에 가담하기보다 차라리 당분간 고립 상태로 남아 있기를 택했다.

이 의견불일치의 본질은 무엇인가? 이 대립에 어떤 원칙과 어떤 일반적인 정치적 의미가 내포되어 있는가?

기회주의자들과 좌파의 일부를 하나로 묶은 이 중도적 결의안은 언뜻 보면, 매우 적절하고 원칙적으로 옳은 것처럼 보인다. 현 전쟁은 제국주의 전쟁이라는 선언이 있었고, '조국 방위' 사상에 대한 규탄이 있었고, 노동자들에게 대중시위를 호소한다는 방침도 있었고, 등등. 우리의 결의안이 다른 지점은 단지 몇몇 표현상에서 좀 더 날카로운 용어들, 예를 들어 '배반', '기회주의', '부르주아 정부로부터의 탈퇴' 등과 같은 용어들을 사용한 것 정도로 보일지도 모르겠다.

우리 당 중앙위원회와 연결된 여성단체 대표자들의 회의 철수를 향해 비판이 가해질 것이라고 하는데, 의심할 바 없이 바로 이러한 관점에서의 비판—그런 표현상의 차이 정도로 철수하는 것이 맞느냐 하는 비판—일 것이다.

그러나 이러저러한 진실에 대한 순전히 '형식'상의 인정에 국한하지 말고, 이 문제에 좀 더 주의를 기울여서 보면, 그 같은 비판이 전혀 근거 없는 것임을 알게 될 것이다.

회의에서는 두 개의 세계관, 전쟁과 인터내셔널의 임무에 대한 두 개의 평가, 두 개의 프롤레타리아 당 전술이 충돌했다. 그 중 하나의 견해는 이렇다. 인터내셔널의 붕괴 같은 것은 없다. 배외주의에서 사회주의로 복귀하는 데에는 어떤 심각하고 중대한 장애물도 없다. 기회주의라는 형태의 강력한 '내부의 적' 같은 것은 없다. 기회주의에 의한, 사회주의에 대한 직접적이고 명백한 배신 같은 것은 없다. 여기서 도출되는 결론은 다음과 같은 말로 정리될 수 있겠다. 아무도 비난하지 말자. 슈투트가르트 결의와 바젤 결의를 위반한 사람들을 '사면'하자. 향후 진로를 보다 좌쪽으로 잡을 것과 대중시위를 호소할 것을 그냥 권고만 하자.

다른 하나의 견해는 위에서 열거한 모든 조항에서 앞의 견해와 정반대다. 기회주의자와 사회배외주의자를 향한 당내 외교의 계속(그들을 향한 당내 외교를 국제회의에서 계속하기)보다 프롤레타리아 대의에 더 유해하고 더 재앙적인 것은 없다. 다수파의 결의안은 기회주의 파 대표자들과 현재의 공식 당 지지자들이 충분히 받아들일 수 있는 것으로 판명되었는데, 바로 외교 정신으로 철저히 일관해 있기 때문이다. 현재 공식 사회애국주의자들의 지도하에 있는 노동대중의 눈에 재를 뿌리는 데 바로 그 같은 외교술이 사용되고 있다. 지금의 사회민주당들이—그리고 그들의 현 지도부가—자신의 그릇된 진로를 버리고 올바른 진로를 취하는 것이 가능하다는 절대적으로 그릇되고 유해한 생각이 노동대중에게 심어지고 있는 것이다.

그것은 사실이 아니다. 아주 지독한 치명적 착각이다. 현재의 사회민주당들과 그 지도부들은 자신들의 진로를 진지하게 변경하는 것이 가능하지 않은 자들이다. 실제로는 모든 것이 전과 다름없이 그대로일 것이다. 다수파의 결의안에 표현되어 있는 '좌익적' 소망은 여전히 순진한 소망으로 남아 있을 것이다. 이러한 현실을 저들은 본능적으로 안 것이다. 트룰스트라의 당의 지지자들과 프랑스 당의 현 지도부의 지지자들이 그 같은 결의안에 찬성 투표를 한 것은, 저 언제나 틀리지 않는 정치적 본능으로 이러한 현실을 곧바로 간파해서다. 현 사회민주당 지도부들이 그 결의안을 아주 적극적으로 지지하는 경우에나 비로소 대중시위에 대한 호소가 진지하고 실제적인 의의를 지닐 수 있다.

이 같은 지지를 기대할 수 있을까? 명백히 없다. 그와 같은 호소가 지도부로부터 지지를 받는 것이 아니라, 완강한(그리고 대개는 은밀한) 반대에 봉착할 것이라는 것은 상식이다.

노동자들이 이 얘기를 직접적인 방식으로 듣는다면, 그때는 진실을 알게 될 것이다. 노동자들은, '좌익적' 소망을 유효하게 만들기 위해서는 사회민주당들의 진로를 근본적으로 바꿀 필요가 있다는 것을, 기회주의자들과 그들의 '중앙파'(중도주의) 맹우들에 대한 아주 완강한 투쟁이 필요하다는 것을 알게 될 것이다. 그런데 지금까지의 실정으로 볼 때 '좌익적' 소망이 노동자들을 달래서 안심시키는 역할이나 해온 상황에서 이 회의는 어떻게 했는가? 그러한 소망이 실현되려면 반드시 맞서 싸우지 않으면 안 되는 악(惡)에 대해 그 이름을 큰 소리로 명확히 불러야 하는데, 회의는 이를 거부한 것이다.

현재 사회민주당들 내에서 배외주의 정책을 선도하고 있는 외교적인 지도자들은 다수파 결의안의 유약함과 우유부단함과 명확성의 부족 등을 능숙하게 이용할 것이다. 영악한 의회주의자들인 그들은 자기들끼리 역할 분담을 할 것이다. 그들 중 일부는 카우츠키와 그 일파의 '진지한' 논거가 제대로 평가, 분석되지 않았고, 따라서 보다 확대된 모임에서 논의되어야 한다고 말할 것이다. 다른 일부는 또 이렇게 말할 것이다. "뿌리 깊은 차이 같은 것은 존재하지 않는다고 우리가 말했을 때 우리 얘기가 옳지 않았는가? 트룰스트라의 당과 게드-셈바의 당의 여섯 지지자들이 독일 당의 좌파 여성들에게 동의할 수 있었던 것을 보면 말이다."

그 여성회의는 샤이데만(Scheidemann), 하제(Haase), 카우츠키, 반데르벨데, 하인드먼, 게드, 셈바, 플레하노프 등이 노동 대중의 경계심을 무디게 하는 것을 돕지 말았어야 한다. 그와는 반대로 노동대중을 분기시키고 기회주의와의 단호한 전쟁을 선포했어야 한다. 오직 이렇게 했을 경우에만 결과가, 위에서 거명한 '지도자들'이 '교정'을 할 것이라는 헛된 희망으로가 아니라, 힘들고 쓰디쓴 투쟁을 위한 세력의 결집으로 나타났을 것이다.

기회주의자들과 '중도주의자들'이 슈투트가르트 결의와 바젤 결의를 어떻게, 어떤 방식으로 위반했는지를 생각해보라. 이것이 문제의 핵심이다. 명확하게, 외교술은 빼고, 실제로 무슨 일이 일어났는지를 그려보려고 해보자.

인터내셔널은 전쟁을 예견하여 회의를 열고, 전쟁이 발발하면 "자본주의의 붕괴를 앞당기기 위해" 활동할 것을 만장일치로 결정한다. 또한 코뮌의 정신과 1905년 10월 및 12월의 정신 (정확히 바젤 결의의 표현이다!)으로, 그리고 "일국의 노동자가 다른 일국의 노동자에게 발포하면", 그것을 '범죄'로 간주한다는 정신으로 활동할 것을 만장일치로 결정한다.

국제주의적이고 프롤레타리아 혁명적인 정신에 입각한 활동방침이 여기에 완벽히 명확하게, 합법성의 한계 내에서 더할 나위 없이 명확하게 명시되어 있다.

그러고 나서 전쟁이 발발했다. 바젤에서 예견한 바로 그러한 종류의, 바로 그러한 방향으로의 전쟁이 일어난 것이다. 공식 당들은 정반대의 정신으로 행동했다. 국제주의자가 아니라 민족주의자처럼, 프롤레타리아적 방식으로가 부르주아적 방식으로, 혁명적 방향으로가 아니라 초기회주의적인 방향으로. 우리가 노동자들에게 이것은 사회주의의 대의를 정면으로 배반하는 짓이라고 말한다면, 그렇게 함으로써 우리는 카우츠키와 악셀로드 식의 모든 발뺌과 얼버무림, 모든 궤변을 일소하고, 악의 깊이와 강도를 명확히 드러내 보이며, 이 악과의 화해가 아니라 투쟁을 명확히 호소하는 것이 된다.

그런데 다수파의 결의안은 어떠한가? 배반자에 대한 비난의 말이나 기회주의에 관한 언급은 한 마디도 없고, 그냥 바젤 결의에 표현되어 있는 사상의 단순 반복만 있을 뿐이다! 중대한 것은 아무것도 일어나지 않았다거나, 그냥 기존 결의의 반복만으로 충분한 우연적이고 사소한 오류가 있었을 뿐이라거나, 또는 필연적인 것도, 원칙적인 것도 아닌, 그런 수준의 의견 불일치라서 충분히 덮고 넘어갈 수 있다거나 라는 식으로 혹자는 생각할지 모른다!

그러나 이것이야말로 인터내셔널의 결정에 대한 노골적인 우롱이 아닌가. 노동자들을 우롱하는 것이 아닌가. 사회배외주의자들은 실제로 그 어느 것도 변경하지 않으려고 기존 결정을 단순히 반복하는 것 외에는 그 어떤 것도 사실상 할 생각이 없다. 이것은 사실상 사회배외주의자들에 대한 사면이다. 즉 현재의 당들의 사회배외주의적 다수파에 대한 암묵적이고 위선으로 은폐된 사면인 것이다. 이 길을 걸으면서 몇 가지 좌익적 언사에 스스로를 가둔 많은 이들이 있다는 것을 우리는 알고 있다. 그러나 우리는 그들의 길을 가지 않을 것이다. 우리는 다른 길을 걸어왔고, 계속 그 길을 갈 것이다. 우리는 기회주의와 사회배외주의에 대한 비타협적인 태도를 견지하는 정신으로 노동계급 운동과 노동자계급 당의 실제 건설을 돕고자 한다.

독일 여성 대표들 중 일부의 경우, 완전히 명확한 결의안을 두려워한 이유가 하나의 당 내에서의—말하자면 자신들의 당 내에서의—배외주의와의 투쟁의 **템포** 문제를 단지 고려한 때문인 것으로 보인다. 그러나 그와 같은 고려는 명백히 상황에 맞지도 않을 뿐만 아니라 그 자체로 오류인데, 왜냐하면 국제 결의는 **개별** 나라 내에서의 사회배외주의와의 투쟁의 템포나 구체적 조건 같은 것을 다루지 않았고, 다룰 수도 없었기 때문이다. 이 분야에서는 각 당의 자율성이 시빗거리가 될 수가 없다. 사회민주주의 활동의 방향과 성격 전반에 드리워져 있는 사회배외주의와 되돌릴 수 없는 단절을 국제적 연단으로부터 선언할 필요가 있었다. 그런데 다수파의 결의안은 이렇게 하기보다는 오히려 기존의 과오를, 즉 기회주의 및 언행 불일치를 외교적으로 덮어 가린 제2인터내셔널의 과오를 다시 한 번 반복했다. 되풀이하지만, 우리는 이 길을 가지 않을 것이다.

| 《사회민주주의자》 42호, 1915년 6월 1일

제2인터내셔널의 붕괴

인터내셔널의 붕괴를 단순히 그 문제의 형식적 측면에서 이해하는, 말하자면 교전국 사회주의 당들 간의 국제적 소통이 단절되었다든가 국제회의나 국제사회주의사무국을 소집하는 것이 불가능하게 되었다든가 등의 문제로 이해하는 경우들이 꽤나 많다. 이것은 군소 중립국의 사회주의자들이 가지고 있는, 어쩌면 심지어 그 중립국들 공식 당의 다수파가 가지고 있는 관점이며, 또한 기회주의자들 및 그들의 옹호자들의 관점이기도 하다. 러시아 출판물로는 분트파의 《정보회보》 8호에서 코솝스키 씨가 정말 깊은 감사를 표해야 할 만큼 솔직한 방식으로 이러한 입장을 옹호했다(《정보회보》의 편집진도 필자의 의견에 동의하지 않는다거나 필자 개인 의견일 뿐이라는 등의 언급 같은 것은 전혀 없었다). 심지어 전쟁공채에 찬성 투표를 한 녹일 사회민주주의자들을 정당화하는 지점으로까지 나아간 코솝스키 씨의 민족주의 옹호론이 수많은 노동자들로 하여금 마침내 분트파의 부르주아 민족주의적 속성을 깨닫게 하는 역할을 해주기를 우리는 기대해보자.

계급적으로 각성한 노동자들에게 사회주의는 진지한 신념이지, 소부르주아 협조주의적 지향 및 민족주의적인 반정부적 지향을 숨겨주는 편리한 보호막이 아니다. 인터내셔널의 붕괴를, 계급적으로 각성한 노동자들은 자신들의 신념이 대다수 공식 사회민주주의 당들에 의해 치욕스럽게 배신당한 것으로 보고 있다. 슈투트가르트와 바젤 국제대회의 연설과 결의들에 담긴 그 엄숙한 선언들에 대한 배신 행위로 인터내셔널의 붕괴를 이해하고 있는 것이다. 이러한 배신 행위를 인정하고 싶지 않거나, 또는 그것을 인정하는 것이 자신들에게 이익이 되지 않는다고 보는 사람들만이 그 배신 행위가 보이지 않을 것이다. 만약 우리가 과학적인 방식으로, 즉 현대 사회에서의 계급 관계라는 시각에서 문제를 정식화한다면, 대다수 사회민주주의 당들이, 그리고 무엇보다도 그 정점에 있는 독일 사회민주당—제2인터내셔널에서 가장 크고 가장 영향력 있는 당—이 프롤레타리아트에 대항하여 '자'국 총참모부와 '자'국 정부와 '자'국 부르주아지의 편에 섰다고 말하지 않으면 안 될 것이다. 이것은 세계사적인 중요성을 갖는 사건으로, 이것을 이해하는 데는 전면적인 분석이 필요하다. 전쟁은 그것이 수반하는 공포와 참화에도 불구하고 적어도 다음과 같은 다소간에 중요한 이득을 가져다준다고 오래전부터 인정되어왔다. 즉 전쟁은 부패하고 낡고 쓸모가 없어진 많은 인간 사회의 제도들을 가차 없이 폭로하고 파괴한다는 것이다. 1914~5년의 유럽 전쟁은 문명국들의 선진 계급에게 얼마나 더러운 종기가 그들의 당 내에서 곪아터지도록 자라왔는지, 또한 참을 수 없을 정도로 지독한 악취의 근원이 어디인지를 드러내 보여줌으로써 의심할 바 없이 얼마간의 좋은 일을 하기 시작한 것이다.

I

유럽의 주요 사회주의 당들이 자신의 신념과 임무를 모두 저버리고 변절했다는 것은 사실인가? 물론 이것은 배반자들이나, 또는 그들에 대해 우호적이고 관대한 태도를 취하지 않으면 안 된다는 점을 잘 알고 있는—또는 미루어 짐작하는—사람들은 모두가 쉽사리 논의하려 들지 않는 문제다. 그러나 그것이 제2인터내셔널의 여러 '권위자들'이나 러시아 사회민주주의자들 내 그들의 추종자들에게 아무리 유쾌하지 못한 문제일지라도 우리는 사실을 직시하고 사물을 그 올바른 이름으로 불러야 한다. 우리는 노동자들에게 진실을 말해야 한다.

지금의 전쟁이 일어나기 전에 사회주의 당들이 전쟁을 예상하여 자신의 임무와 자신의 전술을 어떻게 바라보고 있었는지를 보여주는 사실자료들은 존재하는가? 의심할 바 없이 존재한다. 사회주의의 망각된 이상을 상기시키는 이러한 자료로서 1912년 바젤 국제사회주의대회에서 채택된 결의가 있다. 우리는 그것을 같은 해에 개최된 독일 사회민주당 쳄니츠 대회에서 채택된 결의[1]와 함께 본지에 다시 싣는다. 이 결의는 모든 나라에서 나온 방대한 반전 선전·선동 문헌을 총괄한 것으로, 전쟁 및 전쟁에 대한 전술과 관련하여 가장 정확하고 완전한, 가장 엄숙하고 가장 정식화된 사회주의적 견해다.

어제의 인터내셔널의 권위자들이나 오늘의 사회배외주의자들 그 누구도—하인드먼과 게드, 카우츠키와 플레하노프 그 누구도—감히 그들의 독자들에게 그 결의를 상기시키려 하지 않는다는 점을 보면 이를 배신 행위라고 규정할 수밖에 없을 것이다. 그들은 그 결의에 관해 침묵하거나 아니면 (카우츠키처럼) 별로 중요하지 않은 부분만을 떼어내 인용하고 실제로 중요한 부분들에 대해서는 일절 언급을 회피한다. 한편으로 가장 '좌익적'이고 가장 혁명적인 결의, 그리고 다른 한편으로 이 결의에 대한 가장 파렴치한 망각 또는 폐기, 이것이 인터내셔널의 붕괴를 보여주는 가장 생생한 모습 중의 하나다. 또한 동시에 이것은 지금까지의 위선을 영속시키려는 교활한 욕망을 이례적인 소박함으로 가장하려는 사람들만이 오늘 결의만으로 사회주의가 '정정'될 수 있고, '사회주의의 방침도 바로잡을

I   1912년 9월 15·21일에 개최된 독일 사회민주당 쳄니츠 대회는 「제국주의에 관하여On Imperialism」라는 결의안을 통과시켰는데, 이 결의는 제국주의 국가들이 "파렴치한 약탈과 병합 정책"을 추구하고 있다고 밝히며, "보다 큰 노력을 기울여 제국주의와 투쟁할 것"을 당에 촉구했다.
　　1차 세계대전 동안 제2인터내셔널 지도자들은 특히 쳄니츠 대회에서 채택된 것과 같은 국제사회주의대회의 결정을 위반하며 변절의 길을 걸었다.—원서 편집자

수 있다'고 믿을 뿐임을 보여주는 가장 설득력 있는 증거다.

전쟁 전에 하인드먼이 제국주의 옹호로 전향했을 때 모든 '존경받는' 사회주의자들이 그를 균형감각을 잃은 괴짜 정도로 여겼으며 누구도 그에 대해 경멸조 이상으로 언급하지 않았던 것이 겨우 어제 일이라고 사람들은 말할지 모른다. 오늘 모든 나라의 가장 저명한 사회민주주의 지도자들은 완전히 하인드먼과 같은 입장으로 추락해버렸고, 단지 의견의 농도와 기질에서만 서로 차이가 날 뿐이다. 예를 들어, 카우츠키 '동지'에 대해서는 존경심(또는 비굴함?)을 가지고 말하면서—또는 아무것도 말하지 않으면서—하인드먼 '씨'에 대해서는 경멸감을 가지고 글을 쓰는 《나셰 슬로보》 필자들과 같은 분들의 시민적인 용기를 평가하거나 묘사하는 데 도무지 적합한 의회식의 표현법을 발견할 수가 없는 것을 어찌해야 할까. 그러한 태도가 사회주의에 대한, 그리고 일반적으로 자신의 신념에 대한 존중과 조화될 수 있는가? 만일 당신이 하인드먼의 배외주의가 거짓되고 유해하다고 확신한다면, 당신은 마땅히 그러한 견해의 옹호자로서 보다 영향력 있고 더 위험한 카우츠키에게로 당신의 비판과 공격의 화살을 돌리는 것이 맞지 않은가?

게드의 견해는 최근에 게드주의자인 샤를 뒤마(Charles Dumas)가 쓴 『우리가 바라는 평화The Peace That We Desire』라는 소책자에서 다른 어느 곳에서보다도 더 상세하게 설명된 바 있다. 물론 이 "쥘 게드 내각의 수상"—저자인 뒤마가 소책자의 속표지에서 자신을 이렇게 칭했다—은 사회주의자들의 이제까지의 성명을 애국적 정신으로 '인용'하고 있지만(독일의 사회배외주의자 다비트(Eduard David)도 조국 방위에 관한 그의 최근 소책자에서 그런 식으로 하고 있다), 바젤 선언은 한 마디도 인용하지 못한다! 진부한 배외주의 논리를 아주 우쭐대면서 쏟아내는 플레하노프도 마찬가지로 바젤 선언에 대해서는 침묵하고 있다. 카우츠키 역시 플레하노프와 똑같은 행태를 보이고 있다. 그는 바젤 선언을 인용하는 경우에도 모든 혁명적인 구절들(즉 빠뜨릴 수 없는 모든 중요한 내용!)은 아마 검열제도를 핑계로……누락한다. 검열제도를 통해 계급투쟁이나 혁명에 대한 어떠한 언급도 금지하고 있는 경찰 및 군 당국이 시기적절하게도 사회주의의 배신자들에게 도움을 주고 있는 것이다!

혹시 바젤 선언이 오늘의 구체적 전쟁과 직접적인 관련을 갖는, 역사적으로든 전술적으로든 분명한 내용이 결여된 공허한 격문에 불과한 것은 아닌가?

진실은 그 정반대다. 바젤 결의는 다른 어떤 결의들에 비해서도 한가한 웅변을 배제하고 정식화된 내용을 중심으로 담아냈다. 바젤 결의는 지금 발발한 바로 그 동일한 전쟁에 대해서, 1914~5년에 불타오른 **제국주의적 분쟁**에 대해서 말하고 있다. 발칸 반도를 둘러싼 오스트리아와 세르비아 간의 분쟁, 알바니아를 둘러싼 오스트리아와 이탈리아 간의 분쟁 등과 시장 및 식민지 일반을 둘러싼 영국과 독일 간의 분쟁, 아르메니아와 콘스탄티노플을 둘러싼 러시아와 터키 간의 분쟁 등, 이 모든 것이 바로 바젤 결의가 현 전쟁을 예견하여 언급하고 있는 사건들이다. 바로 이 결의로부터 나오는 결론은 '유럽의 대국들' 간의 현 전쟁이 "적어도 인민에게 이익이 된다는 구실로 정당화될 수 있는 여지는 조금도 없다"는 것이다.

그리고 만일 플레하노프와 카우츠키—우리에게 알려진 가장 전형적이고 권위 있는 사회주의자 가운데 두 사람을 예로 들어보자. 한 사람은 러시아어로 글을 쓰는 반면, 다른 한 사람의 글은 청산주의자들에 의해 러시아어로 번역되어 있다—가 지금 (악셀로드의 도움으로) 전쟁에 대한 온갖 종류의 '국민적인 정당화'(또는 차라리 부르주아 저질 언론으로부터 따온 저속한 정당화 논리들)를 찾고 있다면, 또 그들이 식자연하는 태도와 마르크스 저작에 대한 일련의 거짓된 인용을 '전례들'로 내세워 1813년과 1870년의 전쟁(플레하노프)이나 1854~71년, 1876~7년, 1897년의 전쟁(카우츠키)을 내세워 구실로 삼는다면, 실로 사회주의적 신념이라곤, 사회주의적 양심이라곤 조금도 없는 사람들만이 그러한 논리들을 진지하게 취급할 수 있을 것이며, 그러한 사람들만이 그 논리들을 전무후무한 궤변과 위선과 사회주의의 모독이라고 부르는 데 어려움을 느낄 수 있을 것이다! 독일 사회민주당 집행부가 메링과 로자 룩셈부르크의 새로운 잡지 《인터나치오날레》에 대해 그것이 카우츠키를 정직하게 비판했다는 이유로 파문하는 것도 내버려두기로 하자. 반데르벨데와 플레하노프와 하인드먼과 그의 동료들이 자신들에 대한 반대자들을 연합국 경찰의 도움을 받아 동일한 방식으로 다루는 것도 내버려두도록 하자. 우리는 여기에 대해서 단지 바젤 선언을 재출판하는 것으로 응답할 것이다. 그것만으로도 이들 지도자들이 오직 배신이라고 부를 수밖에 없는 길을 택했다는 사실이 입증될 것이다.

바젤 결의는 민족전쟁이나 인민전쟁—그 사례들이 유럽에서 일어났는데, 그러한 전쟁들은 1789~1871년 기간에 전형적이기까지 한 전쟁이다—또는 사회민주주의자들이 결코 부정하지 않는 혁명전쟁에 대해 말하고 있는 것이 아니다. '자본주의적 제국주의'와 '왕조적 이해관계'의 결과물, 즉 교전국 양대 진영—독일·오스트리아 진영과 영국·프랑스·러시아 진영—이 추구한 '정복 정치'의 결과물인 현 전쟁에 대해 말하고 있는 것이다. 플레하노프와 카우츠키 및 그의 동료들은 이러한 식민지 쟁탈을 위한 제국주의적·약탈적 전쟁을 인민전쟁, 방위전쟁으로 묘사하기 위해 전력을 기울이고 있는 각국 부르주아지의 이기적인 거짓말들을 반복함으로써 노동자들을 드러내놓고 속이고 있다. 그들은 비(非)제국주의적 전쟁의 역사 사례들을 인용하여 이 전쟁을 정당화하고자 한 것이다.

현 전쟁의 제국주의적이고 약탈적이며 반프롤레타리아적인 성격에 관한 문제는 순전히 이론적인 단계를 넘어선 지 이미 오래다. 제국주의의 모든 주요 특징에 대해서는 이론적으로 충분히 검토, 평가되었고, 그리하여 노쇠하고 사멸해가는 부르주아지가 세계의 분할과 '소'민족들의 예속화를 위해 벌이는 투쟁으로 제국주의를 규정하기에 이른 것이다. 이러한 결론은 모든 나라의 방대한 사회주의 출판물에서 수천 번이나 반복되어왔다. 예를 들어 우리의 '연합'국들 가운데 한 나라의 대표자인 프랑스의 들레지(Delaisi)는 자신의 소책자 『임박한 전쟁(1911년!)*The Impending War(1911!)*』에서 현 전쟁의 약탈적 성격을 프랑스 부르주아지와 관련하여 평이한 언어로 설명한 바 있다. 그러나 그것이 전부는 아니다. 바젤에서 각국 프롤레타리아 당의 대표자들은 제국주의적 성격의 전쟁이 임박했다는 그들의 부동의 신념을 만장일치로 정식 표명했고, 그로부터 전술상의 결론을 끌어냈다. 다른 무엇보다도 바로 이와 같은 이유 때문에 우리는 일국적 전술과 국제적 전술의 구별 문제가 충분히 토의되지 않았다는 등의 구실(《나셰 슬로보》 87호와 90호에 실린 악셀로드의 최근 인터뷰를 보라)에 대해서는 모두 궤변으로 간주하여 단호히 거부해야 한다. 이것은 왜 궤변인가? 제국주의에 대한 전면적인 과학적 분석과 자본주의적 제국주의에 대항하는 사회주의적 전술 원칙은 아주 다른 문제다. 그러한 분석은 아직도 진행 중이며, 본질적으로 과학 자체만큼이나 범위가 무한하다. 반면 제국주의에 대한 전술 원칙은 수백만 부의 사회민주주의 신문들과 인터내셔널의 결정을 통해 개진되어왔다. 사회주의 당은 토론클럽이 아니라 투쟁하는 프롤레타리아트의 조직이다. 다수의 예하 부대들이 적에게로 넘어가버렸다면, 사회주의 당은 그들을 배반자로 부르고 배반자의 낙인을 찍어야 한다. 우리는 또한, '모두가 제국주의를 같은 방식으로 이해한 것은 아니다'라거나, 배외주의자 카우츠키와 배외주의자 쿠노(Cunow)가 제국주의에 대해 책을 여러 권 쓸 수 있다거나, 그 문제는 아직까지 '충분히 토의되지' 않았다거나 하는 등의 위선적인 주장에 넘어가서는 안 된다. 자본주의에 대해 그 약탈적 속성의 모든 측면에 걸쳐서, 그리고 그 역사적 발전 및 국가별 특질의 극히 미세한 모든 분화에 이르기까지 완전하고도 남김 없이 연구하는 것은 결코 가능하지 않을 것이다. 학자들(특히 현학자들)이야 세부적 사항들을 놓고 논쟁하는 것을 결코 멈추지 않을 것이다. 이것을 이유로 자본주의에 대한 사회주의적 투쟁을 포기하고, 그 투쟁을 배반한 자들에 맞서 싸우기를 단념한다면 이는 조롱거리가 될 것이다. 그러나 카우츠키와 쿠노와 악셀로드와 그들의 동료들이 우리에게 권유하고 있는 일이 바로 그런 것이 아니고 무엇이겠는가?

전쟁이 발발하고 난 지금, 바젤 결의를 검토하여 그것이 오류임을 증명하려는 시도라도 한 사람은 이 무도 없다.

II

그러나 아마도 성실한 사회주의자들은 전쟁이 혁명적 정세를 창출할 것이라는 기대 속에서 바젤 결의를 지지했을 테지만, 이후의 사태는 그들에게 혁명이 불가능한 것이라는 반증을 제시하고 있지는 아니한가?

반증 운운하는 이 같은 궤변을 가지고 쿠노는 (『당의 붕괴? *Collapse of the Party?*』라는 소책자를 비롯해 일련의 논설들에서) 자신이 부르주아지 진영으로 탈주한 것을 정당화하려고 했다. 카우츠키를 필두로 하는 거의 모든 사회배외주의자들의 글들이 비슷한 '논리'를 펼치고 있다. 혁명에 대한 희망은 환상으로 판명되었고, 따라서 환상을 위해 싸우는 것이 마르크스주의자가 할 일은 아니라고 쿠노는 주장한다. 그러나 이 스트루베(Struve)주의자[2]는 바젤 선언에 서명한 모든 사람들이 공유하고 있는 '환상'에 대해서는 한 마디도 말하지 않는다. 그는 자신이 아주 이성적인 정신의 소유자인 것처럼 파네쿡과 라데크(Radek) 같은

---

2   스트루베주의에 대해서는 이 글의 III장을 보라.─원서 편집자

극좌파에게 죄를 덮어씌울 것이다!

바젤 선언의 기초자들은 진지하게 혁명의 도래를 기대했지만 사태 전개는 그러한 기대가 환상임을 입증했다는 주장의 본질에 대해서 고찰해보자. 바젤 선언은 다음과 같이 말한다. 1) 전쟁은 경제적·정치적 위기를 낳을 것이다. 2) 노동자들은 자신들이 전쟁에 참가하는 것을 범죄로 여길 것이다. '자본가들의 이윤을 위해, 왕조의 야심과 비밀 외교조약의 이행을 위해 서로 쏴 죽이는 것'을 범죄로 간주할 것이다. 그리고 전쟁은 노동자들 속에서 '분노와 반기'를 불러일으킨다. 3) 이러한 위기와 노동자들의 분노를 이용하여 '인민을 분기시키고 자본주의의 붕괴를 앞당기는 것'이 사회주의자들의 의무다. 4) 각국 '정부'는 예외 없이 모두 '스스로에게 위험을' 부르지 않고서 전쟁을 시작할 수 없다. 5) 각국 정부는 '프롤레타리아 혁명을 두려워한다.' 6) 각국 정부는 파리 코뮌(즉 내란)과 러시아의 1905년 혁명을 '기억해야 할 것이다' 등. 이 모든 것은 아주 완벽하게 명료한 사상들이다. 그 사상들은 혁명이 일어날 것임을 보증하는 것이 아니라, **사실들과 경향들**의 정확한 특징 묘사에 역점을 두고 있는 것이다. 이러한 사상과 주장들을 누고, 예상했던 혁명은 환상임이 판명되었다고 선언하는 자는 그가 누구든 혁명에 대해 마르크스주의적 태도가 아니라, 스트루베주의적 태도, 경찰 같은 태도, 변절자의 태도를 보이고 있는 자다.

혁명적 정세가 없이는 혁명이 불가능하다는 것은 마르크

스주의자에게는 논박의 여지가 없는 명제다. 게다가 혁명적 정세라고 해서 다 혁명으로 이어지는 것은 아니다. 일반적으로 말해서, 무엇이 혁명적 정세의 징후인가? 다음 세 가지 징후를 들면 확실히 틀리진 않을 것이다. 1) 지배계급이 어떤 변화 없이는 더 이상 그들의 지배를 유지하는 것이 불가능할 때. '상층계급들' 사이에 이러저러한 형태로의 위기, 지배계급의 정책의 위기가 피억압 계급들의 불만과 분노가 터져나올 수 있는 균열을 제공할 때. 혁명이 일어나기 위해서는 통상 '하층계급들이' 옛 방식으로 '사는 것을 원하지 않는' 것으로는 불충분하다. '상층계급들이' 옛 방식으로 '살 수 없게 되는 것'이 또한 필요하다. 2) 피억압 계급들의 결핍과 곤궁이 평상시보다 더 격심해졌을 때. 3) 이상과 같은 원인들에 의한 결과로서, 대중의 능동성이 현저히 고조될 때. 대중은 '평화 시대'에는 참을성 있게 자신들이 약탈당하는 것도 허용하지만, '폭풍의 시대'에는 모든 위기 상황에 의해서만이 아니라 다름 아닌 '상층계급들'에 의해서도 독립적인 역사적 행동으로 끌어당겨진다.

개개 집단들과 정당들의 의지뿐만 아니라 심지어 개개 계급들의 의지로부터도 독립된 이러한 객관적인 변화들 없이는 혁명은 일반적으로 말해서 불가능하다. 이 모든 객관적 변화의 총체를 혁명적 정세라고 부르는 것이다. 이러한 정세는 러시아에서는 1905년에, 서구에서는 모든 혁명기 때 존재했다. 또한 지난 세기의 60년대에 독일에서, 그리고 1859~61년과

1879~80년에 러시아에서도 존재했다. 물론 이들 사례에서 혁명은 일어나지 않았지만 말이다. 왜 일어나지 않았을까? 혁명적 정세라고 해서 다 혁명을 낳는 것은 아니기 때문이다. 혁명은 앞에서 언급한 객관적 변화가 주체적 변화를 수반하는 상황에서만 일어난다. 말하자면, 쓰러뜨리지 않으면 결코 '무너지지'—심지어 위기의 시기에도—않는 구래의 통치를 깨부술(또는 불구화시킬) 만큼 혁명적 계급이 강력한 혁명적 대중행동을 취할 수 있게 되는 상황에서만 일어난다는 것이다.

이것이 혁명에 관한 마르크스주의적 견해다. 많은 발전을 거듭해서 모든 마르크스주의자들이 이론의 여지가 없는 것으로 받아들이고 있는 견해로서, 우리 러시아인들에게는 1905년의 경험을 통해 특히 명료하게 확증되었다. 그렇다면 이 점에서 1912년의 바젤 선언은 무엇을 예상한 것이었고, 1914~5년에는 무슨 일이 일어났는가?

바젤 선언이 예상한 것은, 그 선언이 간명하게 '경제적·정치적 위기'라고 기술한 것, 즉 혁명적 정세가 일어날 것이라는 것이다. 그러한 정세는 발생했는가? 의심할 바 없이, 발생했다. 위선자들인 쿠노, 카우츠키, 플레하노프와 그들의 동료들보다 더 솔직하고 정직하게 공개적으로 배외주의를 옹호하는 사회배외주의자 렌쉬는 다음과 같이 말할 정도였다. "우리가 지금 거치고 있는 것은 일종의 혁명이다."(그의 소책자 『독일 사회민주주의와 전쟁German Social-Democracy and the War』, 베를린, 1915년, 6쪽) 정치적 위기가 현존하고 있다. 어느 정부도 내일을 자신하지 못하고 있고, 어느 정부도 재정 파탄, 영토 상실, 자국으로부터의 추방(벨기에 정부가 추방된 방식으로) 등의 위험으로부터 안전하지 못하다. 모든 정부가 언제 폭발할지 모르는 화산 위에서 잠자고 있는 형국이다. 대중에게 선도성과 영웅주의를 발휘하도록 요구하고 있는 것은 각국 정부 자신들이다. 유럽의 정치체제 전체가 흔들리고 있고, 우리가 최대의 정치적 동란기로 접어들었다(그리고 더욱더 깊숙이 들어가고 있다—나는 이 글을 이탈리아가 선전포고한 날에 쓰고 있다)는 사실을 부정할 사람은 거의 없을 것이다. 선전포고 2개월 뒤에 카우츠키가 "개전 당초만큼 정부가 강하고 당들이 약한 때는 없다"고 썼을 때(1914년 10월 2일《노이에 차이트》에서), 이것은 쥐데쿰 일파를 비롯한 여타의 기회주의자들을 기쁘게 해주기 위해 카우츠키가 역사과학을 위조한 하나의 견본이다. 첫째, 전쟁 때만큼 지배계급의 모든 당파들이 보조를 같이해주는 것을, 또는 피억압 계급이 그 지배에 '평화적'으로 복종하는 것을 정부가 필요로 하는 때는 없다. 둘째, 설사 '개전 당초'에는, 그리고 특히 신속한 승리를 기대하고 있는 나라에서는 정부가 전능한 것으로 보인다 해도 그 누구도, 일찍이 세계 어디에서도 혁명적 정세에 대한 기대를 오로지 개전 '당초'의 시기와만 연결시키는 일은 없었으며, '보이는 것'을 현실의 것과 동일시하는 일은 더더군다나 없었다.

유럽 전쟁이 과거의 어느 전쟁보다도 더 혹독하리라는 것은 일반적으로 알려져 있었고, 예견되었고, 또 인정된 바다. 전쟁의 경험은 이것을 더욱더 확증해주고 있다. 전쟁의 불길이 광대한 규모로 번지고 있다. 유럽의 정치적 토대가 더욱더 흔들리고 있다. 대중의 참상은 차마 눈 뜨고 보기 힘든 상황이며, 이 참상을 숨기려는 정부와 부르주아지와 기회주의자들의 노력은 더욱더 허사임이 드러나고 있다. 특정 자본가 집단들이 거둬들이고 있는 전쟁 이윤이 전대미문의 거액으로 치솟고 있는 가운데 모순들은 극도로 첨예해지고 있다. 대중의 들끓는 분노, 사회 밑바닥의 짓밟히고 몽매한 계층들의 온정 어린 ('민주주의적인') 강화(講和)에 대한 막연한 동경, '하층계급들'에서 표출되기 시작한 불만, 이 모든 것들이 사실이다. 전쟁이 길어지면 길어질수록, 그리고 첨예해지면 첨예해질수록 정부 자신이 그만큼 더 대중—정부는 대중에게 비상한 노고와 자기희생을 요구하고 있다—의 활동성을 촉진시키며, 또 촉진시키지 않으면 안 된다. 전쟁의 경험은 역사상의 그 어느 위기나 인간 생활상의 그 어느 대재난과 격변의 경험과 마찬가지로 어떤 사람들은 망연자실하게 만들고 파탄시키기도 하지만, 또 어떤 사람들은 계몽시키고 단련시키기도 한다. 대체로 세계 역사 전체를 놓고 볼 때 두 번째 종류의 사람들이—한두 국가의 몰락, 멸망과 같은 개별 사례를 제외하면—첫 번째 종류의 사람들보다 그 수와 힘이 더 큰 것으로 입증되어왔다.

강화의 체결은 이 모든 참상과 이 모든 모순의 격화를 '즉

각적으로' 종식시키기는커녕, 많은 점에서 그러한 참상과 고통을 가장 후진적인 주민대중이 보다 격심하게 그리고 보다 직접적으로 느끼도록 만들 것이다.

한마디로, 대부분의 선진국들과 유럽의 강대국들에서 혁명적 정세가 현존한다. 이 점에서 바젤 선언의 예견이 정확하다는 것이 완전하게 확증되었다. 쿠노, 플레하노프, 카우츠키 그리고 그들의 동료들처럼 직접적으로든 간접적으로든 이러한 진실을 부정하거나 묵살하는 것은 최대의 거짓말을 하는 것이며, 노동자계급을 속이고 부르주아지에게 봉사하는 행위다. 《사회민주주의자》(34호, 40호, 41호)[3]에서 우리는 혁명을 두려워하는 자들—소부르주아 기독교 목사들, 총참모부, 백만장자 신문들—은 유럽에 혁명적 정세의 징후가 현존함을 인정하지 않을 수 없게 된다는 것을 입증해주는 자료들을 올려놓았다.

이러한 정세는 오래 지속될까? 얼마나 더 첨예해질까? 혁명으로 이어질까? 이것은 우리가 알지 못하고, 누구도 알 수 없는 것이다. 답은 오직 **경험**만이, 즉 선진적 계급인 프롤레타리아트에 의한 혁명적 분위기의 발전과 혁명적 행동으로의 이행 과정에서 획득된 경험만이 줄 수 있다. 이 점에서 '환상'이나

---

3 「전쟁에 관한 한 독일인의 소리*A German Voice on the War*」(본 전집 58권에 수록—편집자), 「내란 슬로건의 예증을 위하여」, 「부르주아 박애주의자와 혁명적 사회민주주의」(두 편 모두 이 책에 수록—편집자)를 보라.—원서 편집자

환상의 부인에 대한 이야기는 들어설 자리가 없다. 왜냐하면 그 어느 사회주의자도 이 전쟁(다음 전쟁이 아닌 이 전쟁)이, 오늘의 혁명적 정세(내일의 혁명적 정세가 아닌 오늘의 혁명적 정세)가 혁명을 낳을 것이라고 보증한 적이 없기 때문이다. 우리가 논의하고 있는 것은 모든 사회주의자들의 명백하고도 근본적인 의무에 관한 것이다. 즉 대중에게 혁명적 정세가 현존함을 드러내주고, 그 폭과 깊이를 설명해주고, 프롤레타리아트의 혁명적 자각과 혁명적 결단을 일깨워 그들이 혁명적 행동으로 넘어가는 것을 돕고, 이 목적을 위해 혁명적 정세에 적합한 조직을 만드는 등의 의무 말이다.

영향력 있거나 책임 있는 사회주의자라면 누구나 이것이 사회주의 당들의 의무라는 것을 감히 의심해본 적이 없다. 바젤 선언은 조금도 '환상'을 품거나 유포하지 않고 사회주의자의 이러한 의무를 적시해서 말했다. 인민을 각성시키고 분기시키는(플레하노프와 악셀로드, 카우츠키처럼 배외주의로 인민들을 달래어 안심시키는 것이 아니라) 의무, 자본주의의 붕괴를 앞당기기 위해 그 위기를 이용하고, 파리 코뮌과 1905년 10월부터 12월 혁명까지의 선례를 지침으로 삼는 의무 말이다. 지금의 당들이 이 의무를 이행하지 못하고 있는 것은 그들의 배반과 정치적 사망, 자기 역할의 방기 그리고 부르주아지 진영으로의 탈주를 뜻하는 것이다.

III

그러나 어떻게 해서 제2인터내셔널의 저명한 대표자들과 지도자들이 사회주의를 배반하는 일이 일어날 수 있었는가? 우리는 이러한 배신 행위를 '이론적'으로 정당화하기 위해 행해지고 있는 시도들을 먼저 검토하고 나서 이 문제를 좀 더 상세하게 다룰 것이다. 우리는 사회배외주의의 주요 이론들의 성격과 특징을 규명하는 작업을 시도할 것이다. 이들 이론의 대표자로는 그 심오한 이론적 깊이에서 볼 때 막상막하인 플레하노프(그는 주로 영국-프랑스 배외주의자들, 하인드먼과 그의 새로운 지지자들의 논거를 되풀이하고 있다)와 카우츠키(그는 훨씬 더 '정교한' 논거를 내놓고 있다)를 꼽을 수 있을 것이다.

아마도 이들 이론 중 가장 유아적인 것은 '누가 전쟁을 시작했는가?'라는 이론으로서, 다음과 같은 말로 요약될 수 있을 것이다. '우리는 공격을 받았다. 그래서 우리는 우리 자신을 방어하고 있는 것이다. 프롤레타리아트의 이익을 위해서는 유럽 평화의 파괴자를 제대로 응징할 것이 요구된다.' 이것은 단지 각국 정부들의 성명과 전세계의 부르주아 언론들과 황색 신문들의 아우성을 재탕한 것에 불과하다. 플레하노프는 위선적으로 예의 '변증법'을 끌어다가 이 진부한 속설까지도 윤색해준다. 구체적 상황을 평가할 수 있으려면 무엇보다도 먼저 누가 전쟁을 시작했는지를 찾아내어 그자를 응징해야 한다고 그는 말한다. 다른 모든 문제는 또 다른 상황이 등장할 때까지 기다려야 할 것이다(파리에서 1914년에 발행된 플레하노프의 소책자 『전쟁 *The War*』과 함께 악셀로드가 《골로스》 86호와 87호에서 그 소책자의 주장을 그대로 되풀이해놓은 것을 보라). 플레하노프는 변증법을 궤변으로 대체하는 고상한 스포츠에서 새로운 기록을 수립했다. 궤변가는 많은 '논거들' 중에서 하나를 움켜잡지만, 오래전에 헤겔이 아주 제대로 짚어냈듯이 세상의 어떤 것도 그것을 증명하는 '논거'는 발견될 수 있다. 변증법은 주어진 사회 현상을 그것의 발전 속에서 다방면에 걸쳐 조사할 것을 요구하며 외적인 것, 겉으로 보이는 것을 근원적인 동력의 차원, 즉 생산력 발전과 계급투쟁의 차원으로까지 귀착해서 분석할 것을 요구한다. 플레하노프는 독일 사회민주당 신문에서 한 인용구를 끌어냈다. 독일인들 자신이 전쟁 발발 전에, 오스트리아와 독일이 '전쟁을 시작했다'는 사실을 인정했으니 됐지 않냐고 그는 말한다. 그러나 그는 차르 정부의 갈리치아, 아르메니아 등에 대한 정복 계획을 러시아 사회주의자들이 반복해서 폭로했던 사실에 대해서는 언급하지 않고 있다. 그는 적어도 지난 30년간의 경제사와 외교사를 연구하려는 최소한의 시도도 하지 않는다. 이들 역사는 식민지를 정복하고 외국을 약탈하고 더 성공한 경쟁 상대국을 몰아내고 파멸시키는 것이 지금 교전 중인 강대국들 양 진영 모두의 정책에서 주축을 이루고 있다는 사실을 결정적으로 증명해준다.[4]

4 레닌 주 이 점에서 영국의 평화주의자 브레일스포드(Brailsford)의 책 『강철과 황금의 전쟁*The war of steel and Gold*』(런던, 1914년, 전쟁 발발 다섯 달 전인 1914년 3월에 출간된 것으로 표기되어 있다!)은 풍부한 교훈을 담고 있다. 사회주의자로 행세하는 것을 싫어하지 않는 이 저자는 국내 문제들은 이제 뒤로 밀려났고, 해결도 되었으며(35쪽), 이것이 지금 쟁점도 아니라는 것, 그리고 "현대 외교의 대표적인 문제"(36쪽)는 바그다드 철도와 그것에 필요한 궤도 레일의 납품, 모로코 광산 등이라는 것을 명확히 인식하고 있다. 저자는 프랑스의 애국자들과 영국의 제국주의자들이 식민지 세력권의 분할과 파리 증권거래소에서의 독일 주식 시세에 대한 협정을 기초로 독일과 타협하려 했던 카이요(caillaux)의 시도(1911년과 1913년)에 대항하여 싸운 사실을 "최근 유럽 외교사에서 가장 교훈적인 사건들" 가운데 하나라고 정확히 평가하고 있다. 영국과 프랑스의 부르주아지는 그 같은 협정을 좌절시켰다.(38~40쪽) 제국주의의 목표는 약소국으로의 자본수출이다(74쪽). 영국에서는 그러한 자본 수출로부터 거둔 이윤 총액이 1899년에는 9천만 파운드에서 1억 파운드(기펜), 1909년에는 1억 4천만 파운드(페이쉬)에 달했다. 여기에 우리는 로이드 조지(Lloyd George)가 최근의 한 연설에서 그 총액을 2억 파운드(약 20억 루블)로 계산한 사실을 덧붙이고자 한다. 추잡한 책략과 터키 고위층의 매수, 그리고 인도와 이집트에서 영국 귀족 자식들의 편한 직장, 이러한 것들이 주된 특징들이다(85~7쪽). 군수물자와 전쟁으로부터 이득을 얻은 자들은 한 줌도 안 되는 소수지만, 이 소수의 뒤에는 "사회"와 금융자본가들이 있는 반면, 평화 지지자들의 뒤에는 분열된 주민들이 있다고 그는 말한다(93쪽). 오늘 평화와 군비축소에 대해 말하는 평화주의자는 군납업자들에게 전적으로 의존하는 당의 당원임이 내일 판명된다(161쪽). 3국협상 측이 승리하면 그들은 모로코를

전쟁과 관련하여, 부르주아지를 기쁘게 해주기 위해 플레하노프가 그리도 파렴치하게 왜곡시킨 변증법의 근본 명제는 "전쟁은 단지 다른(즉 폭력적인) 수단에 의한 정치의 계속이다"라는 것이다. 이것은 전쟁사의 가장 위대한 저술가 중 한 사람인 클라우제비츠(Clausewitz)[5]의 명제다. (그의 사상은 헤겔로부터 자양분을 공급 받았다). 그리고 이것은 언제나 마르크스와 엥겔스의 입장이었다. 마르크스와 엥겔스는 어떠한 전쟁도 주어진 시기에 관련 강대국들의— 그리고 이들 나라 내부의 각 계급들의—정치의 계속에 다름 아니라고 보았다.

플레하노프의 조잡한 배외주의는 보다 세련되고 보다 감미롭게 협조주의적인 카우츠키의 배외주의와 정확히 동일한 이론적 입장에 기초하고 있다. 카우츠키는 각국의 사회주의자들

장악하고 페르시아를 분할할 것이다. 만일 3국동맹 측이 승리하면 그들은 트리폴리를 접수하고, 보스니아에 대한 지배를 강화하고, 터키를 예속시킬 것이다(167쪽). 1906년 3월에 영국과 프랑스 정부는 러시아에 수십억 루블을 제공하여 차르 정부가 자유를 위한 운동을 분쇄하는 것을 도와주었다(225~8쪽). 오늘 영국은 러시아가 페르시아의 목을 조르는 것을 돕고 있다(229쪽). 러시아는 발칸 전쟁을 부채질했다(230쪽)

[5] 레닌주 카를 폰 클라우제비츠외 『전쟁론-*Vom Kriege*』(Werke,1. Bd., S.28. Cf. III. Bd., S. 139~40). "전쟁이 제 정부와 제 국민 간의 정치적 관계들에 의해서만 일어난다는 것은 모두가 알고 있다. 그러나 통상적으로 사람들은 마치 전쟁의 시작과 함께 이 관계들이 중지되고, 고유한 법칙을 갖는 완전히 새로운 상황이 창조되는 것처럼 상황을 그려낸다. 하지만 그와 반대로 우리는 전쟁은 단지 다른 수단의 개입에 의한 정치적 관계의 계속일 뿐이라고 주장한다."

이 '자'국 자본가들의 진영으로 탈주한 것에 대해 다음과 같은 논리로 축복의 승인을 보냈다.

> 누구나 자신의 조국을 지킬 권리와 의무가 있다. 진정한 국제주의는 자신의 나라와 교전 중인 나라를 포함하여 모든 나라의 사회주의자들에게 이러한 권리가 인정되는 것에 있다.(《노이에 차이트》 1914년 10월 2일자를 보라. 같은 저자가 쓴 다른 저작들도 보라.)

참으로 짝을 찾을 수 없는 독보적인 추론법이다! 차라리 한 면에 빌헬름 2세와 니콜라이 2세의 초상을, 다른 면에는 플레하노프와 카우츠키의 초상을 새긴 메달을 만들어 기념하자고 해야 할 정도로 사회주의를 기가 차리만큼 졸렬하게 희화화시켰다. 진정한 국제주의라면 '조국 방위'의 이름으로 독일 노동자들이 프랑스 노동자들에게 총을 쏘고, 프랑스 노동자들이 독일 노동자들에게 총을 쏘는 것을 우리가 정당화해야만 한다는 것이다!

그러나 카우츠키 추론의 이론적 전제들을 좀 더 면밀히 검토하면, 클라우제비츠가 약 80년 전에 조롱한 그 관념, 즉 전쟁이 발발하면 제 국민 및 제 계급 간에 역사적으로 형성된 모든 정치적 관계들이 중지되고 완전히 새로운 상황이 등장한다는 그 동일한 관념을 전제로 하고 있음이 드러난다! 거기에는

'단순히' 공격을 하는 자들과 자신을 방어하는 자들이 있을 뿐이고, '단순히' '조국의 적'을 물리치는 것이 있을 뿐이다! 지배적인 제국주의 민족들이 지구 인구의 반 이상을 차지하는 다수의 민족들을 억압하고 있는 상황, 이들 제국주의 나라들의 부르주아지들 간의 약탈물 분배를 둘러싼 경쟁적 쟁투, 노동계급 운동을 분열시키고 탄압하고자 하는 자본가들의 갈망 등, 이 모든 것들이 플레하노프와 카우츠키의 펜에서 갑자기 사라져버렸다. 그들 자신이 바로 이러한 '정치'를 전쟁 전 수십 년 동안 기술하고 있었음에도 말이다.

이 경우 마르크스와 엥겔스를 멋대로 왜곡 인용하는 것이 이들 사회배외주의 두 거두의 최대 논거다. 플레하노프는 1813년 프로이센의 민족전쟁과 1870년 독일의 민족전쟁을 상기시키는가 하면, 카우츠키는 마르크스가 1854~5년, 1859년, 그리고 1870~1년의 전쟁에서 누구의 승리가(즉 어느 부르주아지의 승리가) 더 바람직한가 하는 문제를 검토했고 이후의 마르크스주의자들도 1876~7년 및 1897년의 전쟁에 대해 마찬가지의 검토를 했다고 아주 박학한 투로 주장한다. 언제나 궤변가들은 원칙적으로 진혀 다른 상황을 가리키는 예를 드는 버릇이 있다. 그들이 언급하는 과거의 전쟁들은 수년간 지속한 부르주아지의 민족운동들, 즉 타국의 압제와 (터키 또는 러시아의) 절대주의에 반대하는 운동들의 '정치의 계속'이었다. 당시에는 어느 부르주아지의 승리가 바람직한가의 문제 외에는 어떤 다른 문제도 존재하지 않았다. 이러한 유형의 전쟁이라면, 마르크스가 1848년과 그후에 러시아에 대항하는 전쟁을 호소했던 것처럼, 그리고 엥겔스가 1859년에 억압자들인 나폴레옹 3세와 러시아 차리즘에 대한 독일의 민족적 증오를 고취시켰던 것처럼, 마르크스주의자들은 민족적 증오를 고취시키면서 앞장서서 인민을 분기시킬 수 있었다.[6]

봉건주의와 절대주의에 맞선 투쟁으로서의 '정치의 계속'—자유를 위한 투쟁에서의 부르주아지의 정치의 계속—과 노쇠한, 즉 제국주의적인 부르주아지, 다시 말해서 전세계를 약탈하는 부르주아지, 봉건지주와 동맹하여 프롤레타리아를 진압하려고 하는 반동적 부르주아지의 '정치의 계속'을 비교하

---

6   레닌 주 가르데닌(Gardenin) 씨는 《지즌zhizn》('생활'이라는 뜻. 사회주의 혁명가당의 신문)에서 1848년에 마르크스가, 예를 들어 '특히 슬라브인과 러시아인' 같은, 사실상 스스로 반혁명적임을 보여준 유럽의 민족들에 대항하는 혁명전쟁에 지지를 보낸 것을 두고 '혁명적 배외주의'—그러나 어쨌든 배외주의인—라는 딱지를 붙이고 있다. 마르크스에 대한 이와 같은 비난은 다시 한 번 사회주의혁명가당 '좌파'의 기회주의를(또는—제대로 말한다면 기회주의이면서 동시에—비논리성을) 드러내고 있는 것이다. 우리 마르크스주의자들은 언제나 반혁명적 민족들에 대한 혁명전쟁을 지지해왔고, 지금도 그러하다. 예를 들어, 만일 1920년에 미국이나 유럽에서 사회주의가 승리를 점했는데, 그때 일본과 중국이(말하자면) 우리를 향해 비스마르크 식의 적대정책을—처음에는 단지 외교적 차원으로라도—취한다면, 확실히 우리는 그들에 대한 공격적인 혁명전쟁에 찬성할 것이다. 가르데닌 씨, 이것이 당신에게는 이상하게 보입니까? 그렇다면 당신은 롭신 유형의 혁명가일 것이오!

는 것은 분필과 치즈를 비교하는 것을 뜻한다. 그것은 로베스 피에르(Robespierre)와 가리발디, 젤랴보프(zhelyabov) 같은 '부르주아지의 대표자들'과 밀레랑(Millerand)과 잘란드라(salandra), 구치코프(Guchkov) 같은 '부르주아지의 대표자들'을 비교하는 것과 마찬가지다. 그들 각자의 부르주아 '조국'의 이름으로 발언할 역사적인 권리를 가지고 있었고, 봉건제에 대항하는 투쟁 속에서 새로운 민족의 수천만 인민을 문명 생활로 인도한 위대한 부르주아 혁명가들에게 가장 깊은 존경심을 느끼지 않는다면 그는 마르크스주의자일 수 없다. 또한 독일 제국주의자들의 벨기에에 대한 억압을 가리켜, 또는 오스트리아와 터키에 대한 약탈을 둘러싼 영국·프랑스·러시아·이탈리아 제국주의자들 간의 협정을 가리켜 '조국 방위' 운운하는 플레하노프와 카우츠키의 궤변에 대해 경멸감을 느끼지 않는다면, 그도 마르크스주의자일 수 없다.

사회배외주의에 관한 또 하나의 '마르크스주의적' 이론이 있는데, 다음과 같다. 사회주의는 자본주의의 급속한 발전에 기초를 두고 있다. 우리나라에서의 자본주의의 발전과 그에 따른 사회주의의 도래는 우리나라의 승리에 의해 가속화될 것이다. 반대로 우리나라의 패배는 우리나라의 경제발전을 지체시키고, 그에 따라 사회주의의 도래도 지체시킬 것이다. 이러한 스트루베주의 이론은 러시아에서는 플레하노프가, 그리고 독일인들 중에서는 렌쉬 등이 발전시켜왔다. 카우츠키는 이 유치한 이론에 대해 반론을 편다. 그 이론을 공공연히 옹호하는 렌쉬와 은밀하게 옹호하는 쿠노에 대한 반박이다. 그러나 그의 유일한 목적은 좀 더 정교하고 위선적인 배외주의 이론에 근거하여 모든 나라의 사회배외주의자들을 화해시키는 데 있다.

이 조잡한 이론에 대해 길게 논의할 필요는 없을 것이다. 스트루베의 『비판적 각서Critical Notes』는 1894년에 출간되었는데, 지난 20년 동안 러시아 사회민주주의자들은 교양 있는 러시아 부르주아의 이러한 습관, 즉 혁명적 내용이 거세된 '마르크스주의'의 외투를 덮어쓰고 자신의 견해와 원망을 전도하는 습관에 아주 철저하게 익숙해져 있다. 스트루베주의는 단지 러시아적인 현상일 뿐 아니라, 최근의 사태가 분명히 증명해주듯이 부르주아 이론가들의 국제적 지향이다. 즉 '호의'를 가장하여 마르크스주의를 말살하고, 짓뭉개서 자신들 입맛에 맞게 수용하고, '선동적' '데마고기적' '블랑키주의적·유토피아적'인 측면을 제외한 마르크스주의의 '진실로 과학적인' '모든' 측면과 요소들을 받아들이는 척하며 마르크스주의를 죽이려는, 국제적 현상으로 나타나고 있는 것이다. 달리 말해서 그들은 개량을 위한 투쟁, (프롤레타리아 독재 없는) 계급투쟁, '사회주의적 이상'의 '일반적' 인정, 자본주의 대신에 '새로운 질서'로의 대체 등을 포함하여 마르크스주의로부터 자유주의 부르주아지가 받아들일 수 있는 내용은 모두 취한다. 그리고 그들은 '오직' 마르크스주의의 정수'만'을, 그 혁명적 내용'만'을 내던져버린다.

마르크스주의는 프롤레타리아 해방운동의 이론이다. 그러므로 계급의식적인 노동자들은 마르크스주의를 스트루베주의로 대체하려는 그 어떤 시도에 대해서도 최대의 주의를 쏟지 않으면 안 된다. 이러한 시도를 추동하는 힘은 다양하고 다층적이다. 그 주요 동력 세 가지만 들어보자. 1) 과학의 발전은 마르크스가 옳다는 것을 증명하는 자료들을 점점 더 많이 내놓고 있다. 이로 인해 마르크스와 싸우는 데 있어 필연적으로 위선적일 수밖에 없다. 즉 마르크스주의의 원칙을 공공연하게 반대하지 않고, 마르크스주의를 수용하는 것처럼 가장하면서 다른 한편에서는 궤변으로 그 내용을 거세하여 부르주아지에게 무해한 성'상'(聖像)으로 변질시켜버리는 것이다. 2) 사회민주당들 속에서의 기회주의의 발전이 마르크스주의의 그와 같은 개조를 조장하고, 기회주의에 대한 온갖 양보를 정당화하기 위한 목적에 맞도록 마르크스주의를 변질시킨다. 3) 제국주의의 시대는 다른 모든 민족들을 억압하는 특권적인 '대' 민족들이 자신들 사이에 세계를 분할하는 시대다. 이러한 특권과 이러한 억압의 결과로서 획득된 약탈물 중 삭은 일부가 의심할 바 없이 소부르주아지의 특정 부분들과 노동귀족 및 노동관료에게로 떨어진다. 프롤레타리아트와 근로대중의 극소수를 이루는 이들 층은 '스트루베주의' 쪽으로 기우는 경향을 갖는데, 왜냐하면 이들 계층이 모든 민족의 피억압 대중에 대항하여 '자'국의 부르주아지와 동맹하는 것에 대한 정당화 논리를 스트루베주의가 공급해주기 때문이다. 우리는 인터내셔널 붕괴의 원인과 관련하여 뒤에서 이것을 다시 다룰 기회를 갖게 될 것이다.

IV

 사회배외주의의 이론 중에서 과학적이고 국제적인 것처럼 보이도록 가장 능숙하게 윤색되고 가장 세련되게 다듬어진 이론은 카우츠키가 내놓은 '초(超)제국주의' 이론이다. 저자 자신이 직접 이 이론에 대해 가장 분명하고 정확하게, 그리고 가장 최근에 설명한 내용이 여기에 있다.

 영국에서 보호무역 운동의 후퇴, 미국의 관세 인하, 군비축소 경향, 전쟁 직전의 몇 년 동안에 일어난 프랑스와 독일로부터 자본수출의 급감, 그리고 마지막으로 각종 금융자본 파벌들 간의 점증하는 국제적 상호결합, 이 모든 것들이 나로 하여금 현재의 제국주의 정책이 새로운 초제국주의 정책으로 대체될 수는 없는 것인지에 대해 생각하도록 만들었나. 일국적 금융자본의 상호경쟁 대신에 국제적으로 통합된 금융자본에 의한 세계의 공동착취의 길을 열어줄 초제국주의 정책 말이다. 자본주의의 그러한 새로운 단계는 어쨌든 생각할 수는 있는 일이다. 그러한 단계에 도달할 수 있을까? 아직 이 문제에 대한 대답이

가능하기에는 충분한 전제들이 부족한 상태다……(《노이에 차이트》15호, 1915년 4월 30일, 144쪽)

"현 전쟁의 경과와 결말은 이 점에서 결정적인 것이 될 수도 있을 것이다. 현 전쟁은 금융자본가들 사이에서도 민족적 증오를 극도로 부추기고 군비경쟁을 격화시켜 2차 세계대전을 불가피하게 만듦으로써 초제국주의의 미약한 싹을 완전히 짓밟아버릴지도 모른다. 그러한 조건하에서라면, 내가 소책자 『권력으로 가는 길』에서 예견하고 정식화한 것이 소름끼칠 정도로 정확히 실현될 것이다. 즉 계급적대가 더욱더 첨예해지고, 그와 함께 자본주의의 도덕적 사멸(문자 그대로는 '도산', Abwirtschaftung, 파산)이 올 것이다. [주의해야 할 것은, 이러한 허세부리는 말로 카우츠키가 의미하고 있는 것이, 단지 '프롤레타리아트와 금융자본 사이의 중간에 위치하는 계층', 즉 '인텔리겐차와 소부르주아, 그리고 심지어 소규모 자본가들'이 자본주의에 대해 느끼는 '적의'일 뿐이라는 것이다.] 그러나 전쟁은 이와는 다르게 끝날 수도 있다. 초제국주의의 미약한 싹을 강화시키는 결과를 가져올 수도 있다. 전쟁의 교훈들은[여기에 주의!] 평화 상태하에서라면 오랜 시간 기다리지 않으면 안 되었을 그러한 발전들을 앞당길 수도 있다. 전쟁이 실로 이러한 결과, 즉 제 민족 간의 협정과 군비축소와 항구적 평화를 가져온다면, 전전(戰前)에 자본주의의 점증하는 도덕적 사멸을

초래한 원인들 중 최악의 것은 사라져버릴 수도 있을 것이다."
물론 새로운 단계는 프롤레타리아트에게는 "새로운 재앙"을,
"아마도 훨씬 더 나쁜 재앙"을 가져다주겠지만 그것은 "일시적
인" 것일 터이고, "초제국주의"는 "자본주의의 틀 내에서 새로
운 희망과 기대의 한 시대를 창출시킬 수 있을 것이다."(145쪽)

   이 '이론'으로부터 어떻게 사회배외주의의 정당화 논거가
도출되는가?

   '이론가'로서는 다소 낯선 방식인데, 다음과 같다.

   독일의 좌파 사회민주주의자들은 제국주의와 그것이 야기
하는 전쟁은 우연적인 것이 아니라 자본주의의 불가피한 산물
이며, 그것은 금융자본의 지배를 가져왔다고 말한다. 그러므
로 비교적 평화로운 발전의 시기가 끝남에 따라 혁명적 대중투
쟁으로 전환하는 것이 필요하다는 것이다. '우'파 사회민주주
의자들은 뻔뻔스럽게도 다음과 같이 선언한다. 제국주의는 '필
연'이므로 우리 또한 제국주의자가 되어야 한다. '중앙'의 역할
을 수행하는 카우츠키는 이 두 견해를 조정하려고 한다. 그는
자신의 소책자 『민족 국가, 제국주의 국가, 국가연맹*National
State, Imperialist State and Confederation*』(뉘른베르크, 1915년)에
서 다음과 같이 쓰고 있다.

   극좌파는 불가피한 제국주의에 사회주의를 '대치'시키기를
바란다. 즉 모든 형태의 자본주의적 지배에 대치하여 우리가 반

세기 동안 수행해온 사회주의를 위한 선전뿐만 아니라, 사회주의의 즉각적인 실현까지 바란다. 이것은 매우 급진적인 것처럼 보이지만, 실은 그것은 실제로 사회주의의 즉각적인 실현을 믿지 않는 모든 사람들을 제국주의 진영으로 내모는 데만 기여할 수 있을 뿐이다.(17쪽, 강조는 인용자)

카우츠키가 사회주의의 즉각적인 실현 운운할 때 그는 속임수에 기대고 있는 것인데, 왜냐하면 독일에서, 특히 군 검열제 아래에서 혁명적 행동에 대해 말할 수 없다는 사실을 이용하고 있기 때문이다. 카우츠키는 좌파가 당에 대해 '실제로 사회주의의 즉각적인 실현'을 요구하고 있는 것이 아니라, 혁명적 행동을 위한 즉각적인 선전과 준비를 요구하고 있다는 사실을 잘 인지하고 있다.

제국주의의 필연성으로부터 좌파는 혁명적 행동의 필요를 도출한다. 그러나 초제국주의는 카우츠키에게 기회주의자들을 정당화하는 수단으로 복무한다. 그리고 그들이 부르주아지한 테로 넘어간 것이 아니라, 단지 사회주의가 즉각적으로 실현될 수 있다고 '믿지 않는' 것일 뿐이라는, 그리고 단지 군비축소와 항구적 평화의 새 '시대'를 맞게 '될지 모른다'고 기대하는 것일 뿐이라는 인상을 조성해주는 수단으로 복무한다. 이 '이론'은 다음으로 귀착되며, 오직 그렇게만 귀착될 수 있다. 바젤 결의에서의 엄숙한 선언에도 불구하고 기회주의자들과 공식 사회민주당들이 부르주아지와 유착하고 현 격동기의 혁명적(즉 프롤레타리아적인) 전술을 거부하는 상황에서 카우츠키는 이를 정당화하기 위해 자본주의의 새로운 평화 시기에 대한 희망을 이용하고 있는 것이다.

한편 카우츠키는 이러한 새로운 단계가 어떤 특정한 상황과 조건으로부터 나온다고도, 또 필연적으로 그렇게 된다고도 말하지 않는다. 반대로 그는 이 새로운 단계가 '실현 가능한' 것인지조차 아직 결론 내릴 수 없다고 아주 솔직하게 밝힌다. 정말이지, 카우츠키가 가리킨, 새로운 시대를 향한 '경향들'이라는 것을 살펴보라. 매우 놀랍게도 저자는 '군비축소 경향'을 경제적 사실들의 범주에 포함시키고 있다! 이것은 카우츠키가 모순의 완화라는 이론과는 전혀 들어맞지 않는 명백한 사실들로부터 도피하여 무고한 소시민적 담론과 공상 뒤로 숨으려 하고 있음을 의미한다. 카우츠키가 말하는 '초제국주의'―이 용어는 저자가 말하고자 하는 바를 전혀 표현해주지 못한다―는 자본주의 모순의 비상한 완화를 암시한다. 우리는 영국과 미국에서 보호무역주의가 후퇴하고 있다는 얘기를 듣고 있다. 그러나 과연 새로운 시대를 향한 경향은 어디에 최소한이라노 존재하고 있는 것인가? 극도의 보호무역주의는 현재 미국에서는 후퇴하고 있지만, 영국에 유리한 특권, 특혜관세가 영국의 식민지들에서는 남아 있는 것처럼 보호무역주의는 아직도 유효하다. 자본주의의 과거 '평화' 시대가 무엇에 기초하여 현 제국주의 시대로 이행한 것인지 상기해보자. 자유경쟁이 독점자본주의 연합체(combines)에 자리를 내주었고, 세계 전체가 분할되었다. 이들 두 사실(및 요인)은 모두 명백히 전세계적인 의미를 갖는 것이다. 자본이 방해 받지 않고서 식민지를 늘리고 아프리카 등지의 아직 점령되지 않은 토지를 탈취할 수 있는 위치에 있는 한, 그리고 자본의 집적이 아직 미약하고 독점적 대기업집단이 존재하지 않는다면, 다시 말해 한 산업부문 전체에 대한 지배를 가능케 하는 규모의 대기업집단이 존재하지 않는 한 자유무역과 평화적인 경쟁은 가능하고 또 필요한 것이었다. 그러한 독점 대기업집단의 출현과 성장(이러한 과정이 영국이나 미국에서 중단되었는가? 전쟁이 그러한 과정을 가속화시키고 격화시켰다는 것을 카우츠키도 감히 부정하지 못할 것이다)은 이전과 같은 자유경쟁을 불가능한 것으로 만들어버렸다. 그러한 독점 대기업집단이 자유경쟁의 기반을 근저에서부터 무너뜨리고 있는 한편에서는 세계 분할의 완료가 자본가들로 하여금 평화적인 확장에서 식민지와 세력권의 재분할을 위한 무력투쟁으로 전환하지 않을 수 없도록 강요한다. 두 나라에서의 보호무역주의의 후퇴가 이 점과 관련하여 무언가 사태를 변경시킬 수 있다고 생각하는 것은 웃음거리밖에 안 된다.

지난 몇 년 동안에 일어난 두 나라의 자본수출 감소에 대해 좀 더 자세히 검토해보자. 하름스(Harms)의 통계에 따르면, 1912년에 프랑스와 독일 두 나라는 각각 약 350억 마르크(약

170억 루블)의 해외투자를 보유하고 있었고, 반면에 영국은 일국만으로도 그 두 배의 액수를 보유하고 있었다.[7] 자본주의 아래서 자본수출의 증가가 균등하게 진행된 적은 결코 없고, 또 그렇게 될 수도 없다. 자본축적이 감소했다거나, 국내시장의 수용능력, 이를 테면 대중의 처지가 크게 개선됨으로 인해 중요한 변화를 겪었다거나 하는 등의 얘기는 카우츠키도 감히 입 밖에 내지 못할 것이다. 이와 같은 조건 아래서는 두 나라의 자본수출이 수년간 감소했다고 하는 것으로부터 결코 새로운 시대의 도래라는 결론을 끌어낼 수는 없다.

'금융자본 파벌들 간의 국제적인 상호결합의 강화'는 지난 몇 년 동안에 국한된 것도 아니고, 두 나라에만 해당되는 것도 아닌, 자본주의 세계 전체에 걸친 단 하나의 경향, 실로 전반적인, 의심의 여지가 없는 경향이다. 그런데 어째서 이러한 경향이 지금까지와 같은 군비증강이 아닌, 군비축소를 향한 지향을 낳는다는 것인가? 세계적으로 유명한 화포(및 군수품 일반) 제조업체 암스트롱 사를 예로 들어보자. 영국의 《이코노미스트》(1915년 5월 1일자)는 이 회사의 이윤이 1905~6년의 60만 6천 파운드(약 600만 루블)에서 1913년에는 85만 6천 파운드, 그

7   레닌 주 Bernhard Harms, *Probleme der Weltwirtschaft*, Jena, 1912;
    George Paish, "Great Britain's Capital Investments in the Colonies,
    etc" in the *Journal of the Royal Statistical Society*, Vol. LXXW, 1910/11,
    167쪽을 보시오. 1915년 초의 한 연설에서 로이드 조지는 영국의 해외
    자본투자를 대략 40억 파운드, 즉 약 800억 마르크로 평가했다.

리고 1914년에는 94만 파운드(900만 루블)로 증가했음을 보여주는 통계수치를 발표했다. 이와 같이 금융자본의 상호결합은 매우 뚜렷한 경향이며 증가일로에 있다. 독일 자본가들이 영국 회사에 '주식 지분'을 갖고 있거나, 영국 회사가 오스트리아에 발주할 잠수함을 건조하는 등의 사례는 허다하다. 세계적인 규모로 상호결합되어 있는 상태에서 자본은 군비와 전쟁을 통해 번창하고 있다. 각국의 자본이 국제적 규모로 연결되어 상호결합을 이루고 있다는 사실에서 군비축소를 향한 경제적 경향이라는 결론을 끌어내는 것은 계급모순의 완화를 바라는 선의의 소시민적 기대가 계급모순 격화의 현실을 대신하도록 허락하는 것과 다를 바 없다.

V

카우츠키가 전쟁의 '교훈들'에 대해 이야기하면서 그 교훈들을 전쟁이 야기한 참상에 대한 도덕적 혐오의 관점에서 제시하고 있는 것은 완전한 속물근성의 발로다. 예를 들어 『민족국가, 제국주의 국가, 국가연맹』에서 그가 어떻게 주장하고 있는지 보자.

세계 평화와 군비축소에 큰 관심을 갖고 있는 주민층이 존재한다는 것은 의심할 여지가 없이 타당하며 증명의 필요가 없는 사실이다. 소부르주아지와 소농민은 물론이고 많은 자본가들과 지식인들도 제국주의에 매여 있지 않다. 전쟁과 군비경쟁의 결과로 이들 계층이 입는 손해를 상회하는 이익을, 제국주의로부터 이들 계층이 얻을 수 있는 게 없기 때문이다.(21쪽)

이것은 1915년 2월에 쓴 것이다! 소부르주아지와 '인텔리겐차'까지 포함하여 모든 유산계급들이 통째로 제국주의자들에게 가담한 사실들이 다 밝혀져 있는데도 카우츠키는 마치 체호프(Chekhov)의 소설에 나오는 목도리를 두른 사내[8]처럼 아주 자기만족적인 태도로, 그리고 감미로운 문구를 동원하여 그 사실들에 대해 당치도 않다는 듯이 어깨를 으쓱하고 있는 것이다. 그는 소부르주아지의 이익을 그들의 **행동**에 의거해서가 아니라, 특정 소부르주아의 말에 의거해서 판단한다. 매 발걸음을 뗄 때마다 그러한 말들이 행동에 의해 논박되고 있는데도 말이다. 그것은 부르주아지 일반의 '이익'을 그들의 행동을 가지고 판단하는 것이 아니라, 현 체제가 기독교의 이상으로 충만해 있다고 공언하는 부르주아 목사의 자애로운 설교를 가지고 판단하는 것과 같다. 카우츠키가 마르크스주의를 적용하는 방식을 보면, 마르크스주의에서 그 모든 내용을 제거하여 빈 형식만 적용하는, 따라서 일종의 초자연적·심령론적인 의미로의 '이익'이라는 표어밖에 남지 않는, 그와 같은 방식임을 알 수 있다. 따라서 이러한 '이익'이라는 말로 카우츠키가 염두에 두고 있는 것은 현실의 경제가 아니라 공동체의 복리에 대한 비현실적인 바람이다.

마르크스주의는 '이익'이라고 하는 것을 일상생활의 수만 가지 사실들로 표현되고 있는 계급적대와 계급투쟁에 의거하여 판단한다. 소부르주아지는 계급적대의 격화가 '유해한 결과'를 가져온다고 '주장'하면서 그것의 완화를 떠들어대고 완화

---

8 체호프의 동명 소설에 나오는 등장인물로, 혁신과 창의를 두려워하는 편협한 속물의 전형으로 표현되고 있다.―원서 편집자

되는 꿈을 꾼다. 제국주의는 유산계급의 모든 계층이 금융자본에 종속되는 것을 의미하며, 지금 전쟁에 참가하고 있는 5개 또는 6개 '대'국 사이에 세계가 분할되는 것을 의미한다. 대국 간의 세계 분할이라는 것은 그들 대국 민족의 모든 유산계급이 식민지 및 세력권의 보유와 타민족에 대한 억압에 이해관계가 있다는 것을 의미하며, 또한 '대'국과 억압 민족에 속해 있는 데서 오는 다소간의 수지맞는 자리와 특권들의 확보에 이해관계가 있다는 것을 의미한다.9

기존의 방식대로, 즉 자본주의가 순조롭게 진화하고 새로운 나라들로 점진적으로 확대되는, 비교적 평온하고 문화적이고 평화로운 환경 속에서 하던 방식으로 계속 생활하는 것은 더 이상 가능하지 않다. 새로운 시대가 도래한 것이다. 금융자본은 대국 반열에서 특정 나라를 몰아낸다. 그러고는 곧 완전

---

9 레닌 주 슐체(E. Schultze)는 1915년 전세계의 유가증권 총액이 국채와 지방채, 저당증권, 상공업 회사의 주식 등을 합산하여 약 7,320억 프랑으로 산정된다고 전한다. 이 액수 중 영국의 지분이 1,300억 프랑, 미국은 1,150억, 프랑스 1,000억, 독일 750억 등으로, 이 4대국의 지분 합계가 전체 총액의 반이 넘는 4,200억 프랑이다. 이로부터 판단할 수 있는 것은, 타민족을 앞지른 주요 대국 민족들이 타민족을 억입하고 약탈하는 데서 이러한 이익과 특권이 생긴다는 것이다. (Dr. Ernst Schultze, *Das französische Kapital in Russland in Finanz-Archiv*, Berlin, 1915, 32nd year of publication, p. 127.) 대국 민족에게 '조국 방위'는 타민족에 대한 약탈에서 오는 획득물을 나눠 가질 권리의 방어를 의미한다. 두루 알다시피, 러시아는 자본주의적 제국주의가 상대적으로 약하고, 그 대신 군사적·봉건적 제국주의가 더 강하다.

하게 몰아내서, (영국과 교전 상태에 들어간 독일이 지금 그런 기세를 보이고 있는 것처럼) 그 나라가 차지하고 있던 식민지와 세력권을 빼앗을 것이며, 소부르주아지가 누려온 대국 민족으로서의 특권과 부수입을 빼앗을 것이다. 이것은 전쟁이 입증한 바다. 이것은 카우츠키가 자신의 소책자『권력으로 가는 길』에서 그랬듯이 모두가 오래전부터 인정해온 계급적대의 격화가 낳은 결과다.

강대국 특권을 둘러싼 무력충돌이 사실이 되어버린 지금, 카우츠키는 자본가들과 소부르주아지를 설득해서 전쟁은 참혹한 것인 데 반해 군비축소는 유익한 것이라고 믿게 하려고 한다. 교단에서 설교하는 기독교 목사가 자본가들을 설득하여 이웃에 대한 사랑은 영적 갈망이자 문명의 도덕법칙일 뿐만 아니라 신의 계율이라고 믿게 하려고 하는 것과 똑같은 방식으로 말이다. 그리고 그 결과까지도 똑같이 말이다. 카우츠키가 말한 이른바 '초제국주의'로 나아가는 경제적 경향이라는 것은 다름 아니라 금융자본가들에게 악행을 삼가야 한다고 하는 소부르주아적 설교, 바로 그것이다.

자본수출은 어떠한가? 더 많은 자본이 미국과 같은 독립국들로—식민지들로 수출되는 것보다 더 많이—수출되고 있다. 또 식민지 탈취는? 식민지는 모두 탈취되었고, 식민지의 거의 모두가 해방을 지향하고 있다. "인도가 더 이상 영국령으로 남아 있지 않을 것이며, 온존한 제국으로서 통째로 또 다른 외국의 지배하에 떨어지는 일은 결코 일어나지 않을 것이다."(앞에서 인용한 소책자, 49쪽) "어떤 산업자본주의 국가가 원료 문제에서 다른 나라에 의존하지 않고 독립하기에 충분한 식민 제국을 획득하려고 시도할 경우 이러한 시도는 필연적으로 다른 모든 자본주의 국가들로 하여금 연합하여 그 국가에 맞서게 하는 원인이 될 수밖에 없다. 이러한 시도는 또한 당초의 목표에 접근은 고사하고 그 국가를 끝없는 소모적인 전쟁으로 끌어들일 것이다. 그와 같은 정책은 그 국가의 경제생활 전체를 파산으로 이끄는 가장 확실한 길이다."(72~3쪽)

이것은 금융자본가들을 설득해서 제국주의를 포기하도록 하겠다는 속물적인 시도가 아니고 무엇이겠는가? 파산에 대한 예측으로 자본가들을 겁주려는 시도는, 증권거래소에서 주식투기를 하는 것에 대해 사람들이 이런 식으로 많은 재산을 잃었다는 이유로 주식투기를 하지 말라고 충고하는 것과 마찬가지다. 자본은 경쟁 자본가, 또는 경쟁국의 파산으로부터 이익을 본다. 이러한 방식으로 자본은 더 많은 집적을 이루기 때문이다. 그러므로 경제적 경쟁, 즉 경쟁 상대방을 파산으로 내모는 경제적 추동이 첨예해지고 '긴박'해지면 질수록 자본가들은 경쟁 상대방들을 그러한 방향으로 몰아가기 위해 군사적 압력을 더욱더 강화하려고 애를 쓴다. 식민지들이나, 또는 터키 같은 종속국들의 경우처럼 아직 이익을 유지하면서 자본이 수출될 수 있는 나라들이 적어질수록—이러한 경우에는 미국과 같은 자유로운 독립 문명국에 대한 자본수출에 비해 세 배의 이윤을 올릴 수 있으므로—터키, 중국 등을 종속시켜 분할하기 위한 투쟁은 더욱더 격렬해진다. 이것이 바로 금융자본과 제국주의 시대에 관해 경제이론이 드러내주고 있는 내용이다. 이것이 바로 사실들이 말하고 있는 내용이다. 그러나 카우츠키는 모든 것을 진부한 소부르주아적 '도덕'으로 돌려놓는다. 터키 분할이나 인도 탈취를 놓고 흥분하여 소동을 일으키거나 전쟁에 돌입하는 것은 확실히 무가치한 일이다. 왜냐하면 어쨌든 그러한 식민지들을 장기간 보유하는 것은 불가능한 일일 뿐더러 평화적으로 자본주의를 발전시키는 편이 더 나을 것이기 때문이다……. 나아가 임금을 인상시켜 국내시장을 확대시키고 자본주의를 발전시키는 편이 더 나을 것이라는 것은 말할 필요도 없다. 이것은 정말로 '생각해봄직한' 내용이며, 목사들이 금융자본가들한테 전도하기에 딱 들어맞는 화제임에 틀림없다……. 선량한 카우츠키는 식민지들이 어쨌든 곧 자신들의 해방을 달성할 것이기 때문에 식민지들을 놓고 영국에 대항해 전쟁을 벌이는 것은 무가치한 일이라고 독일의 금융자본가들을 설득하는 데 거의 성공할 뻔했다!

1872년에서 1912년 사이에 영국의 대 이집트 수출입 교역량은 영국의 전반적인 수출입 성장 속도와 일치하지 않았다. 이로부터 '마르크스주의자' 카우츠키는 다음과 같은 도덕률을 끌어낸다. "영국의 대 이집트 교역은 군사적 점령 없이 단지

경제적 요인들만 작동한 결과로, 그 발전이 뒤처진 것 아니냐
고 추정할 근거는 어디에도 없다."(72쪽) "자본의 확장 충동은
…… 제국주의의 폭력적 방법에 의해서가 아니라 **평화적인 민**
주주의에 의해서 가장 잘 촉진될 수 있다."(70쪽)

이 얼마나 놀라울 정도로 진지하고 과학적이며 '마르크스
주의적'인 분석인가! 카우츠키는 불합리한 역사를 눈부시게
'정정'했다. 그는 영국이 프랑스의 수중에서 이집트를 탈취할
필요가 없다는 것을, 그리고 독일의 금융자본가들이 이집트에
서 영국을 몰아내기 위해 전쟁을 일으키고 터키의 군사행동을
조직하는 등의 조치를 취하는 것은 절대로 가치 없는 일이라
는 것을 '증명'했다! 이 모든 것은 단지 오해에서 비롯됐다. 영
국은 아직도 (카우츠키 식으로 자본수출을 늘리기 위해서는!) 이집트
에서 강제적인 수단을 포기하고, '평화적인 민주주의'를 채택
하는 것이 '최선'일 것임을 깨닫지 못하고 있다.

물론, 자유무역이 자본주의가 낳은 경제적 적대를 모두 제
거하리라고 생각하는 것은 부르주아 자유무역주의자들이 가
진 환상이었다. 자유무역도, 민주주의도 이 적대를 세거할 수
없다. 모든 면에서 볼 때 우리는 대중에게 최소한의 고통과 희
생만을 강요할, 그러한 형태로 수행되는 투쟁에 의해 이 적대가
제거되도록 하는 데 관심이 있다.(73쪽)

주여, 우리에게 자비를 베푸소서. 주여, 우리를 불쌍히 여기소서! "속물이란 무엇인가?" 라살은 잘 알려진 시의 한 구절을 인용하여 자문자답하곤 했다. "속물은 두려움과, 신이 그를 불쌍히 여길 것이라는 희망 외에는 아무것도 없는 텅 빈 창자다."[10]

카우츠키는 마르크스주의를 유래가 없을 정도로 타락시켰을 뿐 아니라, 그 자신도 진짜 목사로 변신했다. 이 목사는 자본가들이 평화적인 민주주의를 채택하도록 설득하려고 시도했다. 그러고는 이것을 변증법이라고 불렀다. 그는 다음과 같이 주장한다. 먼저 자유무역이 있었고, 그 다음에 독점과 제국주의가 도래했다면, 왜 '초제국주의'가 있고, 그 다음에 다시 자유무역이 도래해서는 안 된다는 것인가? 이 목사는 그러한 초제국주의가 '실현'될 수 있는지에 대해서도 말할 용기조차 없지만, 그래도 이 초제국주의가 가져올 은총에 대해 묘사함으로써 억압받는 대중을 위로하기는 한다! 종교가 인민을 위로한다는 근거로 종교옹호론을 폈던 사람들에 대한 답변으로써 포이어바하가 위로의 반동적 의의를 지적했을 때 그는 옳았다. 노예제에 반대하여 봉기하도록 노예를 분기시키지 않고 그를 위로하는 자는 그 누구든 노예주를 돕고 있는 것이다.

10 괴테의 작품에서 인용.—원서 편집자

모든 억압 계급들은 그들의 지배를 지켜내기 위해 두 가지 사회적 기능을 필요로 한다. 교수형 집행인의 기능과 사제의 기능이 그것이다. 교수형 집행인은 피억압자들의 항의와 분노를 진압하기 위해 필요하다. 사제는 피억압자들을 위로하기 위해, 계급지배를 보존하는 가운데서도 그들의 고통과 회생이 완화될 수 있다는 전망을 그럴듯하게 제시하기 위해(이것은 특히 쉬워서 그러한 전망이 '실현'될 것이라는 보장을 하지 않고도 할 수 있다) 필요하다. 또한 그렇게 함으로써 그들을 계급지배와 화해시켜 혁명적 행동으로부터 이탈시켜내고, 그들의 혁명적 기백을 허물어뜨리고 나아가 그들의 혁명적 결의를 파괴하기 위해서 또한 사제가 필요하다. 카우츠키는 마르크스주의를 가장 흉물스럽고 어리석은 반혁명 이론으로, 가장 저차원의 성직자 이론으로 변질시켰다.

　1909년에 그는 『권력으로 가는 길』에서 자본주의 체제 내에서의 적대가 이론의 여지 없이 명백하게 격화되고 있다는 사실에 대해, 그리고 전쟁과 혁명의 시대가, 새로운 '혁명기'가 다가오고 있다는 사실에 대해 인정한 바 있다. '시기상조'의 혁명이란 있을 수 없다고 말하면서 그는, 씨움이 시작되지 않은 상황에서 패배의 가능성도 부정할 수는 없다 하더라도, 봉기의 계기에서 승리의 가능성도 있다는 것을 고려하길 거부하는 것은 '우리의 대의에 대한 직접적인 배반'이라고 공언했다.

　전쟁의 도래와 함께 적대는 더욱더 격화되었다. 대중의 고

통은 극에 달하고 있다. 전쟁은 끝날 기미를 보이지 않고 있는 가운데 전장은 더 넓게 확대되고 있다. 카우츠키는 소책자를 쓰고, 이어서 또 쓰고 있지만, 검열 당국의 지시에 온순하게 복종하여 영토의 강탈, 전쟁의 참상, 군납업자들의 가증스런 폭리, 물가폭등, 군수산업에 동원된 노동자들의 노예화와 같은 사실들에 대해서는 언급을 삼가고 있다. 대신에 그는 계속해서 프롤레타리아트를 위로하고 있다. 그가 위로하는 방식은 과거 부르주아지가 혁명적이고 진보적이었던 전쟁의 사례들을 드는 것이다. 그러한 전쟁들과 관련해서는 "마르크스 자신도" 어느 한쪽 부르주아지가 승리하기를 바랐다면서. 또 그는 자본주의는 식민지 없이도, 타국에 대한 약탈 없이도, 전쟁과 군비경쟁 없이도 '가능하다'는 것을, 그리고 '평화적 민주주의'가 좀 더 바람직하다는 것을 증명하는 수치들을 한가득 늘어놓음으로써 프롤레타리아트를 위로한다. 대중들의 고통이 더욱더 첨예해지고 있다는 사실을, 그리고 바로 우리 눈앞에서 혁명적 정세가 펼쳐지고 있다는 사실을 감히 부정하지는 못한 채 (검열 당국의 허가를 받은 것이 아니므로 이에 대해 이야기해서는 안된다!) 카우츠키는 부르주아지와 기회주의자들에게 굽신거리면서, '희생과 고통이 좀 더 적게' 따르는 새로운 단계에서의 투쟁 형태들에 대한 '전망'(그는 이것이 '실현'될 수 있다는 보장을 하지는 않는다)을 그린다……. 프란츠 메링과 로자 룩셈부르크가 바로 이러한 이유로 카우츠키를 매춘부(Mädchen für alle)라고 불렀을 때 그들은 지극히 옳았다.

***

1905년 8월에 러시아에서는 혁명적 정세가 실존했다. 차르는 들끓는 대중을 '위로'하기 위해 불리긴 두마[11]의 소집을 약속했다. 금융자본가들의 군비 포기와 '항구적 평화'에 대한 동의를 '초제국주의'라고 부를 수 있다면, 입법자문 의회대의제인 불리긴 체제는 '초전제정'(超專制政)으로 기술될 수도 있을 것이다. 수백 개의 거대 기업들 속에서 '뒤엉켜 있는' 백 명의 세계 최대의 금융자본가들이 전쟁이 끝나면 군비축소에 찬성하겠다는 약속을 내일 발표한다고 잠시 가정해보자. (카우츠키의 어리석고 하찮은 이론으로부터 정치적 결론을 이끌어내기 위해 잠시만 이렇게 가정하기로 한다). 설사 그러한 일이 일어난다 하더라도 프롤레타리아트로 하여금 혁명적 행동—이 혁명적 행동이 없다면 모든 약속도, 모든 멋진 전망도 다 신기루에 불과하다—을 취하지 못하도록 권고하는 것은 프롤레타리아트를 완전히 배반하는 것이 될 것이다.

11 Bulygin Duma. 입법자문 성격의 두마로, 이 두마의 선거와 소집을 위한 법령을 내무상 불리긴(A. G. Bulygin)이 의장으로 있던 위원회에서 기초하여 1905년 8월 6일(19일)에 공표했다. 볼셰비키가 불리긴 두마를 보이콧하여, 정부는 두마를 소집하는 데 실패했다. 불리긴 두마는 10월 정치총파업으로 일소되었다.—원서 편집자

전쟁은 자본가계급에게 거대한 이윤과 함께 새로운 강탈 (터키, 중국 등), 수억 루블에 달하는 신규 주문, 높은 이율의 새로운 채권 등의 눈부신 전망을 가져다주었을 뿐 아니라, 프롤레타리아트를 타락시키고 분열시키는, 더 큰 정치적 이점도 가져다주었다. 카우츠키는 이러한 타락을 부추기고 있다. 그는 전투적 프롤레타리아 사이에서의 이러한 국제 분열을, '자'국 기회주의자들과의 (쥐데쿰 무리들과의) 단결이라는 이름으로 신성화하고 있다! 그리고 기존의 당들이 외치는 단결이란 다름 아니라 해당 나라의 프롤레타리아트가 그 나라의 부르주아지와 '단결'하는 것이며, 국제적으로는 각국의 프롤레타리아트가 분열하는 것임을 이해하지 못하는 사람들이 아직 있다……

VI

앞의 글은 '사회민주주의의 붕괴'에 관한 카우츠키의 결론적 주장(쿠노에 대한 반론 글의 7장)이 실린 5월 28일자 《노이에 차이트》 9호가 발행되기 전에 이미 쓴 것이다. 카우츠키는 사회배외주의를 변호하며 자신이 늘어놓은 예전의 모든 궤변과 새로운 궤변을 다음과 같이 총괄하고 있다.

이 전쟁은 순수히 제국주의적인 전쟁이며, 개전 당초부터 대안은 제국주의냐, 사회주의냐 하는 양자택일 외에는 없었다고 말하는 것은 전혀 옳지 않다. 사회주의 당들과 독일 및 프랑스―그리고 많은 점에서 영국―의 프롤레타리아 대중이 아무 생각 없이, 한낱 한 줌도 안 되는 국회의원들의 호소에 호응해서 제국주의의 품에 뛰어들어 사회주의를 배반하고, 그리하여 미증유의 붕괴를 야기시켰다는 주장 또한 전혀 진실이 아니다.

새로운 궤변이고, 노동자들에 대한 새로운 기만이다. 이 전쟁은 "순수히" 제국주의적인 전쟁은 아니라고 말하고 있는 것이다!

현 전쟁의 성격과 의의의 문제에 대해서 카우츠키는 놀라울 정도로 동요를 보이고 있다. 이 당 지도자는 막 도둑질한 현장에서 멀리 벗어나고자 하는 도둑처럼 고의적으로 바젤 대회와 쳄니츠 대회의 정확한 공식 성명을 피해 간다. 1915년 2월에 쓴 『민족 국가, 제국주의 국가, 국가연맹』에서 카우츠키는 "최종적으로는 여전히" 이 전쟁은 "제국주의적 전쟁"이라고 확언하고 있다(64쪽). 이제 새롭게 "순수히"라는 단서가 도입되었다. 순수히 제국주의적인 전쟁은 아니다. 그러면 무슨 전쟁이라는 것인가?

이 전쟁은 또한 민족적인 전쟁으로도 보인다! 카우츠키가 이러한 어처구니없는 결론에 도달하는 것은 다음과 같은 '플레하노프주의적'인 사이비 변증법을 통해서다.

"현 전쟁은 제국주의가 낳은 자식일 뿐만 아니라 러시아 혁명의 자식이기도 하다." 카우츠키는 일찍이 1904년에 다음과 같이 예견했다. 러시아 혁명은 새로운 형태로 범슬라브주의를 부활시킬 것이며, "민주주의 러시아는 불가피하게 오스트리아와 터키 내 슬라브인들의 민족적 독립을 향한 열망을 크게 고조시킬 것이다……. 그러면 폴란드 문제도 첨예하게 부각될 것이다……. 오스트리아도 무너져내릴 것이다. 왜냐하면 차리즘의 붕괴와 함께, 현재 원심력 요소들을 한데 묶고 있는 강철

밴드도 파괴될 것이기 때문이다."(이 마지막 문구는 1904년 논문에서 카우츠키 자신이 인용한 것이다). "러시아 혁명은 동방 인민의 민족적 열망에 새롭고 강력한 자극을 제공하면서 유럽의 문제들 위에 아시아의 문제들을 추가시켜놓았다. 이 모든 문제들이 현 전쟁에서 매우 강하게 부각되고 있으며, 프롤레타리아 대중을 포함하여 인민대중의 동향에서 결정적 의의를 획득해가고 있는 반면, 지배계급들 사이에서는 제국주의적 경향이 우세한 현실이다."(273쪽, 강조는 인용자)

이것은 마르크스주의를 타락시킨 또 다른 견본이다! "민주주의 러시아"가 동부 유럽 민족들 사이에 자유를 향한 지향을 고무시키는 한(이 점은 논란의 여지가 없다), 현 전쟁—단 하나의 민족도 해방시키지 않고 오히려 (결말이 무엇이든 간에) 많은 민족을 노예화시킬 현 전쟁—은 '순수히' 제국주의적인 전쟁은 아니다. '차리즘의 붕괴'가 오스트리아의 해체를—그 비민주적 민족 구성으로 인해—의미하는 한, 오스트리아를 약탈하고 오스트리아의 제 민족에게 훨씬 더 큰 억압을 가져올, 일시 강화된 반혁명적 차리즘은 '현 전쟁'에 순수히 제국주의적인 성격을 부여하지 않고, 일정 정도 민족적 성격을 부여한다. '지배계급들'이 제국주의 전쟁의 민족적 목적 운운하는 우화 같은 이야기로 어리석은 소부르주아지와 겁먹은 농민들을 현혹시키고 있는 한, '마르크스주의'의 최고 권위자이자 제2인터내셔널의 대표자이신 이 과학자 분은 지배계급들이 제국주의적 경향을 드러내는 동안에 '인민'과 프롤레타리아 대중은 '민족적' 열망을 드러낸다고 하는 '정식'(定式)을 통해 대중을 이러한 기만과 화해시킬 자격이 있는 분이다.

변증법이 가장 비열하고 천박한 궤변론으로 바뀌었다.

현 전쟁에서 민족적 요소는 오직 세르비아의 대 오스트리아 전에서만 존재한다(이에 대해서는 우리 당의 베른 회의 결의에 적시되어 있다).[12] 오직 세르비아에서만, 그리고 세르비아인들 사이에서만 우리는 수백만 '인민대중'을 포괄하고 있는 다년간에 걸친 민족해방 운동을 발견할 수 있다. 오스트리아에 대항하는 세르비아의 현 전쟁이 이 운동의 '계속'이다. 이 전쟁이 고립된 전쟁이라면, 즉 전 유럽 전쟁과 연결되어 있지 않고, 영국, 러시아 등의 이기적이고 약탈적인 목적과 연결되어 있지 않다면, 세르비아 부르주아지의 승리를 바라는 것이 모든 사회주의자들의 의무일 것이며, 이것이야말로 현 전쟁에서의 민족적 계기로부터 끌어낼 단 하나의 올바른, 그리고 절대적으로 필연적인 결론이다. 그러나 지금 오스트리아 부르주아지와 성직자들과 군국주의자들을 위해 봉사하고 있는 궤변가 카우츠키가 끌어내지 못하고 있는 것이 바로 이 결론이다.

나아가, 과학적 방법의 최신 성과인 마르크스주의적 변증법은 대상의 고립된 관찰, 즉 일면적이고 심하게 왜곡된 관찰

12 「러시아 사회민주노동당 재외지부 회의」를 보라.―원서 편집자

을 배제한다. 세르비아-오스트리아 전쟁에서의 민족적 계기는 전 유럽 전쟁 속에서 그 어떤 중요한 의의도 가지지 않으며, 가질 수도 없다. 만일 독일이 승리하면, 독일은 벨기에를, 폴란드 영토의 또 다른 일부를, 그리고 아마 프랑스의 일부를 압살할 것이다. 만일 러시아가 승리하면, 러시아는 갈리치아를, 폴란드 영토의 또 다른 일부를, 그리고 아르메니아 등을 압살할 것이다. 만일 전쟁이 '승패 없이' 끝나면, 기존의 민족적 억압이 계속될 것이다. 세르비아에게, 즉 현 전쟁에 참가한 전체 인원 중 아마 1퍼센트 정도에 해당하는 세르비아에게 이 전쟁은 부르주아 해방운동의 '정치의 계속'이다. 나머지 99퍼센트에게 이 전쟁은 제국주의 정치의 계속이다. 즉 제 민족을 해방하는 것이 아니라 오직 유린하는 것만이 가능한 노쇠한 부르주아지의 정치의 계속이다. 세르비아를 '해방시키고' 있는 3국협상(Triple Entente)은 이탈리아 제국주의가 오스트리아를 약탈하는 데 원조해준 대가로 세르비아 자유의 이익을 이탈리아 제국주의에 팔아넘기고 있다.

두루 알고 있는 이 모든 것을, 카우츠키가 기회주의를 정당화시키기 위해 뻔뻔스럽게 왜곡한 것이다. 자연계와 사회 어디에서도 '순수한' 현상이란 존재하지 않으며, 존재할 수도 없다. 이것이 마르크스주의 변증법이 우리에게 가르치고 있는 바다. 순수라는 개념 자체가 인간 인식의 어떤 협소함, 즉 대상을 그것의 모든 총체성과 복잡성 속에서 파악하지 못하는 일면성을 시사하는 것임을 변증법은 우리에게 보여준다. 이 세계에 '순수한' 자본주의란 존재하지 않으며, 존재할 수도 없다. 언제나 우리가 발견하는 것은 봉건제나 소시민적 관계나 또는 그 밖의 어떤 것과의 **혼합물**이다. 따라서 제국주의자들이 노골적인 강탈 목적을 '민족적' 미사여구로 의도적으로 덮어 감추며, '인민대중'을 드러내놓고 기만하고 있는 문제에 대해 우리가 논의하고 있을 때 누군가가 이 전쟁이 "순수히" 제국주의적인 전쟁은 아니라고 상기시킨다면, 그 같은 사람은 극히 어리석은 현학자이거나 협잡꾼이다. 문제의 핵심은 이렇다. 카우츠키는, '프롤레타리아 대중을 포함한 인민대중'에게는 민족해방의 문제들이 '결정적인 의의'을 가졌지만, 반면 지배계급들에게 결정적인 요인은 '제국주의적 경향'(273쪽)이었다고 확언하고, 이것을 '현실의 무한한 다양성'(274쪽)에 대한 이른바 변증법적 천착으로 '보강'한다. 결국 제국주의자들이 인민을 기만하는 것을, 그는 이런 식으로 **지지**하고 있는 것이다. 확실히, 현실은 무한히 다양하다. 이것은 절대적인 진리다! 그러나 이 무한한 다양성 속에서도 두 개의 주요한, 근본적인 흐름이 있다. 전쟁의 객관적인 내용은 제국주의 "정치의 계속", 즉 "대국"의 노쇠한 부르주아지(및 대국 정부들)에 의한 타민족들의 약탈이라는 정치의 계속이지만, 반면 '주관적인' 지배적 이데올로기는 대중을 우민화하기 위해 전파되고 있는 '민족적' 미사여구로 구성되어 있다는 것이다.

거듭 되풀이되고 있는 카우츠키의 낡은 궤변, 즉 '개전 당초'에 '좌파'가 제국주의냐, 사회주의냐의 양자택일 외에 다른 것은 없는 상황으로 정세 파악을 했다고 하는 그의 궤변은 이미 앞에서 분석했다. 이것은 파렴치한 속임수인데, 왜냐하면 카우츠키는 좌파가 그런 양자택일이 아닌 다른 양자택일, 즉 당이 제국주의적 약탈과 인민 기만에 가담하거나, 그게 아니면 혁명적 행동을 선전하고 준비하거나의 양자택일을 제기했다는 것을 매우 잘 알고 있기 때문이다. 카우츠키는 또한 쥐데쿰파에 엎드려 충성하느라 자신이 퍼뜨리고 있는 어리석은 우화를 독일 좌파가 폭로하지 못하는 것은 오직 검열 때문이라는 것도 알고 있다.

'프롤레타리아 대중'과 '한 줌의 국회의원들'과의 관계에 대하여 카우츠키는 아주 진부한 반론을 제기한다.

"자기변호가 되지 않도록 독일인들 문제는 그냥 무시하자. 바이양, 게드, 하인드먼, 플레하노프 같은 사람들이 하루아침에 제국주의자가 되어 사회주의를 배반했다고 누가 진지하게 주장할 수 있겠는가? 국회의원들과 '지도적 기구들' 문제는 그냥 무시하자⋯⋯." 여기서 카우츠키는 명백히 로자 룩셈부르크와 프란츠 메링이 발간하는 잡지, 《인터나치오날레》를 겨냥하고 있다. 이 잡지에서는 지도적 기구들, 즉 독일 사회민주당의 집행부 '포어슈탄트(Vorstand)'와 국회의원단 등 당의 공식 기구들의 정책이 마땅히 경멸적인 취급을 받고 있다. "한 줌의 국회의원들이 내린 명령으로 400만의 계급적으로 각성한 독일 프롤레타리아를 그들의 기존 목표와 정반대로 24시간 만에 180도 방향전환 시키는 데 충분하다고 누가 감히 주장할 수 있겠는가? 만일 이것이 진실이라면, 그것은 의당 우리 당만이 아니라 대중(카우츠키의 강조)도 붕괴했다는 끔직한 증거일 것이다. 만일 대중이 그와 같이 이리저리 휩쓸리는 한 무리 양 떼와 같다면 우리는 그저 우리 자신을 매장하는 것을 허락할 수도 있다."(274쪽)

최고 권위, 카를 카우츠키는 정치적으로나 과학적으로나 자신을 오래전에 스스로 매장시켰다. 자신의 행동과 자신의 온갖 궤변을 통해서 말이다. 이 점을 이해하지 못하거나 최소한 느끼지도 못하는 사람들은 사회주의의 차원에서는 가망 없는 사람들이다. 메링과 로자 룩셈부르크와 그들의 지지자들이 카우츠키와 그의 동료들을 가장 비열한 존재로 취급하면서 《인터나치오날레》에서 채택한 논조가 그 상황에서 유일하게 올바른 것이었다고 할 수 있는 것은 바로 이러한 이유 때문이다.

생각해보자. 다소간에 자유롭게 전쟁에 대한 자기 견해를 표현할 위치에 있는 유일한 사람들(즉 곧바로 붙잡혀 병영으로 끌려 갈 위험도, 또는 그 자리에서 사살 당할 위험도 없는 사람들)은 '한 줌의 국회의원들'(이들은 투표권을 갖고 자유로이 투표할 수 있었다. 충분히 반대투표를 할 수 있었다. 심지어 러시아에서도 이것을 이유로 끌려가 매질을 당하거나, 체포된 사람은 없었다), 한 줌의 관리들, 언론인들 등이었다. 그리고 지금, 카우츠키는 이 계층—이 사회계층이 기회주의 전술 및 이데올로기와 어떻게 연결되어 있는지, 그 연결고리에 대해 카우츠키 자신이 다년간에 걸쳐 수십 차례 써왔다—의 배신 행위와 이리저리 휩쓸리는 무정견함에 대한 책임을 이제 고상하게도 대중에게 전가하고 있는 것이다! 과학적 탐구 일반이, 그리고 특수하게는 마르크스주의 변증법이 탐구자에게 요구하는 제1의 기본적인 준칙은, 사회주의 운동 내 조류들 간의 현 투쟁—배신 행위에 대해 욕을 하고 고함을 치고 웅성거리는 등의 행동을 하는 **조류**와 전혀 배신 행위라고 보지 않는 조류 간의 현 투쟁—과 그 투쟁에 선행하여 **몇십 년간을** 내내 진행해온 투쟁 사이의 **연결고리**를 검토해야 한다는 것이다. 그러나 카우츠키는 이에 대해 한 마디도 하지 않는다. 심지어 그는 조류들과 경향들의 문제를 제기조차 하고 싶어하지 않는다. 지금까지는 경향들이 존재했으나 이제는 그 어떤 경향도 존재하지 않는다! 오늘 다만, 시녀근성을 가진 사람들이 여차하면 언제나 전가의 보도처럼 꺼내드는 '권위자들'의 혁혁한 명성들만 존재한다. 이 점에서 참으로 편리한 것은, 상부상조 규칙에 따라 우호적인 방식으로 서로 인용하고, '사소한 실수'는 덮어주는 것이다. "어떻게 이것을 기회주의라 부를 수 있는가?" 마르토프는 베른에서 한 강연에서 이렇게 외쳤다(《사회민주주의자》 36호를 보라). "언제 게드, 플레하노프, 카우츠키가……." "우리는 게드 같은 사람들을 기회주의로 몰아붙이는 것에 좀 더 신중을 기해야 한다"라고 악셀로드는 썼다(《골로스》 86호 및 87호). 베를린에서 카우츠키도 받아 외쳤다. "나는 자기변호는 하지 않겠다. 바이양과 게드와 하인드먼과 플레하노프를 변호할 것이다……." 정말 상호찬양고무협회군!

카우츠키는 그의 저작에서 하인드먼에게까지 꼬리를 치는데, 하인드먼이 제국주의 편으로 탈주한 것을 한낱 지난 일에 불과한 것처럼 보이게 하려고 애쓸 정도로 시녀근성을 발휘하고 있다. 그리고 아직도 그 동일한 《노이에 차이트》와 전 세계의 수십 종에 이르는 사회민주주의 신문들은 다년간에 걸쳐 하인드먼의 제국주의론에 관한 글들을 싣고 있다. 귀찮더라도 카우츠키가 자신이 거론한 인사들의 정치적 전기를 철저히 연구하는 수고를 했더라면, 그 인사들의 제국주의로의 탈주―하루아침이 아니라 수십 년에 걸친―를 위한 길을 닦아 놓은 특징과 사건 들을 이들 전기가 과연 담아내고 있는지, 바이양이 조레스주의자들에게, 플레하노프가 멘셰비키와 청산파에게 포로로 잡혀 있는 것은 아닌지, 어떤 중요한 사안에 대해서도 독립적인 입장을 취할 수 없는 저 특유의 무기력하고 김빠진 게드주의 잡지 《사회주의Le Socialisme》[13]에서 게드주의 조

13 1907년부터 1914년 6월까지 파리에서 프랑스 사회주의자 쥘 게드가 편집한 잡지.―원서 편집자

류가 만인이 보는 가운데 죽어가고 있는 것은 아닌지, 카우츠키 자신이 베른슈타인주의에 대한 투쟁 초기에 밀레랑주의 문제에 무정견하지는 않았는지(매우 적절하게도 카우츠키의 자리를 하인드먼과 플레하노프의 곁에 마련해놓은 사람들을 위하여 이 점을 덧붙인다) 등을 떠올렸을 것이다.

그러나 카우츠키는 이들 지도자들의 전기를 과학적으로 검토하는 데 조금도 관심을 보이지 않는다. 이들 지도자들이 자기 자신의 논거로 스스로를 변호하고 있는지, 아니면 기회주의자들과 부르주아지의 논거를 받아 옮김으로써 스스로를 변호하고 있는지, 또 이들 지도자들의 행동이 중대한 정치적 의의를 얻게 된 이유가 그들 자신의 비상한 영향 때문인지, 아니면 군(軍) 조직의 지지를 받는 어떤 다른, 실제로 '영향력 있는' 조류, 말하자면 부르주아적 조류에 그들이 합류했기 때문인지, 이런 문제에 대해 카우츠키는 알아보려고 시도조차 하지 않는다. 카우츠키는 이 문제를 검토하는 일에 착수조차 해본 적이 없다. 그의 유일한 관심은 대중의 눈에 흙먼지를 뿌리고 권위자들의 이름을 들어 대중을 주눅들게 하는 것, 그리고 대중이 분명한 쟁점을 제기하여 그것을 모든 방면에서 검토하는 것을 못하게 막는 것이다.[14]

"한 줌의 국회의원들이 내린 명령으로 400만의 계급적으로 자각한 프롤레타리아를 180도 방향 전환시키기에 충분하다."

여기에 표명된 말 하나하나가 다 거짓이다. 독일의 당 조직은 400만이 아니라 100만 당원이었다. 어느 조직에서나 그렇듯이, 이 대중적 조직의 통일적 의지는 오직 그 조직의 통일적인 중앙 정치를 통해서만, 즉 사회주의를 배반한 '한 줌'의 사람들을 통해서만 표현되었다. 의견을 표명하도록 요청받은 것은 이 한 줌의 사람들이었다. 투표하도록 요구받은 것이 이 한 줌의 사람들이었고, 그들이 투표할 위치에 있었다. 그들이 논설을 쓸 위치에 있었다. 대중은 의견을 요구받지 않았다. 대중은 투표하는 것이 허용되지 않았을 뿐만 아니라, 분산되어 있었고, '명령으로' 강제되었다. 한 줌의 국회의원들로부터의 명령이 아니라, 군 당국으로부터의 명령으로 말이다. 군 조직이 존재했다. 이 조직의 지도자들 사이에서는 어떠한 배신 행위도 없었다. 이 조직은 대중을 개별적으로 한 명씩 소집하여 최후

14 레닌 주 카우츠키가 바이양, 게드, 하인드먼, 플레하노프를 인용하고 있는 것은 또 다른 측면에서도 특징적이다. 렌쉬와 해니쉬 같은 솔직한 제국주의자들은(기회주의자들은 말할 것도 없고) 그들 자신의 정책을 정당화하기 위해 하인드먼과 플레하노프를 인용한다. 그리고 그들은 그렇게 할 권리가 있다. 이것이 실제로 동일한 정책이라고 그들이 언급했을 때 그들은 진실을 말하고 있는 것이다. 그러나 카우츠키는 제국주의로 전향한 급진파 렌쉬와 해니쉬에 대해 경멸조로 말한다. 카우츠키는 자신이 그 같은 죄인들과는 같지 않다는 것, 자신이 그들과 의견이 다르다는 것, 그리고 자신이 여전히 혁명적(원문 그대로임!)이라는 것에 대해 신에게 감사드린다. 사실을 말하자면, 카우츠키의 입장은 그들과 같다. 감상적인 미사여구를 동원하는 위선적인 배외주의자 카우츠키는 다비트와 하이네, 렌쉬와 해니쉬 같은 배외주의적 쑥맥들보다 훨씬 더 역겹다.

통첩 발했다. 너의 지도자들이 너에게 충고한 대로 입대를 할래, 아니면 총살당할래? 대중은 조직된 방식으로 행동할 수 없었는데, 왜냐하면 대중의 기존 조직, 즉 레기엔(Legien), 카우츠키, 샤이데만 등 한 줌의 사람들로 대표되는 조직이 대중을 배반했기 때문이다. 새 조직을 만드는 데는 시간이 필요하며, 또한 낡고 썩어 퇴물이 된 조직을 쓰레기 더미로 보내는 결의도 필요하다.

카우츠키는 자신에 대한 반대자들, 즉 좌파를 때리려고 다음과 같은 터무니없는 논리를 좌파에게 전가하고 있다. '대중'은 전쟁에 대한 '앙갚음으로' '24시간 안에' 혁명을 만들고, 제국주의에 반대하여 '사회주의'를 실시해야 한다. 그렇지 않으면 '대중'은 '무정견과 배신 행위'를 드러내는 것이다. 좌파가 이런 식으로 문제를 제기한다는 얘기인데, 그러나 이것은 완전히 황당한 얘기로서, 무식한 부르주아 편집자들과 경찰 측이 낸 소책자에서 혁명가들을 때리기 위해 지금까지 써왔던 수법이며, 카우츠키도 지금 우리의 면전에서 이 수법을 뿜내고 있다. 카우츠키가 이렇게 적으로 삼고 있는 좌파는 혁명이 '만들어' 질 수 없다는 것, 혁명은 객관적으로(즉 당들과 계급들의 의지와는 독립적으로) 성숙한 위기와 역사의 급전환으로부터 발전한다는 것, 조직 없이는 대중은 의지의 통일을 갖추지 못한다는 것, 중앙집권 국가의 강력한 테러 군사조직에 대항하는 투쟁은 힘들고 장기간에 걸친 작업이라는 것을 십분 인식하고 있다. 대중은 지도자들의 배반 행위로 인해 중대한 순간에 아무 일도 할 수 없었다. 반면 이 '한 줌의' 지도자들은 전쟁공채에 반대 투표를 하고, '계급휴전'과 전쟁 정당화에 반대 입장을 취하고, 자국 정부의 패배에 찬성하는 성명을 내고, 참호 안에서의 우애를 선전하기 위한 국제적 기관을 설립하고, 혁명적 활동에 착수할 필요를 선전하는 비합법 문헌[15]의 발행을 조직하는 등의 일들을 할 수 있는 완전한 위치에 있었고, 또 그렇게 해야 할 의무가 있었다.

카우츠키는 독일의 '좌파'가 염두에 두고 있는 것이 바로 이러한, 또는 이와 비슷한 행동이라는 것, 그리고 군 검열하에서 좌파가 이러한 것에 대해 **직접적으로**, 공공연하게 이야기할 수 없다는 사실을 십분 인식하고 있다. 카우츠키는 어떻게 해서라도 기회주의자들을 옹호하겠다는 욕망 때문에 전대미문의

15 레닌 주 첨언한다면, 계급적 증오와 계급투쟁에 관한 글을 봉쇄하려는 정부 금지령에 답하여 과연 모든 사회민주주의 신문을 꼭 폐쇄하지 않으면 안 되었을까? 결코 그렇다고 보지 않는다. 《포어베르츠》가 그랬던 것처럼 정부 금지령에 순응하여 그런 글을 쓰지 않기로 하는 것은 한심하고 비겁한 것이다. 《포어베르츠》는 정치적으로 사망했고, 마르토프가 이렇게 말했을 때 그는 옳았다. 합법 신문을 내면서 이 신문은 비당(非黨), 비사회민주주의 신문이자, 일부 노동자층의 기술적인 요구에 부응하기 위한 신문임을, 즉 비정치적 신문임을 선언함으로써 합법 신문들을 유지하는 일은 가능했다. 전쟁에 대한 평가를 담아낸 비합법의 사회민주주의 문헌과, 이러한 평가를 취급하지 않는 합법적으로 출판되는 노동자 문헌, 진실이 아닌 것을 말하지는 않지만, 진실에 대해 입을 다무는 문헌, 왜 이런 것이 불가능하다는 것인가?

비열한 짓까지도 서슴지 않고 있다. 군 검열 뒤에 숨어, 자신이 폭로되지 않도록 검열관들이 보호해줄 것이라는 확신으로, 빤한 헛소리를 좌파에게 전가하고 있는 것이다.

VII

　카우츠키가 온갖 종류의 속임수를 써서 고의로 피해 나간, 그리고 그렇게 함으로써 기회주의자들에게 커다란 즐거움을 안겨준 중대한 과학적·정치적인 질문은 이런 것이었다. 제2인 터내셔널의 가장 저명한 대표자들이 사회주의를 배반한다? 이런 일이 어떻게 가능한가?

　물론 이 문제는 지도자들 개인 전기의 차원에서 접근될 일이 아니다. 그들의 일대기에 대해 쓸 미래의 전기 작가들이야 이러한 각도에서도 분석해야 하겠지만, 오늘 사회주의 운동의 관심사는 그런 것이 아니라 사회배외주의 조류의 역사적 기원과 조건, 그것의 의의와 힘에 대한 연구다. 1) 사회배외주의는 무엇으로부터 발생했는가? 2) 무엇이 사회배외주의에게 힘을 주었는가? 3) 사회배외주의와 어떻게 싸워야 하는가? 그 문제에 대한 오직 이 같은 접근만이 진지한 것으로 간주될 수 있을 뿐, '인물적' 접근방식은 사실상 회피이자 한 편의 궤변일 뿐이다.

　첫 번째 질문에 답하기 위해서는 먼저 사회배외주의의 이데올로기적·정치적 내용이 모종의 기존 사회주의 조류와 연결된 것인지, 아닌지를 확인해야 한다. 그러고 나서 사회주의자들이 사회배외주의를 반대하는 사람들과 옹호하는 사람들로 현재 분열된 것이 역사적으로 그에 앞선 분열과 어떠한 관계에—현실의 정치적 분열의 차원에서 볼 때—있는가를 확인해야 한다.

우리가 말하는 사회배외주의란, 현 제국주의 전쟁에서 조국 방위 사상을 수용하고, 이 전쟁에서 사회주의자와 부르주아지 및 '자'국 정부 간의 동맹을 정당화하고, '자'국 부르주아지에 대항하는 프롤레타리아 혁명적 행동을 선전하고 지지하기를 거부하는 것 등이다. 아주 명백하게도 사회배외주의의 기본적인 이데올로기적·정치적 내용은 기회주의의 토대와 완전히 일치한다. 그것은 **동일한 하나의 경향이다.** 1914~5년 전쟁의 조건 속에서 기회주의는 사회배외주의로 귀착되었다. 계급 협조 사상은 기회주의의 주된 특징이다. 전쟁은 이 사상을 논리적 결론으로 몰고 갔고, 이 사상의 통상적인 요인들과 동기들에 수많은 비상한 요인들과 동기들을 덧붙였다. 전쟁은 그 특유의 위협과 폭력을 동원하여 소시민적이고 뿔뿔이 흩어져 있는 주민대중을 부르주아지에게 협조하도록 강제했다. 이러한 사정은 자연히 기회주의의 지지자들을 늘려놓았고, 어제의 많은 급진주의자들이 어째서 이 진영으로 탈주했는지를 충분히 설명해준다.

기회주의란 극소수 노동자들의 일시적인 이익을 위해 대중의 근본적인 이익을 희생시키는 것, 달리 말하면 프롤레타리아트 대중을 적으로 하여 일부의 노동자와 부르주아지 간에 동맹을 맺는 것을 의미한다. 전쟁은 이러한 동맹을 특히 두드러지게 눈에 띄게 했고 피할 수 없게 했다. 특권적인 노동자층의 비교적 평화적이고 문화적인 생활이 그들을 '부르주아화'한, 그리고 그들에게 그들 민족의 자본가들이 식탁에서 흘린 빵 부스러기를 던져준, 또한 그들을 영락하고 궁핍화한 대중의 고통과 비참, 그리고 혁명적 기질로부터 격리시킨 저 수십 년간의 자본주의 발전기에 고유한 특징들이 바로 이 기회주의를 낳은 것이다. 제국주의 전쟁은 바로 이러한 상황의 직접적인 계속이자 완성인데, 왜냐하면 이 전쟁은 강대국 민족들의 **특권**을 위한, 식민지의 재분할과 타민족들의 지배를 위한 전쟁이기 때문이다. 소부르주아 '상층', 또는 노동자계급의 귀족층(및 관료)으로서의 그 특권적 지위를 지키고 강화하는 것, 이것이 소부르주아적인 기회주의적 희망과 그에 조응하는 전술의, 자연스런 전시 상황에서의 계속이다. 이것이 오늘 사회제국주의의 경제적 토대다.[16] 그리고 물론, 그 밖에 습관의 힘, 상대적으로 '평

16 레닌 주 제국주의자들과 부르주아지가 노동자들을 분열시키고 그들을 사회주의로부터 떼어놓는 수단으로서 '강대국' 지위와 민족적 특권의 중요성을 얼마나 높이 평가하는지를 보여주는 몇몇 사례가 여기 있다. 영국의 제국주의자 루카스(Lucas)는 『대로마와 대영국*Greater Rome and Greater Britain*』(옥스포드, 1912년)이라는 저서에서 현 대영제국에서

화적인' 진화의 일상성, 민족적 편견, 급격한 전환에 대한 두려
움과 불신 등, 이 모든 것이 기회주의와, 또한 기회주의와의 위

유색인 인민들이 법적 무권리 상태에 있음을 인정하며(96~7쪽), 다음
과 같이 지적하고 있다. "백인 노동자와 유색인 노동자가 병존하는 우리
자신의 제국에서 …… 그들은 같은 급으로 일하지 않으며, 백인이 유색
인의 …… 감독자인 경우가 많다."(98쪽) 반(反)사회민주주의 전국동맹
의 전 서기 어윈 벨저(Erwin Belger)는 『개전 후의 사회민주주의Social-
Democracy after the War』(1915년)라는 제목의 소책자에서 사회민주주의
자들의 행동을 칭찬하며, 사회민주주의자들은 "국제주의적, 유토피아적"
이고 "혁명적"(44쪽)인 사상이 제거된 "순수 노동정당"(43쪽), "민족적"
인 "독일 노동당"(45쪽)이 되어야 한다고 권유한다. 독일의 제국주의자
사르토리우스 폰 발터샤우젠(Sartorius von Waltershausen)은 해외 자
본투자를 다룬 한 책(1907년)에서 "국민적 복지"(438쪽)—식민지 탈취
로 생기는—를 도외시하고 있다는 이유로 독일 사회민주주의자들을 비
난하는 반면, 영국 노동자들의 "현실주의", 예를 들어 이주민에 반대하
는 그들의 투쟁을 칭찬하고 있다. 독일의 외교관 뤼도르퍼(Ruedorffer)
는 세계 정치의 원리에 관한 저서에서 일반적으로 알려진 사실, 즉 자
본의 국제화가 권력과 영향력을 위한, "과반수의 주식"(161쪽)을 위한
각국 자본가들의 투쟁이 격화하는 경향을 결코 제거하지 않는다는 사
실을 강조하고 있다. 저자는 노동자들이 이러한 격화된 투쟁에 연루되
고 있다고 적고 있다(175쪽). 이 책의 발행일자는 1913년 10월인데, 저
자는 "자본의 이해관계"(157쪽)가 현대전의 원인이라고 아주 명료하게
밝히고 있다. 그는 "민족적 경향"의 문제가 사회주의의 중심 의제로 되
고 있다(176쪽)며, 현실에서 더욱더 민족적으로 바뀌고 있는 사회민주
주의자들의 국제주의적 선언(177쪽)에 대해 정부가 두려워할 건 없다
고 말한다(103, 110, 176쪽). 또 그는 다음과 같이 말한다. "국제사회주
의가 민족적 영향으로부터 노동자들을 구출해낸다면, 국제사회주의는
승리할 것이다. 왜냐하면 폭력만으로는 아무것도 이룰 수 없기 때문이
다. 그러나 민족적 감정이 우세해지면 국제사회주의는 패배를 겪을 것이
다."(173~4쪽)

선적이고 비겁한 화해,—단지 잠깐 동안만, 그리고 특별한 원인과 동기 들 때문에 화해하는 것일 뿐이라고 저들은 말하지만—둘 다를 고무시킨 추가 요인들이었다. 전쟁은 수십 년 동안 육성되어온 이 기회주의를 변모시켜, 그것을 더 높은 단계로 끌어올렸고, 그 색조의 수와 다양성을 늘려놓았고, 그 지지자 대열을 확대시켰고, 수많은 새로운 궤변으로 그 지지자들의 논거를 풍부하게 했고, 기회주의의 본류에, 말하자면 많은 새로운 실개천들과 지류들을 합류시켰다. 그러나 본류는 사라지지 않았다. 그 반대다.

사회배외주의란 더 이상 지속할 수 없는 지점까지 성장한 기회주의다. 즉 이 부르주아적 종양이 사회주의 당들 내에서 계속해서 존속하는 것이 불가능하게 된, 그러한 지점으로까지 성숙한 기회주의가 바로 사회배외주의인 것이다.

사회배외주의와 기회주의 사이의 아주 밀접하고 분리할 수 없는 연관성을 보길 거부하는 사람들은 개별 사례에 매달린다. '이 기회주의자는 국제주의자로 바뀌었다' 또는 '저 급진주의자는 배외주의자로 바뀌었다', 이런 식으로 그들은 말한다. 그러나 이런 종류의 주장은 제 조류의 발전 문제에 관한 한 전혀 진지한 논거가 되지 못한다. 첫째, 노동운동에서의 배외주의와 기회주의는 동일한 경제적 토대를 가지고 있다. 프롤레타리아 대중에 대항하는, 근로·피억압 대중 일반에 대항하는, 수적으로 소수인 프롤레타리아트 상층과 소부르주아지—이들은

'자' 민족 자본이 지닌 특권의 작은 부스러기를 얻을 뿐이다—간의 동맹이 그 경제적 토대다. 둘째, 두 경향은 동일한 이데올로기적·정치적 내용을 지니고 있다. 셋째, 사회주의자를 기회주의적 조류와 혁명적 조류로 나눈, 제2인터내셔널(1889~1914년) 시대에 특유한 옛 구분은 배외주의자들과 국제주의자들로의 새 구분과 대체로 일치한다.

앞의 명제의 올바름을 이해하기 위해서는 통상 사회과학이(과학 일반과 마찬가지로) 다루는 것이 개별 사례가 아니라 대중적 현상이라는 점을 상기해야 한다. 10개의 유럽 나라를 다루어보자. 독일, 영국, 러시아, 이탈리아, 네덜란드, 스웨덴, 불가리아, 스위스, 프랑스, 벨기에 가운데 앞의 8개국에서는 사회주의자들의 새 구분(국제주의를 기준으로 한 구분)이 옛 구분(기회주의를 기준으로 한 구분)과 일치한다. 독일에서는 기회주의의 아성인 《월간 사회주의》가 배외주의의 아성이 되었다. 국제주의 사상은 극좌익으로부터 지지를 받고 있다. 영국에서는 사회당의 약 7분의 3이 국제주의자들이다(최근의 계산이 보여주는 바, 국제주의적 결의에 대해 찬성이 66명, 반대가 84명이었다). 반면 기회주의 블록(노동당과 페비어파와 독립노동당)에서는 국제주의자가 7분의 1이 채 안 된다.[7] 러시아에서는 기회주의자들의 지주인 청산주의 신문 《나샤 자리야》가 배외주의의 지주가 되었다. 플레하노프와 알렉신스키가 더 크게 소음을 내고 있지만, 그러나 우리는 5년간의 경험(1910~4년)으로부터 그들이 러시아에서 대중을 상대로 한 체계적인 선전을 수행할 능력이 없다는 것을 알고 있다. 러시아에서 국제주의자들의 중핵은 1912년 1월에 당을 재건한 선진노동자들의 대표자인 '프라우다파'[18]와 러시아 사회민주노동당 두마 의원단이다.

이탈리아에서는 순기회주의적인 비솔라티 일파의 당이 배외주의로 변신했다. 국제주의는 노동자 당에 의해 대표되고 있다. 노동자 대중은 이 당의 편이고, 기회주의자들과 국회의원들과 소부르주아지는 배외주의의 편이다. 몇 달 사이에 이탈리아에서 자유로운 선택이 이루어질 수 있었고, 실제로 이루어졌는데, 그러한 선택은 우연이 아니라 프롤레타리아 대중과 소부르주아 집단 간 계급적 입지에서의 차이에 따른 것이었다.

네덜란드에서는 트룰스트라의 기회주의 당이 배외주의 일반과 화해했다(네덜란드의 소부르주아지가 대부르주아지와 마찬가지로, 독일이 누구보다도 손쉽게 자신들을 '병합'해버릴 수 있기에 독일을 특히 증오한다고 하지만, 이 사실로 우리가 속아서는 안 된다). 일관되고 진실하며 열렬하고 확신에 찬 국제주의자들을 배출한 것은 호

---

17 레닌 주 보통 독립노동당 하나만 가지고 사회당과 비교하는데, 그것은 맞지 않다. 조직 형태가 아니라 본질적인 점들을 고찰해야 한다. 일간지들을 예로 들어보자. 두 종의 일간지가 있는데, 하나는 사회당 대변지 《데일리 헤럴드》고, 다른 하나는 기회주의 블록의 대변지 《데일리 시티즌》이다. 이들 일간지들이 실제 선전과 선동, 조직 작업을 한다.

18 프라우다파(pravdism)란 볼셰비즘을 말한다(볼셰비키 신문 《프라우다》라는 명칭에서 비롯한 것).—원서 편집자

르터르와 파네쿡이 이끄는 마르크스주의 당이다. 스웨덴에서는 기회주의 지도자 브란팅이 배신 행위를 이유로 독일 사회주의자들이 비난받는 것에 분개하고 있는 반면, 좌파의 지도자 회글룬트는 이것이 바로 자신의 지지자들의 의견이라고 선언했다(《사회민주주의자》 36호를 보라). 불가리아에서는 기회주의에 반대하고 있는 '테스냐키(Tesnyaki)'가 그들의 신문《노보 브레메*Novo Vreme*》[19]에서 독일 사회민주주의자들이 "추행을 저질렀다"고 비난했다. 스위스에서는 기회주의자 그로일리히의 지지자들이 독일 사회민주주의자들을 변호하는 경향을 보이는(그들의 기관지인 취리히의《폴크스레히트*Volksrecht*》를 보라) 반면 훨씬 더 급진적인 R. 그림의 지지자들은《베르너 타그바흐트》를 독일 좌파의 기관지로 변모시켰다. 오직 두 나라—프랑스와 벨기에—만이 예외인데, 그러나 엄밀히 말하면 여기서도 국제주의자들이 없는 게 아니라 지나치게 유약하고 낙담해 있(부분적

19 '새 시대'라는 뜻. 불가리아 사회민주당 혁명파(테스냐키)의 이론지로서 1897년에 플로브디프에서 디미트리 블라고예프가 창간했다. 나중에는 소피아에서 발행되었다. 1903년에 이 잡지는 불가리아 노동자사회민주당(테스냐키)의 기관지가 되었다. 1916년 2월에 발행이 중단되었다가 1919년에 재개되었다. 편집자는 디미트리 블라고예프였고, 기고자로 게오르기예프(Georgiyev), 키르코프(Kirkov), 카바크치에프(Kabakchiev), 콜라로프, 페트로프(petrov) 등이 포함되어 있었다.《노보 브레메》는 1923년에 불가리아의 반동 정부에 의해 발행이 금지되었다가, 1947년 이후 불가리아 공산당 중앙위원회의 월간 이론 기관지가 되었다.—원서 편집자

으로는, 십분 이해할 수 있는 원인들로 인해)는 것이다. 바이양 자신이 《뤼마니테*l'Humanité*》에서, 독자들로부터 국제주의적 경향의 편지를 받았다—그러나 그는 이 편지들 가운데 단 한 통도 전문을 발표하지 않았다!—는 것을 시인한 사실을 잊지 말자.

조류들과 경향들을 전체적으로 살펴볼 경우, 우리는 사회주의를 배반하고 배외주의로 탈주한 것은 유럽 사회주의의 기회주의 조류라는 사실을 인정하지 않으면 안 된다. 공식 당들 내에서 기회주의 진영의 힘과 외견상의 전능함의 원천은 무엇인가? 카우츠키는 특히 고대 로마나 그와 유사한, 우리 시대의 문제와는 직접 관련이 없는 소재들을 인용하며 역사 문제들을 아주 능숙하게 제기하지만, 위선적이게도 이제 그 자신이 관련되어 있는 문제에 대해서는 잘 모르는 체한다. 그러나 문제는 더할 나위 없이 명백하다. 기회주의자들과 배외주의자들의 거대한 힘은 그들이 부르주아지·정부·총참모부와 맺고 있는 동맹으로부터 나온다. 종종 러시아에서는 이 점이 간과되곤 하는데, 왜냐하면 기회주의자들에 대해서는 의당 사회주의 당의 한 부분인 것처럼 당연시하면서, 이 사회주의 당 안에는 언제나 좌우익 양 극단이 존재하며 장래에도 존재할 것이므로 중요한 것은 '양 극단'을 피하는 것이라는 식으로—비슷한 류의 허다한 속물적 교훈서들에 씌어 있는 것처럼—문제를 바라보고 있기 때문이다.

기회주의자들이 노동자 당에 형식적인 당적을 두고 있기

는 하지만, 그렇다고 해서 그들이 객관적으로 부르주아지의 정치적 분견대이자 부르주아 세력의 전달자이며 노동운동 내 부르주아지의 하수인이라는 사실이 달라지는 것은 전혀 아니다. 헤로스트라투스[20] 식으로 유명한 기회주의자 쥐데쿰이 이 사회적·계급적 진실을 똑똑히 보여주자 많은 선량한 사람들이 놀라 숨이 막혀 말을 잇지 못했다. 프랑스 사회주의자들과 플레하노프가 쥐데쿰을 지탄하기 시작했다고 한다. 반데르벨데나 셈바나 플레하노프가 거울을 들여다보았다고 하더라도, 거기서—민족적인 얼굴은 다소 다르겠지만—쥐데쿰 외에 다른 것을 발견하진 못했을 것이다. 지금 카우츠키를 칭찬하고, 또 카우츠키에게 칭찬을 받고 있는 독일 당 집행부들은 자신들이 쥐데쿰의 방침에는 '동의하지 않는다'고—(쥐데쿰을 거명하지 않고) 조심스럽게, 겸손하게, 공손하게—서둘러 선언했다.

이것은 정말 웃기는 일이다. 왜냐하면 독일 사회민주당의 실제 정책에서는 결정적인 순간에 쥐데쿰 혼자만으로도 백 명의 하제들과 카우츠키들보다 더 강력하다는 것이 입증되었기 때문이다(《나샤 자리야》 혼자만으로도, 이 신문과 분열하는 것을 두려워하는 브뤼셀 블록의 모든 조류들보다 더 강력한 것과 마찬가지로).

어째서 그러할까? 쥐데쿰 뒤에 강대국의 부르주아지와 정

20 Herostratus. 고대 그리스의 에페소스인으로, 역사에 불후의 명성을 남기고 말겠다는 일념으로 기원전 356년, 당시 성소로 숭배되고 있던 에페소스의 아르테미스 신전에 방화를 했다.—옮긴이

부, 총참모부가 있기 때문이다. 이들은 수만 가지 방식으로 쥐데쿰의 정책을 지원하는 반면, 쥐데쿰의 반대자들의 정책에 대해서는 감옥과 총살까지 포함하는 온갖 수단으로 분쇄한다. 쥐데쿰의 목소리는 수백만 부의 부르주아 신문을 통해 청중들에게 도달되는(반데르벨데와 셈바와 플레하노프의 성명처럼) 데 반해 반대자들의 목소리는 군 당국의 검열로 인해 합법 출판물에서는 들을 수가 없다!

기회주의는 결코 개인의 우연적인 사건이나 과실, 실책이나 배신 행위 같은 것이 아니라 하나의 역사 시기 전체의 사회적 산물이라는 것에는 의견이 모두 일치하고 있다. 이러한 진실의 의의에 대해서 언제나 충분한 숙고가 이루어진 것은 아니다. 기회주의는 합법주의에 의해 육성되어왔다. 1889년부터 1914년까지 기간의 노동자 당들은 부르주아적 합법성을 이용해야만 했다. 위기가 왔을 때 노동자 당들은 비합법 활동으로 이행하는 것이 필요했다(그러나 이러한 이행은 수다한 책략과 결합된, 최고의 정력과 결의를 가지고 하지 않는다면 불가능한 일이다). 비합법 활동으로의 이행을 막는 데는 쥐데쿰 단 한 명만으로도 충분했는데, 왜냐하면 역사철학적으로 말해서 쥐데쿰은 자기 배후에 '구세계' 전체를 가지고 있었기 때문이며, 실제 정치적으로 말하자면 그는 언제나 부르주아지에게 부르주아지의 계급적 적의 군사계획 전체를 넘겨주었고, 앞으로도 언제나 넘겨줄 것이기 때문이다.

독일 사회민주당 전체가 (그리고 프랑스와 그 밖의 나라들의 당들한테도 같은 얘기를 할 수 있겠는데) 오직 쥐데쿰을 기쁘게 해줄 일만을, 또는 쥐데쿰에게 용인될 수 있는 일만을 한다는 것은 사실이다. 그 밖의 것은 합법적으로는 아무것도 가능하지 않다. 독일 사회민주당 안에서 일어나는 정직한 것, 진정으로 사회주의적인 것은 하나같이 모두 당의 중앙에 대항하여, 당의 중앙집행부와 중앙기관지를 우회하여, 조직상의 규율을 위반하여 행해진 것이다. 예를 들어, 올해 5월 31일자《베르너 타그바흐트》에 발표된 독일 좌파의 선언[21]의 경우처럼 새 당의 새로운 익명의 중앙의 이름으로, 분파적인 방식으로 말이다. 사실상 새 당은 성장하고 있고 강화되고 있고 조직되고 있다. 레기엔, 쥐데쿰, 카우츠키, 하제, 샤이데만과 그 일파들의 낡고 부패한 민족적 자유주의 당과는 다른, 진짜 노동자 당, 진정으로 혁명적인 사회민주주의 당 말이다.[22]

그러므로 기회주의자 '모니토르(Monitor)'가 보수적인《프로이센 연보 *Preussische Jahrbücher*》[23]에서 현 사회민주당이 우경화한다면 기회주의자들(즉 부르주아지)에게는 나쁜 일이 될 것—이 경우에 노동자들이 사회민주당을 버릴 것이기 때문에—이라고 말했을 때 그는 무심결에 중대한 역사적 진실을 발설해

---

21 카를 리프크네히트가 쓴 「주적은 국내에 있다The Chief Enemy Is in Our Own Country」라는 선언문.—원서 편집자

버린 것이다. 기회주의자들은 (그리고 부르주아지는) 우익과 좌익을 결합한 당, 이 세상의 모든 것을 '철저히 마르크스주의적인' 문구로 매끈하게 화해시킬 수 있는 카우츠키가 공식적으로 대표하는 당, 현재와 같은 당을 필요로 한다. 입으로는 인민, 대중, 노동자를 위한 사회주의와 혁명 정신을 외치고, 실제로는 쥐데쿰주의를 붙잡는 것, 즉 모든 중대한 위기 순간에 부르주아지에게 달라붙는 것이다. 우리는 '모든 위기 순간'이라고 말한다. 왜냐하면 전시에서만이 아니라 모든 중대한 정치파업에서도 '봉건적' 독일은 '자유롭고 의회적인' 영국이나 프랑스처럼 이러저러한 이름하에 계엄령을 즉각 도입할 것이기 때문이

22　레닌 주 8월 4일의 역사적인 투표(전쟁공채 승인을 위한 투표—원서 편집자) 전에 일어난 사건은 매우 특징적이다. 공식 당 기구는 다수가 결정하고 전원이 만장일치로 찬성 투표를 했다고 말함으로써 이 사건을 관료적 위선의 보자기로 덮어버렸다. 그러나 이 위선은 《인터나치오날레》에 진실을 밝힌 슈트뢰벨(Ströbel)에 의해 폭로되었다. 사회민주당 국회의원단은 두 그룹으로 분열했다. 두 그룹 각각은 **최후통첩**을, 즉 분파적이고 분열적인 결정을 들고 왔다. 한 그룹, 즉 30명쯤 되는 기회주의자들은 **어떤 상황에서도** 찬성 투표를 하는 것으로 결정했다. 다른 그룹, 즉 15명 정도의 좌익 그룹은 반대투표를—덜 단호하게—하는 것으로 결정했다. 어떤 확고한 입장도 취하지 않은 '중앙파' 또는 '늪지파'(Marsh)가 기회주의자들에게 동조하여 투표하는 바람에 좌파는 참패를 당해 굴복하고 말았다! 독일 사회민주주의자들의 '통일'이라고 하는 것은 기회주의자들의 최후통첩에 좌파가 불가피하게 굴복하는 것을 사실상 덮어 가리는 순전한 위선이다.

23　1858년부터 1935년까지 베를린에서 발행된 보수적 경향의 월간지로 독일의 자본가와 지주들의 기관지다.—원서 편집자

다. 건전한 정신과 판단력을 가진 사람이라면 누구도 이에 대해 의심할 수 없다.

이로부터 논리적으로, 앞에서 제기된 질문—사회배외주의와 어떻게 싸울 것인가—에 대한 대답이 나온다. 사회배외주의는 성숙한 기회주의인데, 어느 정도로까지 성숙했냐 하면, 장기간의 상대적으로 '평화로운' 자본주의 시기 동안에 아주 강력해지고 뻔뻔해져서, 이데올로기적·정치적으로 아주 분명해져서, 그리고 부르주아지 및 정부와 아주 밀접하게 연결되어서 사회민주주의 노동자 당의 내부에 그와 같은 조류의 존재가 용인될 수 없는, 그러한 정도로까지 성숙한 기회주의인 것이다. 지방 소도시의 잘 포장된 도로 위를 걷는 데는 얇고 가벼운 구두창이 달린 신발로도 충분할 수 있지만, 산 속에서 걸으려면 징을 박은 두툼한 장화가 필요하다. 유럽에서 사회주의는 협소한 민족적 경계 안에 갇힌 상대적으로 평화적인 단계로부터 성장해 나왔다. 1914~5년 전쟁의 발발과 함께 유럽 사회주의는 혁명적 행동의 단계에 들어갔다. 기회주의와의 완전한 단절을 위한 시간이, 노동자 당들로부터 기회주의의 축출을 위한 시간이 왔다는 데는 그 어떤 의심도 있을 수 없다.

국제적 사태 발전의 새로운 시대가 사회주의 앞에 제기하고 있는 임무에 대해 이와 같이 규정한다고 해서, 각국에서 노동자의 혁명적 사회민주주의 당이 소부르주아 기회주의 당으로부터 분리하는 과정이 얼마나 급속히, 어떤 분명한 형태로 진행될 것인지가 직접적으로 드러나는 것은 물론 아니다. 그러나 그러한 분리가 불가피하며, 노동자 당의 정책 전체의 방향이 이러한 시각에서 정해져야 한다는 점을 명확히 인식할 필요만큼은 그러한 규정이 확실히 드러내준다. 1914~5년의 전쟁은 워낙 역사의 거대한 전환점이라서 기회주의에 대한 태도가 지금까지와 똑같은 채로 있을 수는 없다. 일어난 것은 지워질 수 없다. 기회주의자들은 위기의 순간에 노동자 당 내부의 부르주아지 측에 붙은 분자들의 중핵이다. 이 입증된 사실을 노동자의 의식으로부터, 부르주아지의 경험으로부터, 일반으로는 우리 시대의 정치적 교훈으로부터 말살해버리는 것은 불가능하다. 기회주의는—전 유럽적 규모로 말하면—전전에는 청년 단계에 있었다. 전쟁 발발과 함께 중장년이 되면서 그것의 '천진함'과 젊음은 회복될 수 없었다. 국회의원, 언론인, 노동 관료, 특권적인 사무소 직원, 프롤레타리아트의 일부 층 등으로 이루어진 하나의 사회계층 전체가 성숙하여 '자' 민족의 부르주아지—그들 부르주아지는 이 사회계층이 자신에게 유용함을 알아채고 이를 이용할 수 있는 충분한 능력이 있음을 입증했다—와 유착하였다. 역사의 수레바퀴를 되돌리거나 정지시킬 수 없다. 우리는 두려움 없이 전진할 수 있고, 또 전진해야만 한다. 합법적인 노동계급 조직들, 기회주의가 장악한 조직들로부터 혁명적인 조직들로, 합법성에 자신을 가두지 않는 법을 알고 있고 기회주의적 배신 행위로부터 자신을 지켜낼 능력을 갖춘 프롤레타리아트의 조직들로, '권력을 위한 투쟁', 부르주 아지의 타도를 위한 투쟁을 개시하는 프롤레타리아트의 혁명 적 조직들로 두려움 없이 나아갈 수 있고, 또 나아가야만 한다.

내친 김에 말하면, 이것은 게드, 플레하노프, 카우츠키 등 과 같은 제2인터내셔널의 저명한 권위자들과 함께 무엇을 할 것인가 따위의 문제로 자신의 의식과 노동자들의 의식 모두를 흐리게 만드는 사람들의 견해가 얼마나 그릇되었는지를 입증 해준다. 실제로는 그와 같은 식의 어떠한 문제도 제기되지 않 는다. 이 인사들이 새로운 임무를 이해하지 못한다면, 비켜서 있거나, 지금처럼 기회주의자들의 포로로 남아 있어야만 할 것이다. 이 인사들이 '포로' 상태에서 스스로 벗어난다면, 혁명 가 진영으로 복귀하는 데 정치적 장애물을 마주할 가능성은 거의 없다. 아무튼, 제 조류 간 투쟁의 문제와 노동계급 운동에 서의 시대 교체의 문제를 개인들의 역할 문제로 바꿔놓는 것 은 어처구니없는 짓이다.

VIII

노동자계급의 합법적 대중조직은 아마 제2인터내셔널 시대에 사회주의 당들의 가장 중요한 특징일 것이다. 이러한 합법 대중조직은 독일 당에서 가장 강력했다. 그리고 1914~5년 전쟁이 가장 첨예한 위기를 낳았고, 문제를 가장 긴박하게 제기한 것도 바로 독일 당에서였다. 혁명적 활동이 개시되었다면 명백히 이들 합법 조직들은 경찰에 의해 해산되는 상황을 맞았을 것이다. 이러한 상황이 예고되는 속에서 기존 당은—레기엔에서 카우츠키에 이르기까지—현재의 합법 조직들을 보존하기 위해 프롤레타리아트의 혁명적 목표를 희생시켰다. 아무리 부정한다 하더라도 이것은 사실이다. 프롤레타리아트가 혁명을 할 권리가 죽 한 그릇—현행 경찰법이 허용하는 조직들—에 팔아넘겨졌다.

독일 사회민주당의 노동조합 지도자 카를 레기엔이 쓴 『왜 노동조합 임원들은 당의 내부 생활에 더 적극적으로 참가해야 하는가*Why Trade Union Officials Must Take a More Active Part in the Internal Life of the Party*』(베를린, 1915년)라는 소책자를 보

자. 이것은 1915년 1월 27일 노조 간부들의 회의에서 저자가 보고한 내용을 책자로 낸 것이다. 강연 과정에서 레기엔은 매우 흥미로운 문서—앞의 소책자에 수록되었다—를 하나 낭독했는데, 다른 상황이었다면 군 검열에서 통과되지 못했을 내용의 문서다. 이 문서—이른바 「니더바르님 지구〔베를린 교외〕의 보고자를 위한 자료」—는 독일 사회민주당 좌파의 견해를 서술한 것으로, 당을 향한 이들 좌파의 항의를 담고 있다. 문서는 다음과 같이 밝히고 있다. 혁명적 사회민주주의자들은 한 요인을 예견하지 않았고, 또 예견할 수도 없었다. 그 요인이란,

"독일 사회민주당과 노동조합의 조직된 역량 전체가 전시 정부의 편에 서서 대중의 혁명적 에너지를 억누르는 목적을 위해 사용될 것이라는 점"(레기엔의 소책자, 34쪽)

이것은 절대적 진실이다. 또한 같은 문서에 담겨 있는 다음과 같은 주장도 진실이다.

"8월 4일의 사회민주당 의원단 투표를 보면, 그와 다른 견해는 설사 그것이 대중에 깊이 뿌리내린 견해라 하더라도 시련을 거친 당 지도부하에서 관철될 수 없었을 것이라는 점이 드러난다. 오직 지도적 당 기구들의 의지에 반(反)해서, 당과 노동조합의 반대를 극복함으로써만 그러한 견해가 관철될 수 있을 것이다."(같은 책)

이것은 절대적인 진실이다.

"만일 사회민주당 의원단이 8월 4일 그날 자신의 의무를

수행했더라면, 아마 조직의 외형은 파괴되었을 것이지만, 그러나 그 정신은 남아 있었을 것이다. 사회주의자탄압법 아래서도 당에 생기를 불어넣어준 그 정신, 당이 그 모든 어려움을 극복하고 나아가도록 해준 그 정신 말이다."(같은 책)

그의 강연을 듣기 위해 모인, 자신들을 지도적인 노조 간부라고 칭한 그 '지도자들'은 이 얘기를 듣고서 웃었다고 레기엔의 소책자는 전한다. 위기의 시기에 비합법 혁명 조직들을 만드는 것(사회주의자탄압법 아래서 그랬던 것처럼)은 가능하고 또한 필요하다는 생각이 그들에게는 웃음거리로 여겨졌나 보다. 부르주아지의 저 가장 충실한 감시견, 레기엔은 가슴을 치며 다음과 같이 외쳤다.

"대중에 의한 문제 해결로 귀착되게 만들려고 조직을 파괴하는 것, 이것은 명백히 아나키즘 사상이다. 내 생각에 이것이 아나키즘 사상이라는 것은 의심할 바 없다!"

"옳소! 옳소!"(같은 책, 37쪽)라고, 자칭 노동자계급의 사회민주주의 조직의 지도자라고 하는 부르주아지의 종복들이 이구동성으로 외쳐대는 소리가 들렸다.

교훈을 주는 광경이다. 부르주아적 합법성에 의해 타락하고 어리석어져서 혁명적 투쟁을 지도하기 위한 별개의 비합법적인 조직이 필요함을 이해하는 것조차 가능하지 않은 지경이다. 경찰의 허가로 존치된 합법 노조가 일종의 넘어설 수 없는 한계(ultima Thule)인 것처럼 생각할 만큼 낮은 수준으로 떨어졌다. 마치 위기의 시대에는 그러한 노조를 지도 기관으로 보존하는 것 외에는 다른 것을 상상할 수 없다는 듯이 말이다! 여기에 기회주의의 생생한 변증법이 있다. 합법 노조의 단순한 성장과, 어리석지만 양심적인 속물들의 시종일관 장부정리에만 골몰하는 단순한 습관이 위기의 순간에 이런 양심적인 소시민을 배반자, 변절자이자, 대중의 혁명적 에너지의 압살자로 판명나게 하는 상황을 만든 것이다. 이것은 결코 우연이 아니다. 혁명적 조직의 건설—새로운 역사적 상황이, 프롤레타리아 혁명적 행동의 시대가 요구하는—은 시작되어야 하지만, 그것은 오직 혁명적 에너지의 교살자들인 기존 지도자들의 머리를 밟고 넘어서만, 기존 당의 머리를 타고 넘어서만, 기존 당의 파괴를 통해서만 시작될 수 있다.

물론, 반혁명적인 속물들은 '그것은 아나키즘이다!'라고 소리칠 것이다. 기회주의자 에두아르트 다비트가 카를 리프크네히트를 비난하면서 '아나키즘'이라고 소리친 것처럼 말이다. 독일에서는 성실한 사회주의자로 남아 있는 사람들은 오직 기회주의자들이 아나키스트라고 매도하는 지도자들뿐인 것으로 보인다…….

오늘의 군대를 보자. 군대는 조직의 좋은 예다. 이 조직이 단지 좋은 이유는 그것이 유연하면서 동시에 수백만 명의 사람들에게 단일한 의지를 부여할 수 있다는 점 때문이다. 수백만

명이 오늘은 전국 각지의 자기 집에서 살다가, 내일 동원령이 내려지면 지정된 지점에 집합한다. 오늘은 참호 안에 매복해 있고, 이는 몇 달 동안 계속될지 모른다. 내일은 또 다른 명령에 따라 공격 임무를 수행한다. 오늘은 총탄과 유산탄을 피하면서 기적을 연출하고, 내일은 백병전 속에서 기적을 행한다. 오늘 그들의 선봉부대는 지하에 지뢰를 매설한다. 내일은 그들의 머리 위를 나는 공군의 인도를 받아 지상을 수십 마일 이동한다. 수백만 명이 단일한 목표를 추구하고 단일한 의지에 의해 움직이는 가운데, 상황 변화와 전투 요건에 따라 그들의 교통 형태와 행동 방식을 바꾸고, 활동 영역과 방법을 변경하고, 장비와 병기를 교체하는 것, 이 모든 것이 바로 조직인 것이다.

이것은 부르주아지에 대한 노동계급 투쟁에서도 그대로 적용된다. 오늘, 혁명적 정세는 존재하지 않는다. 대중들 사이에서 불만과 소요를 일으키고 그들의 능동성을 고조시키는 정세가 아니다. 오늘 당신에게 투표용지가 주어진다. 그것을 집어 들고, 당신의 적을 향한 무기로, 즉 감옥에 들어갈 것이 두려워서 국회의원 자리에 매달리는 자들에게 편한 입법 일자리를 얻게 해주는 수단으로가 아니라 당신의 적을 향한 무기로 그것을 사용하기 위해 조직하는 법을 배워라. 내일 투표용지가 회수되고 그 대신에 당신의 손에는 장총이나 번쩍이는 최신식 속사포가 쥐어진다. 이 죽음과 파괴의 무기를 손에 쥐어라. 전쟁을 두려워하는 감상적인 울보들한테는 관심을 주지 마라. 노동자계급의 해방을 위해 불과 칼로 절멸하지 않으면 안 되는 것들이 세상에 아직 너무 많이 남아 있다. 만일 분노와 절망이 대중들 속에서 커나가고, 혁명적 정세가 떠오르면, 새로운 조직을 만들어 이 유용한 죽음과 파괴의 무기를 자국 정부와 자국 부르주아지를 향해 사용할 준비를 하라.

확실히 이것은 쉬운 일이 아니다. 그것은 각고의 준비 활동과 무거운 희생을 요구할 것이다. 이것은 또한 학습되지 않으면 안 되는, 조직과 투쟁의 새로운 형태다. 그리고 지식은 시행착오 없이는 얻어지지 않는다. 계급투쟁의 이러한 형태와 선거 참가와의 관계는 요새를 향한 돌격전과 기동훈련이나 행군이나 매복과의 관계와 같다. 역사가 이러한 형태의 투쟁을 일정에 올려놓는 것은 그리 흔한 일이 아니지만, 그것의 의의와 결과는 향후 수십 년 동안 미칠 것이다. 이러한 투쟁방법을 일정에 올릴 수 있고, 또한 올려야만 하는 몇 날은 다른 역사 시대의 수십 년과 맞먹는다.

K. 카우츠키를 K. 레기엔과 비교해보자. 카우츠키는 다음과 같이 쓰고 있다.

당이 작았을 때는 전쟁에 반대하는 모든 항의는 용감한 행위로서 선전 가치가 있었다. …… 러시아와 세르비아 동지들의 경탄스런 행동은 일반의 상찬을 받았다. 당이 강력해질수록, 당의 결정의 동기들 중 선전상의 고려와 실제의 결과에 대한 고려가 뒤얽혀 착종되는 경우가 더욱더 많아지며, 이 두 가지 동기를 똑같은 정도로 들어주는 것이 더욱더 어려워진다. 그럼에도 두 가지 동기 어느 것도 무시되어서는 안 된다. 따라서 우리가 강력해질수록 모든 새롭고 복잡한 상황 속에서 우리들 사이의 차이는 더욱더 쉽게 발생할 것이다.(『국제주의와 전쟁』, 30쪽)

    카우츠키의 이런 주장은 그것이 위선적이고 비겁하다는 점에서만 레기엔의 주장과 다르다. 내용적으로 볼 때, 카우츠키는 레기엔이 혁명적 활동을 비열하게 방기하는 것을 지지하고 정당화하지만, 몰래, 명확히 의견을 표명하지 않고 슬그머니 한다. 그는 암시를 흘리며 적당히 얼버무린다. 그리고 러시아인들의 혁명적 행동과 레기엔 둘 다에 대해 경의를 표하고, 그것으로 딱 멈춘다. 우리 러시아인들이 혁명가들에 대한 이런 식의 태도를 익히 목격해온 것은 오직 자유주의자들 사이에서뿐이다. 자유주의자들은 언제나 혁명가들의 '용기'를 인정할 준비가 되어 있지만, 그러나 동시에 그들은 자신들의 초(超)기회주의적 전술을 결단코 버리지 않을 것이다. 자존심 있는 혁명가들은 카우츠키의 '상찬의 말들'을 받아들이지 않을 것이며, 문제를 그런 식으로 제기하는 것 또한 분연히 거부할 것이다. 혁명적 정세가 현존하지 않는다면, 또 혁명적 행동을 선전하는 것이 필요한 정세가 아니라면, 러시아인과 세르비아인의 행동은 맞지 않으며, 그들의 전술도 틀렸다고 해야 할 것이다. 레기엔과 카우츠키 같은 기사(騎士)분들이 적어도 자신들의 신념을 피력할 용기를 가지게 하라. 그들이 이것을 공공연하게 말하게 하라.

그러나 만약 러시아와 세르비아 사회주의자들의 전술이 '상찬'받을 만한 것이라면, 독일과 프랑스 당들 같은 '강력한' 당들이 취하고 있는 그와 반대의 전술을 정당화하는 것은 잘못이며 범죄다. '실제의 결과'라는 의도적으로 모호한 표현을 통해 카우츠키는 간단한 진실—크고 강력한 당이 정부에 의해 당 조직이 해산되고, 당 자금이 압수되고, 당 지도자들이 체포될까 봐 겁이 난 사실—을 숨겼다. 이것은 카우츠키가 혁명적 전술로부터 파생되는 불편한 '실제의 결과'를 핑계로 삼아 사회주의에 대한 배반을 정당화하고 있음을 의미한다. 이것은 마르크스주의를 타락시키는 것이 아닌가? 마르크스주의에 대한 매춘행위가 아닌가?

"우리는 체포되었을 겁니다." 8월 4일 전쟁공채에 찬성 투표를 한 사회민주당 의원단 중 한 명이 베를린의 노동자 집회에서 이렇게 발언했다고 한다. 그랬더니 노동자들이 그에게 답하며 외쳤다. "흥, 그것이 뭐가 나쁘다는 거요?"

독일과 프랑스의 노동자 대중에게 혁명적 감정을 불어넣어주고 혁명적 행동을 준비할 필요를 심어줄 시그널이 달리 없을 경우, 용기 있는 발언으로 인한 의원단의 체포는 각국의 프롤레타리아가 혁명적 활동으로 단결할 것을 호소하는 외침으로서 유용한 역할을 했을 것이다. 그러한 단결을 이루어내는 것은 용이하지 않다. 그 때문에라도 더더욱 선제적 행동을 발휘하는 것은 의원단의 의무였다. 높은 직위 덕에 아주 폭넓은 시야로 정치 상황 전체를 볼 수 있게 된 의원단으로서 말이다.

전시뿐 아니라 분명히 정치 정세가 격화되는 때는 언제든—어떤 종류든 혁명적 대중행동의 시기는 말할 것도 없고—가장 자유로운 부르주아 나라들조차 그들 정부는 합법 조직 해산, 자금 압수, 지도자 체포를 비롯해 그 밖에 비슷한 종류의 '실제의 결과'를 자행할 것이다. 그렇다면 우리는 무엇을 해야 하는가? 이런 이유로 기회주의를 정당화할 것인가? 카우츠키처럼? 그러나 이것은 사회민주당이 민족적 자유주의 노동자당으로 탈바꿈하는 것을 공식 인가해주는 것을 의미한다.

사회주의자가 끌어낼 수 있는 결론은 오직 하나뿐이다. 말하자면 '유럽' 당들의 순수 합법주의, 외골수 합법주의는 이제 수명을 다했고, 전(前)제국주의 단계의 자본주의 발전의 결과로 부르주아적 노동자 정치의 토대가 되어버렸다. 비합법적 기반과 비합법 조직, 비합법적 사회민주주의 활동을 만들어냄으로써—그러나 단 하나의 합법적인 지위도 내주지 않으면서—합법성을 확대해야 한다. 어떻게 이것이 이루어져야 하는지, 경험은 보여줄 것이다. 이 길을 취할 의지만—그것이 필요하다는 자각과 함께—있다면 말이다. 1912~4년에 러시아의 혁명적 사회민주주의자들은 이 문제가 해결될 수 있음을 입증해 보였다.

법정에서 누구보다도 잘 대처했고, 시베리아 유형에 처해진 노동자 의원 무라노프는 비합법적이며 혁명적인 의회활동이 존재할 수 있음을 분명히 보여주었다. 헨더슨, 셈바, 반데르벨데로부터 쥐데쿰과 샤이데만에 이르는 '입각론'(入閣論)적 의회 활동(쥐데쿰과 샤이데만도 완전히 '입각 능력이 있음'을 보여주고 있다. 비록 아직은 무대 뒤 대기실 이상을 인정받지 못하고 있지만!)이 아니고서도 말이다. 코숍스키들과 포트레소프들이 시녀들의 '유럽적' 의회주의를 찬탄하든 받아들이든 나둬라. 그러한 합법주의는, 레기엔, 카우츠키, 샤이데만류의 그러한 사회민주주의는 단지 경멸 외에는 그 어떤 것도 받을 가치가 없다는 사실을 우리는 쉼없이 노동자들에게 말해줄 것이다.

IX

맺으며.

제2인터내셔널의 붕괴는 유럽의 대다수 공식 사회민주당들이 자신들의 신념과 슈투트가르트와 바젤의 엄숙한 결의를 극악하게 배신한 것으로 가장 두드러지게 나타났다. 기회주의의 완전한 승리와 사회민주당에서 민족적 자유주의 노동자 당으로의 변질을 상징하고 있는 이 붕괴는 19세기 말에서 20세기 초에 이르는 제2인터내셔널의 역사적 한 시대 전체의 결과로 설명할 수 있다. 서유럽 부르주아 혁명 및 민족혁명의 완성에서 사회주의 혁명의 개시로 넘어가는 과도기인 이 시대의 객관적인 조건들이 기회주의를 낳고 육성했다. 이 기간에 몇몇 유럽 나라들(영국, 이탈리아, 네덜란드, 불가리아, 러시아)의 경우 노동자계급 운동 및 사회주의 운동에서 분열이 일어나는데, 주되게 기회주의의 선을 따른 분열이다. 한편 다른 몇몇 나라들에서는 동일한 선을 따라 제 조류의 장기적이고 완강한 투쟁이 전개되고 있다(독일, 프랑스, 벨기에, 스웨덴, 스위스). 전쟁이 낳은 위기는 모든 베일을 다 찢어버리고 인습들을 일소하고 곪아터질 지경의 종양을 적나라하게 드러냈고 기회주의의 진정한 역할이 다름 아닌 부르주아지의 동맹군이라는 것을 확실하게 폭로해주었다. 노동자 당으로부터 이러한 요소를 완전하게 조직적으로 단절시켜내는 것이 매우 중요한 과제가 되었다. 제국주의 시대는 혁명적 프롤레타리아트의 전위와, '자'국의 '대'국 지위에서 오는 특권의 일부 부스러기를 누리는 준소부르주아적인 노동자계급의 귀족층이 단일한 당으로 존재하는 것을 허용할 수 없다. 기회주의는 '극단'을 피하는 단일한 당 내부의 '정당한 색조'라고 하는 낡은 이론은 이제 노동자들에 대한 더할 나위 없는 기만이자 노동계급 운동에 대한 더할 나위 없는 장애물이 되어버렸다. 노동자 대중의 직접적인 반발을 불러일으키는 공공연한 기회주의는, 마르크스주의적 용어를 사용하여 기회주의적 실천을 정당화하고 일련의 궤변으로 혁명적 행동이 시기상조임을 입증하려고 하는 황금중용(黃金中庸) 이론만큼 끔찍하고 유해하지는 않다. 이 이론의 가장 뛰어난 대변자이자, 제2인터내셔널의 지도적 권위인 카우츠키는 자신이 제1급의 위선자이며 마르크스주의를 모욕하는 기예의 대가임을 드러냈다. 백만 당원을 가진 독일 당에서 다소리도 징직하고 세납적으로 각성한, 그리고 혁명적인 모든 당원들은 쥐데쿰과 샤이데만 일파가 열렬히 옹호하는 이 유의 '권위'에 분연히 등을 돌렸다.

프롤레타리아 대중—그들의 지도자들 중 10분의 9는 부르주아지의 편으로 넘어갔다―은 배외주의가 뒤덮고 있는 가운데, 그리고 계엄령과 전시 검열의 압력하에서 분산되고 고립무원의 상태에 처해 있다. 그러나 전쟁이 만들어낸 객관적인 혁명적 정세가 확대 발전하여 불가피하게 혁명적 감정을 낳고 있고, 가장 우수하고 가장 계급의식적인 프롤레타리아를 단련시키고 깨우치고 있다. 대중의 분위기가 급격하게 변화하는 것은 가능할 뿐 아니라, 그 개연성이 점점 더 커져가고 있다. 이것은 1905년 초 러시아에서 '가퐁 운동'[24]과 연결되어 일어난 급변과 비슷한 변화인데, 당시 몇 달 사이에, 때로는 몇 주 사이에 후진적인 프롤레타리아 대중으로부터 프롤레타리아트의 혁명적 전위를 따르는 수백만 군대가 성장해 나왔다. 우리는 강력한 혁명적 운동이 이 전쟁 직후에 발전할 것인지, 아니면 전쟁 중에 발전할 것인지 등에 대해서는 말할 수 없지만, 어쨌든 오직 이러한 방향의 활동만이 사회주의적 활동이라는 이름을 얻

24 정교회 신부인 가퐁(Gapon)의 이름에서 유래했다. 1차 러시아 혁명 전야에 그는 노동자들의 관심을 혁명적 투쟁으로부터 다른 데로 돌리기 위한 목적으로 '러시아 공장노동자회의'를 창설했다. 그 과정에서 가퐁은 차르 비밀경찰의 지령에 따라 행동했다. 1905년 1월 9일, 가퐁은 확대되는 소요를 이용하여 차르에게 청원을 제출할 목적으로 노동자들을 자극해 페테르부르크 동궁(冬宮) 앞에서의 시위로 이어지게 했다. 니콜라이 2세의 명령으로 군대가 비무장 시위 군중을 향해 발포했다. 이 사건은 전국적으로 노동자들의 차르에 대한 순진한 믿음을 깨뜨리는 계기가 되었고, 그리하여 1차 러시아 혁명의 출발점이 되었다. 이 사건으로 프롤레타리아트의 정치의식의 각성이 이루어졌고, 항의 파업의 물결이 러시아를 휩쓸었다.―원서 편집자

을 만하다. 내란 슬로건은 이 활동을 총괄하고 이 활동에 방향을 부여하는 슬로건이며, 자국 정부와 자국 부르주아지에 대한 프롤레타리아트의 혁명적 투쟁을 돕고자 하는 사람들의 단결과 통합을 기하는 슬로건이다.

러시아에서 소부르주아 기회주의 분자들로부터 혁명적 사회민주주의 프롤레타리아 분자들의 완전한 분리는 최근 문제가 아니라 노동계급 운동의 역사 전체에 의해 준비되어온 것이다. 이 역사를 무시하는 자들, '분파주의'에 반대하여 열변을 토하느라 바빠 기회주의의 다양한 변종들에 대한 다년간의 투쟁을 거쳐 발전해온 러시아 프롤레타리아 당의 실제 형성 과정을 이해할 가능성을 스스로 차버린 자들은 이 운동에 최악의 방해물이 되어 있는 것이다. 현 전쟁에 참가하고 있는 모든 교전 '대'국들 가운데 러시아는 최근에 혁명을 경험한 유일한 대국이다. 이 혁명의 부르주아적 내용은—그럼에도 여기서 프롤레타리아트는 결정적인 역할을 수행했다—노동계급 운동에서 부르주아 조류와 프롤레타리아 조류 간의 분열을 야기하지 않을 수 없었다. 약 20년간(1894~1914년), 그러니까 러시아 사회민주주의가 대중적 노동계급 운동과 연결된 조직으로서 (그리고 1883~94년 때처럼 이데올로기적 조류로서뿐만 아니라) 존재해온 그 기간에 프롤레타리아 혁명적 조류와 소부르주아 기회주의적 조류 간의 투쟁이 있었다. 1894~1902년의 경제주의[25]는 의심할 바 없이 후자의 소부르주아 기회주의적 조류였다. 경제주의의 논리와 이데올로기적 특징들—기회주의를 정당화하기 위해 '대중'을 핑계 대며 마르크스주의를 '스트루베주의'적으로 왜곡하기, 그리고 비슷한 유의 특징들—가운데 많은 것이 현재 카우츠키, 쿠노, 플레하노프 등의 속류화된 마르크스주의와 현저하게 비슷하다. 현 세대 사회민주주의자들에게 오늘의 카우츠키에 대한 상사물(相似物)로서 옛 《라보차야 미슬*Rabochaya Mysl*》[26]과 《라보체예 디엘로*Rabocheye Dyelo*》[27]를 상기시키는 일은 매우 훌륭한 선택일 것이다.

다음 기간(1903~8년)의 '멘셰비즘'은 이데올로기 면에서나 조직 면에서나 경제주의의 직접적인 계승자였다. 러시아 혁명(1차 러시아 혁명—편집자) 기간에 멘셰비즘이 추구한 전술은 객관적으로 프롤레타리아트를 자유주의 부르주아지에게 종속시키는 것을 의미하는 전술로서, 소부르주아 기회주의 경향을 표현한 것이다. 그후 기간(1908~14년)에 멘셰비키 경향의 주

---

25 경제주의에 대해서는 「사회주의와 전쟁」을 보라.—원서 편집자

26 '노동자의 사상'이라는 뜻. 1897년부터 1902년까지 발행된 경제주의자들의 신문. 레닌은 《이스크라*Iskra*》에 기고한 논문들과 자신의 책 『무엇을 할 것인가?*What Is To Be Done?*』에서 《라보차야 미슬》의 견해를 국제 기회주의의 러시아적 변종이라고 비판했다.—원서 편집자

27 '노동자의 대의'라는 뜻. 경제주의자들의 잡지로서, '재외 러시아 사회민주주의자동맹'의 기관지. 1899년부터 1902년까지 제네바에서 부정기적으로 발행되었다. 레닌은 《이스크라》에 기고한 다수의 논문과 『무엇을 할 것인가?』에서 《라보체예 디엘》로 그룹이 표명한 견해를 비판했다.—원서 편집자

류가 청산주의를 낳았을 때 이 경향의 계급적 의미가 너무나도 분명하게 드러나는 바람에 멘셰비즘의 가장 우수한 대표자들이 《나샤 자리야》 그룹의 정책에 반대하여 계속해서 항의할 지경이었다. 1914~5년의 전쟁에서 **사회배외주의** 세력으로 판명된 것이 바로 이 그룹―지난 오륙 년 동안 혁명적 마르크스주의 노동자계급 당에 대항하여 대중들 사이에서 체계적인 작업을 한 유일한 그룹―이다! 더구나 이것은 절대주의가 여전히 살아있고, 부르주아 혁명이 전혀 완성되지 못했으며, 비러시아계 민족들로 이루어진 다수 주민이 나머지 43퍼센트의 주민에 의해 억압당하고 있는 나라의 일이다. 소부르주아지의 일부 계층, 특히 인텔리겐차와 한 줌의 노동귀족층이 '자' 민족의 '대'국 지위에서 오는 특권의 일부 부스러기를 받아 먹을 수 있는 '유럽'형 발전은 러시아에서도 나타나지 않을 수 없었다.

러시아의 노동자계급과 노동자 사회민주당은 그 전 역사에 의해 '국제주의'적인 전술, 즉 진정으로 혁명적이고 일관되게 혁명적인 전술을 취하도록 훈련되어왔다.

덧붙여: 카우츠키와 하제와 베른슈타인이 공동으로 발표한 선언문이 언론에 나왔을 때는 이미 이 글의 집필 작업에 착수한 후였다. 그들은 대중이 좌익화하고 있는 흐름을 보고서는 그에 따라 좌파와 '강화(講和)를 할' 용의가 있었다. 당연히,

그 대가로 쥐데쿰파와의 '강화'도 유지하면서 말이다. 매춘부 (Mädchen für alle)다!

| 1915년 5월 후반에서 6월 전반에 집필

1915년에《코뮤니스트》1·2호에 발표

영국인의 평화주의와
영국인의 이론 혐오

영국은 지금까지 유럽의 어느 나라보다 정치적 자유가 훨씬 더 광범위했다. 다른 어느 곳보다 이 나라의 부르주아지는 통치하는 것에 익숙하며, 어떻게 통치할지를 알고 있다. 계급들 간의 관계가 다른 나라보다 더 발달했으며, 많은 점에서 더 명료하다. 병역의무제가 없어서 전쟁에 대한 태도에 있어 사람들이 보다 자유롭다. 누구라도 군 입대를 거부할 수 있다는 의미에서 자유로운데, 이 때문에 정부(영국에서 정부는 가장 순수한 형태로 부르주아지의 업무 관리 위원회다)는 '인민'의 전쟁 열의를 불러일으키기 위해 온갖 노력을 기울이지 않으면 안 된다. 이러한 목표는 법을 근본적으로 바꾸지 않고서는 결코 달성될 수 없을 것이다. 노동조합으로 조직된 소수의, 가장 좋은 지위에 있는 숙련 노동자들이 자유당(Liberal) 정책, 즉 부르주아직 성책으로 탈주해버림으로써 프롤레타리아 대중이 완전히 혼란에 빠지고 사기가 저하된 상태가 아니라면 말이다. 영국의 노동조합은 전체 임금노동자의 약 5분의 1을 포괄하고 있다. 대부분의 노조 지도자들은 자유당원이다. 마르크스는 오래전에 그들을 부르주아지의 하수인이라고 불렀다.

영국의 이 모든 특징은 한편으로 우리가 오늘의 사회배외주의의 본질을 보다 잘 이해하는 데 도움이 된다. 이 본질은 전제주의 국가에서도, 민주주의 국가에서도, 군국주의 국가에서도, 병역의무가 없는 국가에서도 모두 동일하기 때문이다. 다른 한편으로 그 특징들은 예를 들어 평화 슬로건을 극구 찬양하는 것 등으로 표현되고 있는 사회배외주의와의 협조 정책의 의의를 우리가 (사실관계의 기초 위에서) 인식하는 데 도움이 된다.

페비언협회는 의심할 바 없이 자유주의 노동자 정치와 기회주의의 가장 완결된 표현이다. 마르크스와 엥겔스가 조르게 (Sorge)와 주고받은 편지(그 중 두 편이 러시아어로 번역되어 나왔다)를 보면, 엥겔스가 이 협회의 특징을 탁월하게 묘사한 내용을 발견하게 된다. 거기서 엥겔스는 시드니 웹(Sidney Webb) 부부와 그 일파를, 노동자들을 타락시키고 반혁명적 정신으로 노동자들에게 영향을 미치려고 하는 부르주아 사기꾼 일당으로 취급하고 있다. 조금이라도 책임 있고 영향력 있는 제2인터내셔널 지도자라면 누구도 이제까지 엥겔스의 이러한 평가를 논박하려고 한 적이 없으며, 심지어 그 올바름을 의심해본 적조차 없다는 것은 논란의 여지가 없는 사실이다.

당분간 이론은 젖혀놓고, 이제 사실들을 비교해보자. 그러면, 전시의 페비언파의 행태(예를 들어 그들의 주간신문《뉴 스테이츠맨 *The New Statesman*》[1]을 보라)와 카우츠키를 포함한 독일 사회민주당의 행태가 **동일**하다는 것을 보게 될 것이다. 사회배외주의를 직간접적으로 옹호하는 행태도 같고, 거기에 평화, 군비축소 등에 관한 온갖 종류의 인도주의적이고 준좌익적인 언사를 표명할 용의를 결합시키는 행태도 같다.

사실이 지금 앞에 있고, 그 사실로부터 도출될 결론—아무리 그 결론이 다양한 인사들에게 불유쾌할지라도—은 피할 수 없이, 그리고 의심할 바 없이 다음과 같다. 실제로 카우츠키를 포함한 오늘의 독일 사회민주당 지도자들은 엥겔스가 오래전에 부르주아지의 하수인이라고 불렀던 페비언파와 정확히 같은 종류의 부르주아지 하수인이다. 페비언파가 마르크스주의를 인정하지 않는 데 비해 카우츠키 일파는 마르크스주의를 '인정'하지만, 본질에서나 실제 정치에서나 아무 차이를 낳지 않는다. 단 하나 분명한 것은 그 일파 중 일부 저술가, 정치가 등이 마르크스주의를 스트루베주의로 전화시켰다는 것이다. 그들의 위선은 그들의 개인적인 결함이 아니다. 각 개인으로 보면, 그들은 아주 선량한 가장일 수 있다. 그들의 위선은 그들의 사회적 지위의 객관적 허위성에서 비롯한 결과다. 그들은 혁명적 프롤레타리아트를 대표하는 척하지만, 실제로는 프롤레타리아트에게 부르주아적·배외주의적 사상을 심는 일을 맡은 수임자다.

I　1913년 런던에서 창간되었다. 1931년부터는《뉴 스테이츠맨 앤드 네이션*New Statesman and Nation*》이라는 제호로 발행되었다.—원서 편집자

페비언파는 카우츠키 일파에 비해 덜 위선적이고 좀 더 정직한데, 왜냐하면 그들은 혁명에 찬성한다고 공약하지는 않기 때문이다. 그러나 정치적으로는 매한가지다.

영국에서 정치적 자유가 오랜 역사를 지니고 있고, 영국의 정치생활 일반과 특수하게는 영국의 부르주아지가 발달해 있다는 조건으로 인해 다양한 색조의 부르주아적 의견이 신속하고 용이하고 공공연하게 이 나라의 새로운 정치 조직들로 표현될 수 있었다. 그 같은 조직 중의 하나가 민주적관리동맹(Union of Democratic Control)이다. 이 조직의 서기 겸 회계가 E. D. 모렐(Morel)인데, 현재 독립노동당의 중앙기관지 《레이버 리더》의 정기 기고가이며, 수년간 자유당의 버켄헤드 지역구 후보자였다. 전쟁이 일어나자마자 그가 전쟁에 반대하는 입장을 내자 버켄헤드의 자유당 지역위원회는 그에게 1914년 10월 2일자로 서한을 보내 그의 후보직을 더 이상 인정할 수 없다고 통고했다. 간단히 당에서 축출된 것이다. 모렐은 10월 14일자로 이에 대한 회답을 보냈는데, 그는 이 회답을 그후 『전쟁 발발 The Outbreak of the War』이라는 제목의 소책자로 출간했다. 모렐이 쓴 다른 다수의 논문들과 마찬가지로 이 소책자도 자국 정부를 폭로하고 있다. 그는 프로이센이 벨기에의 중립을 침범한 탓에 전쟁이 일어난 것이라든가, 전쟁의 목적이 프로이센 제국주의를 파괴하는 데 있다든가 하는 등의 주장이 허위임을 증명한다. 모렐은 민주적관리동맹의 강령을 옹호하는데, 이 강령이 주장하는 바는 평화, 군비축소, 각 주(州)에 인민투표에 의한 자결권을 부여하는 것, 대외 정책에 대한 민주적 통제 등이다.

이 모든 것으로 보았을 때, 개인으로서 모렐이 민주주의에 대해 위선적이지 않은 성심 어린 공명을 보여준 점, 주전론(主戰論)적 부르주아지에서 평화주의적 부르주아지로 전향한 점은 확실히 평가받을 만하다. 모렐은 자국 정부의 허위와 기만을 증명하는 여러 사실들을 제시한다. 자국 정부가 비밀외교의 존재를 부정—그 같은 비밀외교가 실제로 존재했음에도—하며 인민을 속인 것, 영국 부르주아지가 일찍이 1887년에 프랑스-독일 전쟁이 발발하면 벨기에의 중립이 침범 당하는 것은 필연적일 것임을 확실히 인식하고 있었으면서도 개입할 생각을(독일은 아직까진 위험한 경쟁자가 아니다!) 단호히 거부한 것, 전쟁 전에 출간된 여러 저서에서 부셰(Boucher) 대령 같은 프랑스 군국주의자들이 독일에 대한 프랑스와 러시아의 공격 전쟁을 위한 계획이 존재함을 아주 공공연하게 시인한 것, 잘 알려진 영국의 군사적 권위자 레핑턴(Repington) 대령이 1911년에 언론에서 1905년 이후 러시아의 군비증가가 독일에 위협이 되고 있다는 것을 인정한 것, 이 모든 것을 모렐이 폭로하는 것을 볼 때 우리는 자신의 당과 단절하는 것을 두려워하지 않는 이례적으로 정직하고 용기 있는 부르주아를 지금 보고 있음을 인정하지 않을 수 없다.

그럼에도 결국 모렐은 부르주아로서, 그의 평화·군축 담론은 대부분이 빈말이라는 것을 누구나 곧 알게 될 것이다. 왜냐하면 프롤레타리아트에 의한 혁명적 행동이 없이는 민주주의적 평화도, 군비축소도 있을 수 없기 때문이다. 모렐은 현 전쟁 문제에서 자유당과 단절했지만, 그 외의 다른 모든 경제적·정치적 문제들에서 여전히 자유당원으로 남아 있다. 그렇다면 독일에서 카우츠키가 평화와 군축에 관한 **그 동일한 부르주아적 문구**들에 마르크스주의적 외피를 씌워줄 때 그것이 그의 위선이 아니라 공적으로 여겨진다면, 그것은 왜 그런가? 단지, 독일에서 정치적 관계들이 미발달하고 정치적 자유가 부재한 것이 (카우츠키의 강령을 내건) 부르주아적인 평화·군축 연합이 영국에서처럼 용이하고 순조롭게 형성되는 것을 방해하고 있는 것일 뿐이다.

그렇다면 진실을, 즉 카우츠키의 입장이 혁명적 사회민주주의의 입장이 아니라 평화주의적 부르주아의 입장이라는 진실을 인정하자.

우리가 진실을 인정할—그 진실이 누구에 관한 것이든—용기를 가질 만큼 거대한 사건들의 한가운데에서 우리는 살고 있다.

추상적 이론을 혐오하고 자신들의 실용성에 대해 자부심을 갖고 있는 영국인은 종종 정치적 문제들을 보다 직접적으로 제기하며, 그리하여 다른 나라의 사회주의자들이 모든 종류의 미사여구('마르크스주의적'인 미사여구를 포함하여) 이면에 있는 실제 내용을 발견하는 데 도움을 준다. 주전론적 신문《클라리온*The Clarion*》에서 전쟁 전에 출간한 소책자 『사회주의와 전쟁*Socialism and War*』[2]은 이 점에서 교훈적이다. 이 소책자에는 미국의 사회주의자 업튼 싱클레어(Upton Sinclair)의 반전 '선언'과, 오래전에 하인드먼의 제국주의적 관점을 채택한 주전론자 로버트 블래치포드(Robert Blatchford)가 싱클레어에게 보낸 회답이 함께 수록되어 있다.

싱클레어는 감성의 사회주의자로서, 어떠한 이론적 훈련도 갖추고 있지 않다. 그는 문제를 '단순한' 방식으로 표현한다. 전쟁이 다가오자 격노한 그는 전쟁으로부터의 구원을 사회주의에서 찾는다. 싱클레어는 다음과 같이 쓰고 있다.

"우리는 사회주의 운동이 아직 너무 약해서 그 운동의 진화를 기다리지 않으면 안 된다는 이야기를 듣는다. 그러나 진화는 사람들의 마음속에서 일어나고 있다. 우리는 그 진화의 도구이며, 우리가 투쟁하지 않으면 어떠한 진화도 없다. 우리는 운동〔전쟁에 반대하는〕이 진압될 것이라는 이야기를 듣는다. 그러나 나는 숭고한 인도적인 동기에서 전쟁을 막기 위해 일어선 어떠한 반란이든 그 반란이 진압된다면, 그것은 사회주의가 이제껏 거둔 최대의 승리가 될 것이며 그것은 이제까지의 역사상 어떤 것도 아직 해내지 못한 최대의 승리로서, 문명의 양심을 흔들고 전세계의 노동자를 분기시킬 것이라는 나의 신

2   레닌 주 *Socialism and War*, The Clarion Press, 44 Worship Street, London, E. C.

념을 표명한다. 우리의 운동에 대해 너무 걱정하지 말자. 수와 힘의 외양에 너무 과대한 의미를 두지도 말자. 신념과 결의로 타오르는 1천 인은 조심성 많아지고 점잖아져버린 100만 인보다 더 강하다. 그리고 기성제도가 되어버리는 위험보다 사회주의 운동에 더 큰 위험은 없다."

보다시피 이것은 순진한 것이며, 이론적 사고 속에서 나온 것이 아니다. 그러나 사회주의를 비속화시키지 말라는 철저히 올바른 경고이며, 혁명적 투쟁을 촉구하는 호소다.

블래치포드는 싱클레어에게 보내는 회답에서 뭐라고 말하는가?

"전쟁을 일으킨 것은 자본가들과 군국주의자들이다. 그것은 맞다"고 블래치포드는 말한다. 그는 이 세상 그 어느 사회주의자만큼이나 평화를 갈망하고, 사회주의가 자본주의의 자리를 대체하기를 갈망한다. 그러나 "미사여구로는" 싱클레어는 블래치포드를 설득하지 못할 것이다. 또는 사실들을 허물어뜨리지 못할 것이다. "친애하는 싱클레어여, 사실들은 완강한 것이며, 독일의 위험은 사실입니다." 영국의 사회주의자들이든 독일의 사회주의자들이든 전쟁을 막을 만큼 강하지 않으며, "싱클레어는 영국 사회주의의 힘을 크게 과장하고 있다. 영국 사회주의자들은 통일되어 있지 않다. 그들은 돈도, 무기도, 규율도 없다." 그들이 할 수 있는 유일한 것은 영국 정부가 해군을 증강하는 것을 돕는 것이다. 그 외에 평화에 대한 어떤 다른 보장도 없으며, 있을 수도 없다.

전쟁 발발 전이든 후든 대륙 유럽의 배외주의자들은 이런 정도로 솔직하게 의견을 밝힌 적이 없다. 독일에서 우세한 것은 솔직함이 아니라 카우츠키의 위선과 궤변 놀음이다. 플레하노프도 마찬가지다. 이 때문에 보다 선진적인 나라의 상황을 한번 살펴보는 것이 교훈을 준다. 여기서는 아무도 궤변이나 마르크스주의의 모조품에 속지 않는다. 여기서는 문제가 보다 솔직하고 정직한 방식으로 표현된다. '선진적인' 영국인으로부터 배우자.

싱클레어의 호소는 순진하다. 근본적으로는 매우 올바른 것임에도 말이다. 싱클레어가 순진한 것은 그가 지난 50년간의 대중적 사회주의의 발전과 사회주의 내 조류들의 투쟁을 무시하기 때문이다. 그는 혁명적 행동의 성장을 위한 조건을 무시한다. 즉 객관적으로 혁명적인 정세와 혁명적 조직이 존재하는지의 여부를 살피지 않는다. '감성적'인 접근이 이것을 대신해주지는 못한다. 사회주의 내 강력한 조류들, 즉 기회주의 조류와 혁명적 조류 간의 가열차고 쓰디쓴 투쟁을 미사여구로 피해나갈 수는 없다.

블래치포드는 가장하지 않고 척척 말한다. 진실을 말하길 두려워하는 카우츠키 일파가 깊숙이 은폐하고 있는 논거를 그가 누설하고 있는 것이다. 우리는 여전히 약하다. 이게 다다. 블래치포드는 이렇게 말한다. 그러나 그의 솔직함은 곧 그의 기회주의, 그의 배외주의를 까발린다. 그가 부르주아지와 기회주의자들에게 봉사하고 있다는 것이 이내 명백해진다. 그는 사회주의의 힘이 '약하다'고 선언한다. 이렇게 하여 그는 반사회주의적·부르주아적 정책을 설파하며, 그럼으로써 그 자신이 사회주의의 힘을 약화시키고 있는 것이다.

싱클레어처럼 블래치포드도—그러나 반대로 투사가 아니라 겁쟁이로서, 무대포의 용사가 아니라 변절자로서—혁명적 정세를 만들어내는 조건을 무시한다.

속류 배외주의자 블래치포드는 그의 실천적 결론과 정책에서(혁명적 행동을 폐기하고, 그러한 혁명적 행동의 선전과 준비를 폐기하는 데서) 플레하노프 및 카우츠키와 완벽히 일치한다.

마르크스주의적 언어가 오늘날 마르크스주의의 완전한 폐기를 감춰주는 덮개가 되고 있다. 마르크스주의자이기 위해선 제2인터내셔널 지도자들의 '마르크스주의적 위선'을 폭로해야 한다. 사회주의 내 두 조류의 투쟁을 대담하게 직시해야 한다. 이 투쟁과 관련된 문제들에 대해 그 원인과 본질에까지 이르도록 천착해야 한다. 이것이, 마르크스주의적 언어를 쓰지 않고서 문제의 마르크스주의적 본질을 우리에게 보여주고 있는 영국인의 방식으로부터 끌어낼 결론이다.

| 1915년 6월에 집필

1924년 7월 27일에 《프라우다》 169호에 처음 발표

반동에 대한 굽신거림과
민주주의 놀음은 어떻게
결합되어 있는가?

『러시아가 전쟁에 기대하는 것*What Russia Expects of the War*』(페트로그라드, 1915년)이라는 제목으로 출간된 카데츠의 논문집은 자유주의 인텔리겐차의 정치에 대해 잘 알고 싶어 하는 사람들에게 매우 유용한 책이다. 우리나라의 카데츠와 자유주의자들이 어느 정도나 배외주의로 변신했는지는 충분히 알려져 있다. 우리 잡지 이번 호에는 특별히 이 문제를 다룬 글이 실려 있다. 그러나 전쟁에 관련된 여러 주제들을 다룬 다양한 카데츠 글들을 한데 묶은 이 논문집을 통해 우리는 오늘날 제국주의 정치에서의 입헌민주당의 역할뿐만 아니라, 전체로서의 자유주의 인텔리겐차의 역할을 구체적으로 볼 수 있다.

이 같은 인텔리겐차와 그 당의 고유한 기능은 온갖 종류의 민주주의적 언사와 호언장담, 궤변과 얼버무림으로 반동과 제국주의를 덮어 가리는 데 있다. 이 논문집의 주요 논문인 「러시아의 영토 획득*Russia's Territorial Acquisitions*」은 카데츠 지도자 밀류코프(Milyukov)가 쓴 것이다. 이와 같은 글의 경우,

현 전쟁의 실제 의미를 적어도 러시아와 관련해서는 드러내지 않을 수가 없다. 즉 갈리치아를 약탈하고, 오스트리아와 독일로부터 폴란드의 일부를, 터키로부터 콘스탄티노플과 다다넬스 해협과 아르메니아를 강탈하고자 하는 러시아의 야욕 말이다. 여기에 민주주의적 연막을 치기 위해 "범슬라브주의", "약소민족"의 이익, 독일에 의한 "유럽 평화의 위협" 등의 문구들이 동원되고 있다. 단지 우연하게, 거의 항상 우연하게지만, 밀류코프는 자신의 글 한 구절에서 무심코 진실을 발설하고 있다.

"동(東)갈리치아를 러시아에 편입하는 것은 갈리치아의 정당 중 하나인 이른바 '친모스크바파'의 지지를 받고 있는 러시아의 한 정당의 오랜 목표였다."(49쪽) 바로 그렇다! 그 러시아 정당은 러시아에서 가장 반동적인 푸리시케비치 일파의 당, 차리즘을 선두로 하는 봉건주의 성향 지주들의 당을 말한다. 이 '당'—차리즘과 푸리시케비치 일파—은 갈리치아, 아르메니아 등지에서 오래전부터 음모를 펼치며, 수백만 루블을 들여 '친모스크바파'를 매수해왔고, 동갈리치아를 러시아에 '편입'한다는 고결한 목표를 달성하기 위해 어떤 범죄도 마다하지 않았다. 전쟁은 이 당의 '정치의 계속'이다. 전쟁은 모든 인습을 내던지고, 모든 베일을 찢어버리며, 사람들이 자신의 눈으로 완전한 진실을 보도록 하는 등의 유용한 기능을 해왔다. 차르 군주제의 보존은 타민족들을 노예화하기 위해 수백만의 생명(및 인민의 돈 수십, 수백억 루블)을 바쳐야 한다는 것을 의미한다. 다름 아닌 이 정책이 입헌민주당이 떠받들고 섬겨온 정책이다.

자유주의 지식인은 이러한 진실이 불쾌할 것이다. 자신을 인도적이고 자유를 애호하고 민주주의적이라고 여기는, 그리고 자신을 푸리시케비치 일당의 종복이라고 주장하는 '중상비방'에 깊이 분개하는 자유주의 지식인 말이다. 그러나 전쟁은 이 '중상비방'이 가장 명백한 진실임을 보여주고 있다.

논문집에 있는 다른 글들을 한번 보자.

"국제 정치가 정의의 토대 위에 서 있을 때 비로소 행복하고 빛나는 미래가 우리 앞에 펼쳐질 수 있다. 생명과 그 가치에 대한 믿음은 동시에 평화의 승리이기도 할 것이다."(215쪽) "러시아의 여성 대표들은, 그리고 그녀들과 더불어 모든 사려 깊은 인류는 …… 강화가 체결될 때 모든 교전국이, 앞으로 모든 국제적 오해〔오해라, 이런! 마치 국가들 사이에서 이제까지 일어난 것이 한낱 "오해"에 불과한 것인 양!〕는 중재에 의하여 해결될 것임을 확약하는 조약에 동시 서명하기를"(216쪽) 희망한다.

"러시아의 여성 대표들은 국민을 대표해서 기독교의 사랑과 모든 국민들의 우애라는 사상을 국민 속으로 실어나를 것이다."(216쪽) 여기서 검열 당국이 문장의 한 행 반을 삭제했는데, 듣자하니 자유, 평등, 우애 같은 초(超)'인도주의적인' 표현들이 포함되었던 것 같다. "본문의 필자가 민족주의 혐의를 받을 구석이 가장 적다는 것을 알고 있는 사람들의 경우, 여기에 표명된 사상이 어떤 종류의 민족적 배타성과도 무관하다는 설명을 더 들을 필요는 없을 것이다."(83쪽) "현대전에서는 우리에게 위협이 식민지의 상실—식민지가 아무리 귀중하더라도—이나, 타민족들을 해방시키는 데 실패한 것이나, 이런 것이 아니라, 국가 자체의 붕괴라는 것을 우리는 이제야 인식하고, 현실로 느끼고 있다."(147쪽)

어떤 식으로 일이 진행되고 있는지 읽고 생각해보시라! 이른바 민주주의 당이 어떤 식으로 자신의 정치를 하는지, 어떤 식으로 대중을 이끄는지 배워보시라!

푸리시케비치들의 계급에 봉사하기 위해서는 역사의 결정적인 시점에(이 계급의 목표가 전쟁에 의해 달성되어야 할 시간에) 이 계급을 도와야 하며, 적어도 "전쟁에 대한 반대 행동을 취하지 않아야" 한다. 동시에 '인민'과 '대중'과 '민주주의'를 정의, 평화, 민족해방, 중재에 의한 국제 분쟁의 해결, 민족들의 우애, 자유, 개혁, 보통선거권 등과 같은 멋진 말들로 위로해야 한다. 그리고 이 대목에서 진정성의 표시로 가슴을 치고, 다음과 같이 증언하고 맹세해야 한다. "우리"는 "민족주의 혐의를 받을 구석이 가장 적다." "우리"의 사상은 "어떤 종류의 민족적 배타성과도 무관하다." 우리는 단지 "국가의 붕괴"에 반대하여 싸우는 것일 뿐이다!

이것이 바로 "일이 진행되고 있는" 방식이다.

이것이 바로 자유주의 인텔리겐차가 정치를 하는 방식이다.

자유주의 노동자 정치가들은 본질에서 정확히 같은 방식으로—다른 환경에서, 그리고 조금 완화된 형태로지만—행동하고 있다. 자유주의 노동자 정치가들은 다양한 범주에 걸쳐 있다. 먼저 인민과 프롤레타리아트에게 "전쟁에 대한 반대 행동을 취하지 말 것"을 가르치고 있는 《나샤 자리야》가 있다. 이어서 《나셰 디엘로》가 있는데, 이들은 포트레소프 일파(2호, 19쪽) 및 플레하노프(2호, 103쪽)의 견해와 자신들을 동일시하고 있고, 이와 비슷한 악셀로드의 생각(2호, 107~10쪽)을 단 한 줄의 이견 표시도 없이 그대로 게재했다. 나아가 《나셰 슬로보》와 조직위원회의 《이즈베스티야》 지면에서 '붕괴'에 반대하여 싸운 셈콥스키(Semkovsky)도 여기에 포함된다. 끝으로 (《나셰 디엘로》 그룹과의) '분열'에 반대하여 이빨로 물어뜯으며 싸우고 있는 치헤이제파 의원단과 조직위원회와 분트가 있다. 더욱이 그들은 노동자의 우애, 평화, 국제주의, 그리고 여러분이 원하는 것이면 무엇이든 다 찬성한다. 그들은 여러분이 바라는 것이면 무엇이든 서명할 것이다. 그들은 '민족주의'를 골백 번이라도 거부할 것이다. 단, 여기에는 한 가지 '사소한' 조건이 있다. 잡지와 신문에서 노동자들에게 기회주의와 민족주의와 전쟁에 대한 무저항을 지금까지 가르쳐온, 러시아에서 단 하나 실재하는(이들 동아리 전체 안에서) 정치적 그룹과의 '통일'이 깨져서는 안 된다는 조건 말이다.

이것이 바로 "일이 진행되고 있는" 방식이다.

| 1915년 6월에 집필

1925년 1월, 《스푸트니크 코뮤니스타 *Sputnik Kemmunista*》 특별호

'레닌의 길을 따라'에 처음 발표

**전쟁에 관한 독일
기회주의의 주요 저작**

에두아르트 다비트의 책 『세계 전쟁 중의 사회민주주의*Die Sozialdemoleratie im Wellkrieg*』(베를린, 포어베르츠 출판사, 1915년)는 현 전쟁에서 공식 독일 사회민주당이 취하고 있는 전술에 관한 사실들과 논거들을 잘 정리해놓고 있다. 기회주의자들의 문헌과 독일 사회민주주의자 일반의 문헌을 추적해온 사람들은 이 책에서 특별히 새로운 것을 발견하진 못할 것이다. 그러나 이 책은 매우 유용하며, 그것도 단지 편람으로서만 유용한 것이 아니다. 독일 사회민주주의의 역사적인 붕괴에 대한 보다 깊은 통찰을 얻고자 하는 사람들은 누구든, 또한 왜 선도적인 사회민주주의 당이 '돌연'(이른바 돌연) 독일 부르주아지와 융커의 시녀 당이 되어버렸는지 그 이유를 진정으로 알고 싶어하는 사람들은 누구든, 그리고 이러한 붕괴를 정당화하거나 은폐하는 네 봉사하는 진부한 궤변의 의의를 알아보고자 하는 사람들은 누구든 다비트의 이 따분한 책을 전혀 지루하게 느끼지 않을 것이다. 실제로 다비트의 논지는 전체적으로 완결성이 있다. 그는 자유주의 노동자 정치가로서의 확신을 갖고 있는데, 이는 예를 들어 바람 부는 대로 떠다니는 저 위선자 카우츠키의 저작에서는 전혀 찾아볼 수 없는 특성이다.

다비트는 뼛속까지 기회주의자로, 독일의 《나셰 디엘로》라고 할 수 있는 《월간 사회주의》에 오랫동안 기고해온 사람이다. 사회주의나 마르크스주의라곤 티끌만큼도 포함하고 있지 않은, 농업 문제에 관한 방대한 책의 저자이기도 하다. 노동계급 운동을 부르주아적 정신으로 타락시키는 데 전 생애를 바쳐온 이와 같은 인사가 그 못지않게 기회주의적인 많은 당 지도자들 중 한 사람이며, 독일 사회민주당 국회의원단의 의원이자 심지어 그 수뇌부의 일원이라는 사실 자체가 바로 독일 사회민주주의 내 부패 과정이 얼마나 심각하고 폭력적으로 진행되었는지를 온전하게 보여주는 지표다.

다비트의 저서는 과학적 가치라곤 전혀 없는 책인데, 왜냐하면 저자는 현대 사회의 주요 계급들이 전쟁에 대한 자신들의 현재 태도를—이 태도는 이러이러한 계급 이익으로부터 유래하는 이러이러한 정치를 통해 표현되고 있다—수십 년 동안 어떻게 준비해왔고, 고취해왔고, 강화시켜왔는지 하는 문제에 대해서는 제기조차 할 능력도, 의지도 없기 때문이다. 이 같은 문제에 대한 조사 없이는 전쟁에 대한 마르크스주의적 태도란 존재할 수 없다는, 그리고 오직 이와 같은 조사만이 전쟁에 대한 각 계급의 태도 속에 있는 그들의 이데올로기를 연구하는 토대가 될 수 있다는 사고 방향 자체가 다비트에게는 완전히 낯선 것이다. 자유주의 노동자 정치의 대변자로서 그는 자신의 모든 서술과 모든 논증을 다음과 같은 임무, 즉 노동계급 청중에게 영향을 미치고, 자기 입장의 약점을 노동자들이 보지 못하도록 은폐하고, 자유주의 전술을 노동자들이 받아들일 수 있는 형태로 각색하고, "서유럽 국가들에서의 사회주의자들의 전술"(다비트의 책 7장)로부터 권위 있는 사례들을 가능한 한 최대로 동원하여 프롤레타리아의 혁명적 본능을 질식시키는 등의 임무에 맞추고 있다.

따라서 이데올로기적 견지에서 볼 때 다비트의 책은, 부르주아지가 노동자들에게 영향을 미치기 위해 그들에게 어떻게 이야기하는지를 분석할 기회를 제공한다는 면에서만 오직 흥미로울 뿐이다. 에두아르트 다비트의 이데올로기적 입장의 본질은, 이러한 각도―단 하나의 올바른 각도―에서 볼 때 다음과 같은 명제에 담겨 있다. "우리 투표(전쟁공채 찬성 투표)의 의의는 전쟁에 찬성해서가 아니라, 패전에 반대해서 투표했다는 데 있다."(책 3쪽에 있는 목차와 그 밖의 많은 구절). 이것이 책 전체를 관통하는 기본 사상이다. 다비트는 이 기본 테제를 뒷받침하고자 거기에 들어맞는 사실과 자료를 주의 깊게 취사선택하였다. 예컨대 마르크스와 엥겔스와 라살이 독일의 민족 전쟁에 대해 취한 태도의 실례들(2장), 3국협상 측의 광대한 정복 계획에 관한 자료(4장), 전쟁 외교사로부터의 사실들(5장)―이 사실들이란 것은 전쟁 직전에 주고받은 정말 하찮고 정말 위선적인 공문전보를 근거로 하여 독일의 결백을 증명하려는 시도에 불과하다—등이 대표적으로 선별된 것들이다. "위험의 크기"라는 제목이 붙은 별도의 장(6장)은 3국협상 측의 병력 우세와 차리즘의 반동성 등에 대해 고찰하고, 관련 수치를 싣고 있다. 물론, 다비트는 전적으로 **평화**에 찬성한다. 1915년 5월 1일자로 되어 있는 책 서문은 '지상에 평화를!'이라는 슬로건으로 끝을 맺고 있다. 물론, 다비트는 자신을 국제주의자라고 생각한다. 독일 사회민주당은 "인터내셔널의 정신을 배반한 적이 없다"고 그는 말한다(8쪽). 독일 사회민주당은 "각 국민들 간에 악독한 증오의 씨를 심는 것에 반대하여 싸워"왔다(8쪽). 독일 사회민주당은 "나라의 안전이 달성되는 대로 바로 강화(講和)를 할 태세가 원칙적으로 되어 있음을 전쟁 바로 첫날부터 선언하였다."(8쪽)

다비트의 책은, 자유주의 부르주아지가(그리고 노동운동 내 그들의 하수인, 즉 기회주의자들도) 노동자들과 대중 일반에 영향을 미치기 위해서는 골백 번이라도 국제주의에 충성을 맹세하고, 평화 슬로건을 받아들이고, 전쟁의 침략 목적을 부인하고, 배외주의를 규탄하는 등, 자국 정부에 대항하는 혁명적 행동을 **제외**하고는 무엇이든 할 것임을, '패전에 반대'할 수만 있다면 세상에 뭐든지 할 태세가 되어 있음을 생생하게 드러내준다. 그리고 실제로 이 이데올로기는, 수학 용어로 말하면, 노동자들을 우롱하기 위한 **필요충분**조건이다. 무언가 내놓을 것을 제시해야 하는 자유주의 부르주아지의 입장에서 볼 때, 노동자들에게 이보다 적게 제시하는 것은 가능하지 않다. 왜냐하면 외적의 침입 위험으로 두려워하는 대중에게 공정한 평화를 공약하지 않고서는, 국제주의에 대한 충성을 맹세하지 않고서는 대중을 결집할 수가 없기 때문이다. 반면 그 이상의 것을 제시할 필요도 없다. 왜냐하면 그 '이상'의 것, 즉 식민지 탈취, 타국 영토의 병합, 패전국의 약탈, 유리한 통상조약의 체결 등은 모두 직접 자유주의적 부르주아지에 의해서가 아니라, 종전 후에 군과 정부의 제국주의적·군국주의적 도당에 의해 실행될 것이기 때문이다.

역할 분담이 잘 되어 있다. 정부와 군벌이—억만장자들과 모든 부르주아 '실업가(實業家)'들의 지원을 받아—전쟁을 수행하는 동안, 자유주의자들은 방위 전쟁이라는 민족주의 이데올로기와 민주주의적 평화의 약속 등으로 대중을 위로하고 우롱한다. 에두아르트 다비트의 이데올로기는 자유주의적·인도주의적·평화주의적 부르주아의 이데올로기다. 러시아의 패전을 바라는 것에 반대하여, 러시아의 붕괴에 반대하여, 평화 슬로건에 찬성하여 투쟁을 수행하고 있는 조직위원회의 기회주의자들의 이데올로기도 그러하다.

이것과 원칙적으로 다른, 비(非)자유주의적인 전술은 참전을 정당화하려는 어떠한 시도와도 단호하게 단절하는 것으로부터 시작된다. 또한 전쟁 중에 전시의 어려움을 십분 활용하여 자국 정부에 대한 혁명적 행동을 선전하고 준비하는 정책을 실제 수행하는 것으로부터 시작된다. 다비트는 이 경계선에, 부르주아 정치와 프롤레타리아 정치를 가르는 진정한 경계선에 접근하기는 한다. 그러나 그는 오직 유쾌하지 않은 주제를 얼버무리고 넘어가려는 목적으로만 접근할 뿐이다. 그는 바젤 선언을 몇 차례 언급하지만, 선언의 모든 혁명적 구절들은 용케 피해간다. 그는 바젤에서 바이양이 '군대 파업과 사회혁명'을 어떻게 호소했는지 상기시키지만(119쪽), 오직 배외주의자 바이양의 선례를 이용함으로써 자신을 **변호**하기 위해서 그렇게 하는 것일 뿐, 결코 바젤 대회 결의의 혁명적 방침을 인용하고 검토하기 위해서가 아니다.

다비트는 우리 당 중앙위원회 선언의 상당 부분을—선언의 주 슬로건인 "제국주의 전쟁의 내란으로의 전화"를 포함하여—인용하고 있지만, 오직 "러시아식" 전술은 "광기"와 "인터내셔널 결정의 난폭한 왜곡"(169쪽, 172쪽)이라고 선언하기 위한 용도로만 인용할 따름이다. 이것이야말로 에르베주의(Hervéism)라고 그는 말한다(176쪽). 에르베의 책에는 "레닌, 룩셈부르크, 라데크, 파네쿡 등의 이론이 다 망라되어 있다." 그러나 친애하는 다비트여, 바젤 결의와 『공산당 선언』의 혁명적 구절에는 에르베주의가 없는가? 이 문서들을 언급하는 것은, 우리 잡지의 제호—바로 이 문서를 상기시키는 이름—가 셈콥스키에게 불유쾌한 것과 똑같이 다비트에게 불유쾌하다. '노동자에게는 조국이 없다'는 『공산당 선언』의 테제는 다비트의 확신에 의하면 "오래전에 논박되었다."(176쪽, 그 외) 민족 문제에 대해서 다비트는 결론적인 장 전체를 할애하여 "생물학적 분화 법칙"(!) 등을 운운하며, 갈 데까지 간 부르주아적 헛소리를 늘어놓고 있다.

  '국제적인 것은 결코 반민족적인 것이 아니다.' '우리는 민족 자결권에 찬성한다.' '우리는 약소민족에 대한 폭력에 반대한다.' 다비트는 이렇게 단언하지만, 제국주의 전쟁 참전을 정당화하고 이 전쟁에서 '패배 반대' 슬로건을 제출하고 있는 것이 반(反)사회주의적일 뿐만 아니라 반민족적인 정치가로서의 행동임을 인식하지 못한다(아마 인식하지 못한 체하는 것이 맞을 것이다). 왜냐하면 오늘의 제국주의 전쟁은 새로운 민족들을 억압하기 위한 목적으로 수행되고 있는 강대국들(즉 다수의 타민족을 억압하는 대국들) 간의 전쟁이기 때문이다. 사회주의 정치가이지 않고서는, 즉 피억압 민족의 해방을 위한 권리, 피억압 민족을 억압하는 강대국으로부터 분리할 권리를 인정하는 것이 아니고서는 제국주의 전쟁에서 '민족적'인 정치가일 수 없다. 제국주의 시대에는 강대국들의 프롤레타리아트에 의한 혁명적 행동이 민족의 틀을 넘어 확산되어 이 틀을 깨부수고 국제 부르주아지를 타도하는 것이 아니고서는 세계 대다수 민족들을 위한 구제의 길은 있을 수 없다. 부르주아지가 타도될 때까지는 '강대국'으로 알려진 민족들은 여전히 존재할 것이다. 즉 전세계 민족들의 10분의 9에 대한 억압이 여전히 존재할 것이다. 부르주아지의 타도는 온갖 종류의 민족적 분리 벽의 해체를 엄청나게 가속화시킬 것이다. 그리고 이러한 민족적 칸막이의 붕괴는 정신생활, 이데올로기적 조류, 경향, 색조의 풍부함과 다양함이라는 의미에서의 인류의 '분화'를 감소시키기는커녕 오히려 백만 배는 더 증대시킬 것이다.

| 1915년 6~7월에 집필

1924년 7월 27일자 《프라우다》 169호에 처음 발표

제국주의 전쟁에서 자국 정부의 패배

혁명적 계급은 반동적인 전쟁에서 자국 정부의 패배를 바라지 않을 수 없다.

이것은 자명한 공리다. 의식적인 사회배외주의자 도당이나 그들의 영혼 없는 시종들만 이 공리와 다툰다. 전자의 부류에 속하는 자는 예를 들자면 조직위원회의 셈콥스키고(조직위원회의 신문《이즈베스티야》2호), 후자에 속하는 자는 트로츠키와 부크보예드(Bukvoyed)[1], 그리고 독일의 카우츠키다. 트로츠키는 이렇게 쓰고 있다. 러시아의 패배를 바라는 것은 "사회애국주의의 정치적 방법론에 대한 전혀 불필요하고 전적으로 부당한 양보다. 전쟁(및 전쟁을 야기한 조건들)에 대한 혁명적 투쟁이 필요한 상황에서, 단지 해악이 가장 작은 쪽을 지향하는 활동—현 조건에서 매우 자의적인—으로 이와 같은 혁명적 투쟁을 대체하는 것이 바로 사회애국주의의 정치적 방법론이다."(《나셰 슬로보》105호)

[1]　부크보예드는 D. 랴자노프(Ryazanov)다.—원서 편집자

이것은 트로츠키가 기회주의를 정당화할 때 항상 사용하는 허풍스런 과장법의 한 예다. "전쟁에 대한 혁명적 투쟁"이라는 것이 현 상황에서 어떤 내용을 가지려면, 그것은 전쟁 중에도 **자국 정부**에 대한 혁명적 행동을 한다는 뜻일 때만이다. 그렇지 않다면 그 말은 그저 제2인터내셔널 영웅들의 전매특허인 공허하고 내용 없는 고함 지르기에 불과하다. 조금만 생각해보면 이것을 이해할 수 있다. 전시에 자국 정부에 대한 혁명적 행동을 한다는 것은 단지 자국 정부의 패배를 바라는 것만이 아니라 실제로 그 패배를 촉진시키는 것을 의미한다. 당연하지 않은가. (통찰력 있는 독자는 알겠지만, 이것은 '다리를 폭파한다'든가, 전쟁 산업에서 성공하지 못할 파업을 조직한다든가 하여 일반적으로 정부가 혁명가들을 패퇴시키는 데 빌미를 제공하는 것을 의미하지는 않는다.)

트로츠키는 자기 말에 도취되어 단순한 문제에서 완전히 방향을 잃었다. 러시아의 패배를 바란다는 것이 그에게는 독일의 승리를 바란다는 **의미로** 보이는가 보다. (부크보예드와 셈콥스키는 트로츠키와 공유하고 있는 '생각'—아니, 생각의 짧음이라고 하는 것이 맞겠다—을 보다 직접적으로 표현했다.) 트로츠키는 이를 "사회애국주의의 방법론"이라고 간주한다! 자신의 머리로 사고할 수 없는 사람을 돕기 위해 베른 결의(《사회민주주의자》 40호)가 명확히 천명한 명제를 환기해보자. 모든 제국주의 나라에서 프롤레타리아트는 지금 자국 정부의 패배를 바라야 한다. 부크보예드와 트로츠키는 이 진실을 회피하고자 했지만, 셈콥스키 (부르주아적 지혜를 순진하리만치 솔직하게 그대로 옮기는 덕분에 노동자계급에게 어느 누구보다도 더 유용한 기회주의자)는 다음과 같이 말해버렸다. "그것은 바보 같은 이야기다. 왜냐하면 독일이든 러시아든 둘 중에 하나는 승리할 것이기 때문이다."(《이즈베스티야》 2호)

파리 코뮌의 예를 들어보자. 독일은 프랑스에게 승리했지만, 비스마르크와 티에르(Thier)는 노동자에게 승리했다! 부크 보예드와 트로츠키가 조금만이라도 생각해보았다면, 자신들이 정부와 부르주아지가 갖고 있는 전쟁에 대한 관점을 채택하고 있다는 것, 즉 (트로츠키의 허세 부리는 언어를 사용한다면) "사회애국주의의 정치적 방법론"에 굽신거리고 있다는 것을 깨달을 수 있었을 것이다.

전시 중의 혁명은 내란을 뜻한다. 정부 간 전쟁을 내란으로 전화시키는 것은 한편으로 정부의 군사적 실패('패배')에 의해 용이해진다. 다른 한편으로, 그러한 내란 전화를 지향한다면 바로 그것에 의해 패배(패전)를 촉진하지 않을 수가 없다. 즉 패배를 촉진하지 않고 내란 전화를 지향한다는 것은 사실상 불가능하다.

배외주의자들(조직위원회와 치헤이제파 의원단을 포함하여)이 패배 '슬로건'을 거부하는 이유는 일관되게 이 슬로건만 전시에 자국 정부에 대한 혁명적 행동을 요구하고 있기 때문이다. 이러한 행동 없이 "전쟁(및 전쟁을 야기한 조건들)에 대한 혁명적 전쟁" 등과 같은 초혁명적 문구를 수백만 번 고함질러봐야 하등의 가치도 없다.

제국주의 전쟁에서 자국 정부의 패배 '슬로건'을 논파하려고 기를 쓰는 자는 다음 세 가지 중 하나라도 증명해야 한다. 1) 1914~5년의 전쟁은 반동적인 전쟁이 아니다? 2) 혁명이 이 전쟁으로부터 일어난다는 것은 불가능하다? 3) 모든 교전국 혁명운동들 간의 호응과 협력은 불가능하다? 세 번째 점은 직접적인 사회주의 혁명이 불가능한 가장 낙후된 나라인 러시아에 특히 중요하다. 러시아 사회민주주의자들이 패배 '슬로건'의 '이론과 실천'을 진전시킨 첫 주자여야만 했던 이유가 바로 거기에 있다. 러시아 사회민주노동당 두마 의원단이 행한 선동—인터내셔널에서 유일한 사례인 바, 단지 의회 내 반대 선동으로서만이 아니라 대중 속에서의 진정으로 혁명적인 반정부 선동으로서 유일한—이 러시아의 '군사력'을 약화시켰고, 그리하여 러시아의 패배를 가져올 요인이라고 차르 정부는 주장하고 있는데 이는 완벽하게 맞는 말이다. 이 사실에 눈을 감는 것은 어리석은 일이다.

패배 슬로건을 반대하는 자들은, 정부에 반대하는 혁명적 선동과 정부의 패배를 촉진시키는 것은 떨어질 수 없는 관계라는 명백한 사실을 직시하기를 바라지 않는다는 점에서 자기 자신을 두려워하고 있는 데 불과하다.

러시아 운동—부르주아 민주주의적인 의미에서 혁명적인 운동—과 서구에서의 사회주의 운동 간의 호응과 협력은 가능한가? 지난 10년 동안 그 문제에 대해 공식적으로 언급한 사회주의자들 중 이를 의심한 사람은 아무도 없었다. 그리고 1905년 10월 17일[2] 이후 오스트리아의 프롤레타리아트 운동은 그것이 가능함을 실제로 증명했다.

국제주의자를 자칭하는 사회민주주의자에게 물어보라. 당신은 모든 교전국 정부들에 대한 공동의 혁명적 행동을 위해 여러 교전국 사회민주주의자들이 서로 협정을 맺는 것에 찬성하는가, 그렇지 않은가? 그들 중 많은 사람들은 카우츠키가 그랬던 것처럼(《노이에 차이트》1914년 2월 10일자) 그것은 불가능하다고 대답할 것이며, 그렇게 함으로써 자신이 사회배외주의임을 완전히 증명할 것이다. 사회민주주의자들 간의 협정이 불가능하다고 하는 것은, 한편으론 고의적이고 악의적인 거짓말,

---

2 1905년 10월 17일(30일)에 차르의 선언이 반포되었다. 이 선언은 '시민적 자유권들'과 '입법 두마'를 약속했다. 선언은 혁명이 차르 정권으로부터 쟁취해낸 양보였지만, 이 양보는 결코 자유주의자들과 멘셰비키가 주장하는 것처럼 혁명의 운명을 결정하진 않았다. 볼셰비키는 선언의 진정한 의미를 폭로했고, 대중에게 계속 투쟁하여 전제정을 타도할 것을 호소했다.

1차 러시아 혁명은 다른 나라, 특히 오스트리아-헝가리에서 노동계급 운동에 혁명적 기운을 전파하는 거대한 영향을 미쳤다. 레닌은 차르의 양보 및 '시민적 자유권들'을 약속한 선언에 대한 소식이 "오스트리아에서 보통선거권의 최종 승리에 결정적인 역할을 했다"고 지적했다.

대중시위들이 빈을 비롯해 오스트리아-헝가리의 다른 산업도시들에서 일어났다. 프라하에서는 바리케이드가 설치되었다. 그 결과로 보통선거가 오스트리아에 도입되었다.—원서 편집자

일반적으로 알려진 사실들 및 바젤 선언에 정면으로 배치되는 거짓말이다. 반면 불가능하다는 것이 진실이라면, 그 경우 많은 점들에서 기회주의자들의 말이 아주 맞는 말일 것이다.

많은 사람들이 그러한 협정에 찬성한다는 입장을 표명할 것이다. 이에 대해 우리는 다음과 같이 말할 것이다. 만약 이러한 찬성이 위선이 아니라면, 대표자들의 선출이라든가 회담의 배치나 협정의 조인, 그리고 일자의 선정 같은 어떤 '형식적인' 협정이 전쟁 중에 그리고 전쟁을 위해 필요하다고 생각하는 것은 웃기는 것이다! 셈콥스키 같은 사람들만이 그렇게 생각하는 것이 가능하다. 다수의 나라들은 말할 것도 없고, 단 하나의 나라에서조차 혁명적 행동을 위한 협정은 오직 진지한 혁명적 행동의 실례가 갖는 힘에 의해서만, 그러한 행동에 착수하고 그것을 발전시킴으로써만 실현될 수 있다. 그러나 그러한 행동은 정부의 패배를 바라지 않고서는, 그리고 그러한 패배를 촉진하지 않고서는 착수될 수 없다. 제국주의 전쟁의 내란으로의 전화는 혁명이 '만들어질' 수 없는 것과 똑같은 이치에서 '만들어질' 수 없다. 내란 전화는 제국주의 전쟁의 아주 다양한 현상·측면·특징·특성·결과로부터 발전해서 나오는 것이다. 이 발전은 정부가 **자국**의 피억압 계급들로부터 일격을 맞아 일련의 군사적 실패와 패배를 겪지 않고서는 **불가능**하다.

패배 슬로건을 거부하는 것은 자신의 혁명적 정신을 공문구나 순전한 위선으로 전락시키는 것을 뜻한다.

패배 슬로건을 대신해서 제출되고 있는 대용품은 무엇인가? 그것은 '승리도 아니고, 패배도 아니다'라는 슬로건이다. (《이즈베스티야》 2호에 있는 셈콥스키의 논설, 그리고 1호에 있는 조직위원회 전체의 입장). 그러나 이 슬로건은 '조국 방위' 슬로건을 말만 바꾼 것에 불과하다. 이 슬로건은 문제를 정부 (이 슬로건의 내용에 따르면 자신의 기존 입장에 머무를 수밖에 없는, '자기 위치를 고수할 수밖에 없는' 정부) 간 전쟁이라는 층위로 옮겨놓은 것이지, 각국 정부에 대한 피억압 계급들의 투쟁이라는 층위로 옮겨놓은 것이 아니다! 결국 이 슬로건은 모든 제국주의 민족들의 배외주의를 정당화한다. 보라. 이들 제국주의 민족의 부르주아지는 '단지' 자신들은 '패배에 반대해서' 싸우고 있는 것일 '뿐'이라고 항상 말할 준비가 되어 있고, 또 실제로 사람들에게 그렇게 말하고 있지 않은가. "8월 4일 우리가 전쟁공채에 찬성 투표를 한 것의 의미는 우리가 전쟁에 찬성해서가 아니라 패배에 반대해서다"라고 기회주의자들의 지도자 다비트는 자기 책에 썼다. 조직위원회는 부크보예드 및 트로츠키와 함께, 완전히 다비트와 같은 입장을 취하며, '승리도, 패배도 아니다' 슬로건을 옹호하고 있다.

이 슬로건을 좀 더 깊이 살펴보면, '계급휴전', 즉 모든 교전국의 피억압 계급들은 계급투쟁을 중지하자는 뜻임을 알 수 있다. 왜냐하면 '자'국 부르주아지와 '자'국 정부에 타격을 가하지 않는 계급투쟁이란 불가능하기 때문이다. 그런데 전시에 자국 정부에 타격을 가하는 것은 (부크보예드의 정보에 따르면) 국가반역죄에 해당하며, 자국의 패배를 촉진하는 것을 의미한다. '승리도 아니고 패배도 아니다' 슬로건을 받아들이는 사람들은 계급투쟁에, '계급휴전의 파기'에 단지 위선적으로만 찬성하는 것일 수밖에 없으며, 실제로는 독립적인 프롤레타리아 정책을 방기하고 있는 것이다. 왜냐하면 그들은 제국주의 정부를 패배로부터 보호한다는 완전히 부르주아적인 임무에 모든 교전국의 프롤레타리아트를 종속시키고 있기 때문이다. 말로만이 아니라 실제로 '계급휴전'을 거부하고 계급투쟁을 받아들이는 유일한 정책은 **자국 정부와 자국 부르주아지를 타도하기 위해 프롤레타리아트가 저들이 겪는 곤란을 이용**하는 것이다. 하지만 자국 정부의 패배를 바라지 않고서는, 그리고 그 패배를 촉진하지 않고서는 그것을 실현하거나 **지향**할 도리가 없다.

전쟁 전에 이탈리아 사회민주주의자들이 대중파업 문제를 제기했을 때 부르주아지는 자신의 관점에서 볼 때 의심할 바 없이 옳게도 이렇게 대답했다. '이것은 반역죄로서, 사회민주주의자들은 반역자로 다루어질 것이다.' 이것은 맞다. 참호에서의 형제적 우애가 반역죄인 것처럼 말이다. 부크보예드처럼 '반역'에 반대하여 글을 쓰는 사람들, 또는 셈콥스키처럼 '러시아의 붕괴'에 반대하여 글을 쓰는 사람들은 프롤레타리아적 관점이 아닌 부르주아적 관점을 채택하고 있는 것이다. 프롤레타리아는 '반역'을 저지르지 않고는, 패배를 촉진하지 않고는,

'자'국 제국주의 대국의 **붕괴를 촉진하지 않고는** 자국 정부에게 계급적 타격을 가하거나, 자신의 형제인 '외'국 프롤레타리아—'우리 측'과 전쟁 중인—에게 손을 (실제로) 뻗칠 수 **없다.**

'승리도, 패배도 아니다' 슬로건을 지지하는 자는 의식적으로든 무의식적으로든 배외주의자다. 잘하면 타협적인 소부르주아일 테지만, 어느 경우든 그는 프롤레타리아 정책에 대항하는 적이자, 현 정부와 현 지배계급의 열성 동조자다.

또 다른 각도에서 이 문제를 살펴보자. 전쟁은 긴장이 완화된 대중의 일상적 심리 상태를 깨뜨려버릴 수 있는 격렬한 감정을 대중 속에서 불러일으킬 수밖에 없다. 이런 새롭고 격렬한 감정에 맞춰 적응하지 않고서는 혁명적 전술이란 불가능하다.

이와 같은 격렬한 감정의 주된 흐름은 무엇인가? 1) 공포와 절망. 여기서 종교적 감상이 자라난다. 다시 교회에 사람이 붐비고 반동들이 환호를 지른다. "고통이 있는 곳에 종교가 있다"고 반동 우두머리 바레(Barres)가 말한다. 그의 말도 맞다. 2) '적'에 대한 증오. 이것은 (목사들보다도 오히려) 부르주아지에 의해 주도면밀하게 조장되며 **부르주아지에게만** 경제적·정치적으로 유리한 감정이다. 3) 자국 정부와 자국 부르주아지에 대한 증오. 이것은 계급적으로 각성한 노동자라면 모두 느끼는 감정이다. 그들은 한편으로 전쟁이 제국주의 '정치의 계속'임을 이해하고, 이에 대해 그들의 계급적 적에 대한 증오의 '계속'으로 대응한다. 다른 한편으로 그들은 '전쟁에 반대하는 전쟁'이란 것이 자국 정부에 반대하는 혁명을 뜻하지 않는다면 진부한 문구일 뿐이라는 것을 알고 있다. 자국 정부와 자국 부르주아지의 패배를 바라지 않고서는 이들에 대한 증오를 불러일으킬 수 없다. 그리고 자국 정부와 자국 부르주아지에 대한 증오를 불러일으키지 않고서도 국내 평화(즉 계급평화)의 충심 어린 반대자, 즉 위선적이지 않은 반대자가 될 수는 없다.

'승리도 패배도 아니다' 슬로건을 지지하는 자들은 실제로 부르주아지와 기회주의자의 편에 선 것이다. 왜냐하면 그들은 자국 정부에 대한 노동자계급의 국제적인 혁명적 행동의 가능성을 '믿지 않으며', 그러한 행동을 발전시키는 것—의심할 바 없이 어려운 일이지만, 프롤레타리아에게 걸맞은 유일한 임무, 유일한 사회주의적 임무인—을 돕길 원치 않기 때문이다. 다름 아닌 바로 교전국 열강 가운데 가장 뒤떨어진 나라의 프롤레타리아트가—더더욱 독일과 프랑스 사회민주주의자들의 파렴치한 배반에 직면하여—혁명적 전술을 (자신의 당을 통해) 채택하지 않으면 안 되었다. 이 혁명적 전술은 자국 정부의 '패배를 촉진'하지 않고서는 절대로 실현 불가능하지만, 그러나 이것만이 유럽 혁명으로, 사회주의의 항구적 평화로 인도할 것이며, 오늘을 지배하고 있는 참화, 재앙, 야만, 야수화로부터 인류를 구하는 길이다.

| 《사회민주주의자》43호, 1915년 7월 26일

러시아 사회민주주의
내 현황에 대하여

조직위원회의 《이즈베스티야》 2호와 《나셰 디엘로》 2호는 이 현황을 아주 교훈적이고 일목요연하게 드러내주고 있다. 두 신문 모두 그 자신의 방식으로, 그리고 그 발행 장소와 자신의 정치적 목적에 발맞춰, 사회배외주의를 강화시키는 쪽에 목적의식적으로 노력을 기울이고 있다.

《나셰 디엘로》는 편집국 내부의 어떠한 의견 차이나 색조에 대해서도 독자들에게 알려주지 못하고 있을 뿐만 아니라, 또 '포트레소프주의'에 대한 가장 약한 이의조차 제기하지 못하고 있을 뿐만 아니라, 반대로 '편집국 명의의' 특별성명(19쪽)에서 다음과 같이 선언함으로써 포트레소프주의에 연대를 표명했다. "국제주의"는 현 전쟁에서 어느 부르주아지가 승리하는 쪽이 프롤레타리아트에게 비람직한가를 결정하는 데 도움이 될 "국제 정세상의 방향 정립"을 요구한다. 이러한 선언은 편집국원 모두가 기본적으로, 그리고 본질적으로 사회배외주의자임을 의미한다. 게다가, 단지 사회배외주의의 색조상에서만 카우츠키와 차이가 있을 뿐이다. 편집국은 국제사회배외주의를 정당화하는 내용으로 온통 채워진 카우츠키의 소책자에 대해 "눈부신", "주도면밀한", "이론적으로 귀중한" 등과 같은 수식어를 붙여 극구 칭송했다. 눈이 있다면, 《나셰 디엘로》 편집국이 그렇게 함으로써 첫째, 러시아 배외주의를 신성화하고 있고 둘째, 국제사회배외주의를 '사면'하고 그것과 화해할 용의를 표명한 것을 못 볼 수가 없다.

《나셰 디엘로》의 '러시아 국내와 국외'란에는 플레하노프의 견해와 악셀로드의 견해가 인용되어 있는데, 편집국은 양자를 구별하지 않고 있다(그럴 만한 이유가 있어서). "다시 편집국의 이름으로"(103쪽)라는 별도의 주를 통해, 플레하노프의 견해는 《나셰 디엘로》의 견해와 "많은 점에서 일치한다"고 밝히고 있다.

이보다 더 분명한 그림은 있을 수 없을 것이다. 《나셰 디엘로》를 통해 표현되고 있고, 자유주의 부르주아지와 수천 가닥의 끈으로 연결된 것에 덕을 보고 있는 이 합법주의 '조류'는 1910~5년 기간 중 러시아에서 전체 '브뤼셀 블록' 가운데 홀로 유일하게 실체를 가진 존재로서, 청산주의를 사회배외주의로 보완하여 자신의 기회주의적 발전을 완전히 확립하고 완성했다. 1912년 1월에 우리 당에서 축출된 이 그룹[1]의 실제 강령은 매우 중요한 항목 하나를 새로 추가하여 보강된 것인데, 그 추가된 내용은, 필요하다면 전쟁이라는 대가를 치르고서라도

---

[1] 1912년 1월, 러시아 사회민주노동당 프라하 회의에서 축출된 멘셰비키를 가리킨다.―원서 편집자

강대국 민족으로서 대러시아인 지주와 부르주아지의 우위와 특권을 유지, 강화해야 한다는 사상을 노동자계급 속에 전파하자는 것으로 요약된다.

이러한 정치적 실상을 '좌익적' 언사와 사이비 사회민주주의적 이데올로기로 은폐하려는 시도, 이것이 치헤이제파 의원단의 합법 활동과 조직위원회의 비합법 활동의 실제 정치적 의미다. 이데올로기 영역에서는 '승리도 아니고, 패배도 아닌!'이라는 슬로건, 실천 영역에서는 반(反)'분열주의' 투쟁이 그들을 하나로 묶는 정치적 지향이다. 《이즈베스티야》 2호의 모든 글—특히 마르토프와 요노프와 마시나제(Mashinadze)의 글—에 빠짐없이 스며들어 있는 이 지향이 바로 《나셰 디엘로》 및 플레하노프와의 '평화' 강령, 즉 이들과 화해하기 위한 실무적이며 (기회주의자들의 관점에서 볼 때) 완전히 올바른 강화(講和) 프로그램이다. 《레치》 143호(1915년 5월 27일)에서 "나라의 방위(國防)"가 "민주주의파의 임무"라고 주장하고 있는 "왕년의 혁명가" 알렉신스키 씨의 편지를 읽어보라. 그러면 오늘의 배외주의자 플레하노프의 이 열성 심복이 '승리도 아니고, 패배도 아닌!' 슬로선에 완전히 만족할 것이라는 것을 보게 될 것이다. 실제로 이것이 플레하노프와 《나셰 디엘로》와 악셀로드, 코숍스키와 마르토프와 셈콥스키 등 모두에게 공통된 슬로건이다. 물론(의심할 바 없이 물론!), 이들은 각자 자신의 "아주 정당한 색조"와 "세부적인 차이"를 유지할 것이다. 이데올로기적인 면에서, 그리고 근본원칙적인 면에서 이 한 무리 친구들은 '승리도 아니고, 패배도 아닌!' 슬로건을 공통의 기반으로 받아들이는 것에 만족한다. (덧붙이자면, 누구의 승리 또는 패배인가? 명백히 현 정부들, 현 지배계급들의 승리 또는 패배다!) 실제 정치 영역에서는 그들은 '통일'이라는 슬로건에 만족한다. 여기서 '통일'은 《나셰 디엘로》와의 통일을 말하는데, 이것이 의미하는 것은, 국외와 지하에서는 조직위원회 일파가 '좌익적'인 결의와 준혁명적인 언사를 스스럼없이 갖고 놀 것이고, 국내에서는 《나셰 디엘로》가 치헤이제파 의원단의 도움으로 이제까지 하던 대로 진지한 정치와 진지한(부르주아적 의미에서 '진지한') 대중사업을 계속할 것이라는 등의 사실을 받아들이겠다는 것이다. 환상을 품지 말자. 브뤼셀 블록은 곧바로 붕괴했고, 그리하여 단지 위선 외에는 아무것도 담고 있지 않았음을 증명했는데, 바로 이 이유 때문에 정치적 부패 상태를 덮어 감추는 용도로는 안성맞춤이었던 것이다. 1914년 7월에 이 블록은 아무 의무조항도 없는 준좌익적 결의를 가지고 《나샤 자리야》와 《세베르나야 라보차야 가제타》를 엄호해주었다. 1915년 7월에 아직 '친구들의 회합'도, '의사록'도 없지만, 이미 주연 '배우들' 간에는, 동일한 종류의 준좌익적 언사를 사용함으로써 《나셰 디엘로》와 플레하노프와 악셀로드의 사회배외주의를 공동으로 엄호하는 것에 대한 원칙적인 동의가 존재한다. 1년이 지났다. 유럽 역사상 심각하고 중대한 한 해다. 민족적 자유주의 노동자 정치라는 종양이 대다수 유럽 사회민주당들을 질식시켰고, 러시아의 청산파 내에서도 곪아 터지고 있다는 것이 명백해졌다. 그러나 '친구들'은 크릴로프(Krylov)의 우화 「엉망이 된 4중주」에 나오는 음악가들처럼 이리저리 자리를 바꿔보았지만, 계속해서 틀린 곡조로 동일한 옛 노래를 합창했다. 통일, 통일……(《나셰 디엘로》와의!)

파리에서 발행되는 《나셰 슬로보》의 실례는 '통일'의 성실한 지지자들에게 특히 교훈적이다. 조직위원회의 《이즈베스티야》 2호는 《나셰 슬로보》에게 치명적인 타격을 가하여, 《나셰 슬로보》의 죽음(정치적인 죽음인가, '물리적'인 죽음인가는 중요하지 않다)은 이제 시간 문제가 되었다. 조직위원회의 《이즈베스티야》 2호는 간단히 다음과 같이 선언하는 것으로 《나셰 슬로보》를 '죽인' 것이다. "마르토프(그는 자신을 조직위원회 서기국원이라고 생각했는데, 아마 《포어배르츠》의 '죽음' 운운하는 경솔한 언동을 다시는 하지 않는다는 데 동의하는 조건으로 셈콥스키와 악셀로드에 의해 '만장일치로' 서기국에 충원된 것 같다)와 '조직상으로는 조직위원회에 가입해 있는 《나셰 슬로보》 기고가들의 측히 질반'이 자신들이 오류를 인정했다." 자신들은 "순진하게"(순진한 처녀(ingénu) 역을 연기하는 마르토프라! 아주 볼 만하겠는데요!) 《나셰 슬로보》를 "러시아인 국제주의자들 공동의 기관지"로 여겼지만, 현실에서 《나셰 슬로보》는 "분파적"임과 동시에 "분열주의적"(셈콥스키는 여기에 "아나코 생디칼

리즘적"이라는 표현을 덧붙였다)임이 입증되었음을, 또한 "레닌의 《사회민주주의자》 앞에서 자기변명을 하고 있는" 것으로 입증되었음을, 그들 (마르토프를 비롯하여 "족히 절반"의 기고가들)이 인정했다는 것이다.

7개월인가, 8개월인가 동안 통합을 시도해온—그러나 성공하지 못한—《나셰 슬로보》 내 세 가지 흐름이 공중의 면전에 모습을 드러냈다. 1) 2인의 좌익적 편집국원(《나셰 슬로보》 107호). 그들은 진심으로 국제주의에 동조하며 《사회민주주의자》 쪽으로 마음이 기울었다(《나셰 슬로보》 122호에 실린 우리 당의 파리 지부가 그들에게 전한 환영 결의문을 보라). 2) 마르토프와 조직위원회 성원들("족히 절반"의 기고가들). 3) 트로츠키. 그는 늘 그렇듯, 원칙상으로는 어떤 점에서도 사회배외주의자들에 동의하지 않지만, 실천상에서는 무엇이든 다 그들에게 동의한다(덧붙이자면, 치헤이제파 의원단의 "절묘한 조정"—외교적 언어로는 이렇게 부르는가?—덕택에).

통일의 진실한 친구들은 틀림없이 이렇게 자문할 것이다. 왜 《나셰 슬로보》는 붕괴하여 분열했나? 이 분열을, 못된 "레닌주의자들"의 인간 증오적 "분열주의"로 설명하는(《이즈베스티야》 2호의 셈콥스키의 글, 《나셰 슬로보》에 실린 악셀로드의 글 등) 것이 하나의 습관이 되고 있다. 그러나 이들 못된 자들은 《나셰 슬로보》에 전혀 참가한 적이 없으며, 이 단순한 이유 때문에라도 그들은 《나셰 슬로보》를 분열시키나 나오거나 하는 것이 가능하지 않았을 것이다.

그렇다면 문제는 어디에 있을까? 우연이었나? 아니면 사회
민주주의적 노동자들과,《나셰 디엘로》를 거점으로 부르주아
적 영향력을 전달하는 자들(실질적으로는 자유주의적·배외주의적
부르주아지의 하수인들) 간의 통일이 불가능하고 유해하기 때문이
었나?

'통일'의 친구들이 이에 대해 좀 더 생각해보게 하자.

유럽의 사회민주주의자들 중에서는 카우츠키와 하제가 다
름 아닌 베른슈타인과 공동으로 '통일'에 찬성하는 의견을—
이제 다소 다른 정세 속에서, 그리고 다소 다른 형태로—냈다.
이들 '권위자들'은 대중이 좌익화하고 있다는 것을 감지하고
서, 쥐데쿰파와의 평화를 암묵적 조건으로 하여 좌익 사회민
주주의자들에게 평화를 제의하고 있다. 구두선으로 "8월 4일
의 정책"을 거부하는 것, 그리고 아무 의무 부담이 없는(어떤 점
에서는 힌덴부르크와 조프레에게조차도 불리하지 않은) 모종의 '평화'
문구(평화 슬로건은 이 목적에 딱 들어맞는다)의 도움으로, 그리고
병합에 대한 순수관념적인 비난에 의해 민족적 자유주의 노
동자 정치와 사회민주주의 노동자 정치 사이의 균열을 미봉하
는 것, 이것이 대체로 카우츠키와 베른슈타인의 강령이다. 이
에 대해서는 몇몇《뤼마니테》기사의 논조에서 볼 수 있듯이,
프랑스의 사회배외주의자들도 함께하는 것을 꺼려하지 않을
것이다. 물론 독립노동당의 영국인들도 사회배외주의를 이와

같이 사면하는 것—왼쪽을 향해 몇 번이라도 절을 해서 이러한 사면이 은폐되기만 한다면—에 대해 열렬히 지지할 것이다. 조직위원회 성원들과 트로츠키는 이 시점에서 카우츠키와 베른슈타인의 옷자락을 붙들고 매달리도록 역할 배정이 되어 있는 것 같다.

우리는 기회주의 지도자들과 '급진' 진영의 위선적인 배외주의 지도자들이 지금 보여주고 있는 이러한 좌회전은 사회민주주의 내 썩은 것을 구하기 위해 연출된 하나의 희극이라고 본다. 즉 '좌파'에게 사소한 구두선의 양보를 하는 대가를 치르고서라도 민족적 자유주의 노동자 정치를 강화해내겠다는 목적을 가지고, 왼쪽을 향해 절을 하는 것을 통해 사회민주당 내 부패한 것을 구하기 위한 좌클릭 각본인 것이다.

대중들 사이에 환멸과 불만과 항의와 분노와 혁명적 기운이 고조되고 있고, 이것이 일정한 발전 단계에서는 믿기 힘들 정도로 급속히 행동으로 전화될 수 있는 상황, 이것이 현재 유럽의 객관적 정세다. 지금 문제는 오직 다음과 같이 제출되어 있다. 자국 부르주아지와 자국 정부에 대항하는 혁명적 행동의 성장과 발전을 도울 것인가, 아니면 혁명적 기운에 제동을 걸고, 그것을 달래고 꺼뜨릴 것인가? 이 두 방향 중 후자로 가기 위해 자유주의 부르주아지와 기회주의자들은, 대중과 자신들 간의 불화와 파열을, 그리고 혁명적 행동이 더욱더 진지한 국면으로 옮겨가는 것을 막을 수만 있다면, 좌파에게 입으로 하는 그 어떤 양보도, 군비철폐와 평화와 병합 거부와 온갖 종류의 개혁에 대한 그 어떤 약속도, 이 세상의 그 어떤 요구도 다 **수용할 것이다**(그리고 그들의 이익이라는 관점에서 볼 때 수용하지 않으면 안 된다).

우리는 대중을 향해 다음과 같이 말한다. 그 어떤 거창한 강령도 믿지 마시오. 당신들 자신의 대중적인 혁명적 행동에 의지하시오. 당신들의 정부와 당신들의 부르주아지에 대항하는 혁명적 행동 말이오. 그리고 그와 같은 행동을 확대하고 강화시키도록 하시오. 사회주의를 위한 내란 없이는 지금의 야만으로부터 벗어날 어떤 출구도, 유럽에서 어떠한 진보의 가능성도 없다는 것을 잊지 마시오.

덧붙임: 이 글이 이미 인쇄에 들어가고 나서 우리는 플레하노프 씨와 "왕년의 혁명가" 알렉신스키 씨 및 그 일파가 낸 『전쟁*The War*』이라는 제목의 논문집을 입수했다. 이 논문집은 차리즘의 반동적인 약탈 전쟁을 "정의전", "방위전" 등으로 보이도록 만들려고 하는 사회배외주의자들의 궤변과 거짓말을 한데 모아놓은 종합선물세트다. 우리는 차리즘에 대한 굴종으로 점철된 이 지옥스런 종이다발을, 제2인터내셔널이 왜 붕괴했는지 진지하게 구명하고자 하는 모든 이들 앞에 갖다 놓고자 한다. 말 나온 김에 한 가지 주목할 만한 것은 이들 공공연한 사회배외주의자들이 치헤이제에 대해서도, 치헤이제파 의원단 전체에 대해서도 전적으로 만족스러워한다는 사실이다. 조직

위원회와 트로츠키와 플레하노프와 알렉신스키와 그 일파도, 수년간 치헤이제파 의원단이 기회주의자들을 엄호해주고 돌봐주는 능력을 입증해왔기 때문에 당연히 만족스러워한다.

지금 시베리아 유형 중인 러시아 사회민주노동당 의원단에 대해 플레하노프 씨와 알렉신스키 씨는 파렴치한 거짓말을 해대고 있다. 이 거짓말을 논박할 기록 문서들을 제시하는 것이 가능해질 시간이 가까이 온 것 같다.

| 《사회민주주의자》 43호, 1915년 7월 26일

옮긴이 후기

이 책은 레닌이 1915년 1월부터 7월까지 쓴 글들을 번역한 것으로, 대본인 프로그레스판 레닌 전집에서는 21권에 해당한다. 대본 21권의 다른 글들은 시간 순서상 앞의 글들은 이 전집의 58권에, 뒤의 글들은 60권에 수록되었다.

이 책에 수록된 23편의 글 가운데 「남의 깃발을 내걸고」, 「제2인터내셔널의 붕괴」 등 5편을 제외하고는 모두 국내에선 처음으로 번역한 것이다. 1980년대에 번역 출간되었던 5편의 글도 새로 번역했다.

1914년 8월 세계 전쟁이 발발하자 교전국 각국에서는 애국주의와 민족주의, 배외주의(쇼비니즘)가 기승을 부렸다. 이 열광적 기류의 압력을 받아 당시 제2인터내셔널 당들 내부의 다수파 기회주의 조류들도 기존의 '제국주의 전쟁 반대' 결의를 폐기하고 사회배외주의와 '조국 방위'론으로 넘어갔다. 그에 앞서 열린 인터내셔널 대회에서는 제국주의 전쟁을 예상하고 그에 맞선 '투쟁'을 결의한 바 있었다. 인터내셔널 최대 정당인 독일 사회민주당을 비롯한 각국의 사회주의 당들이 통과시킨 이 결의는 단순한 '전쟁 반대'를 넘어, 전쟁이 야기하는 경제적·정치적 위기를 이용하여 자본주의의 붕괴를 앞당기자는 결의였다. 다시 말해서, 이 세계적인 학살의 참화로부터 단 하나의 구제책인 세계 프롤레타리아 혁명을 준비하고 촉진하자는 것이다. 좀 더 구체적으로는, 인터내셔널 각 당이 '자'국 정부의 패전을 촉진시키는 투쟁('혁명적 패배주의')을 함으로써 제국주의 전쟁을 내란으로 전화시킨다는 전술 방침을 내포한 결의라고 할 수 있다.

그런데 이 모든 결의가, 막상 전쟁이 터지자 철저히 배반당한 것이다. 혁명적 프롤레타리아트에게 이 '배신'은 전쟁 못지않은 엄청난 재앙이었다. 노동자계급의 국제적 단결이 파괴되고 인터내셔널이 붕괴했다. 제도화된 각국의 사회주의 운동은 '조국 방위'를 내걸고 배외주의에 편승하여 노동자들을 전장으로 내몰아 서로를 향해 총을 쏘게 했다.

전쟁의 재앙에 대해서만이 아니라, 이 배신의 재앙에 대해서도 동시에 싸워야 했다. 전쟁 반대 투쟁은 이제 사회주의 운동 내 기회주의와의 투쟁과 분리할 수 없게 되었다. 제국주의 전쟁에 대항하는 투쟁은 '사회' 배외주의에 대한 투쟁과 결합되어야 했고, 나아가 '평화!'의 이름으로 국내의 계급휴전 및 노자협조를 설파하는 노동운동 내 평화주의에 대한 투쟁과도 뗄 수 없는 단일한 투쟁이 되어야 했다.

또한 입으로는 국제주의를 외치지만 실제로는 사회배외주의자들을 옹호하는 카우츠키류의 중도기회주의와도 투쟁해야 했다. 나아가 '민주주의적 평화' 요구 투쟁으로 대동단결하자는―중도 기회주의자들과 함께하자는 '사회주의자의 단결' 주장인데, 결과적으로 사회배외주의까지 포함하는 대동단결이다―'사회주의적' 평화주의와도 투쟁해야 했다. 이와 같이 일관된 전쟁 반대 투쟁은 기존 인터내셔널 내 우파·중앙파의 사회배외주의·조국 방어주의와의 투쟁뿐만 아니라, 좌파 내 평화주의와의 투쟁과도 분리할 수 없는 단일한 투쟁이 되어야 했다.

레닌은 이 모든 투쟁을, 시대의 역류에 맞섰던 한 줌도 안 되는 '골통'들과 더불어 이 시기에 수행해야 했다. 이 시기에 레닌은 처음으로 사회주의 운동 내 그 혁명적·국제주의적 소수파를 '사회주의자' 대신 '공산주의자'라 부르자고 제안하기도 했는데, 결과적으로 이 시기의 투쟁이 나중에 제2인터내셔널의 붕괴를 딛고 제3 공산주의 인터내셔널을 준비하는 투쟁이 되었다. 이 투쟁은 전쟁과 배신의 재앙을 맞아 프롤레타리아트의 세계사적 사명이 부정되고, 혁명적 주체로서의 '프롤레타리아트의 소멸'이 운위되는 '정세' 속에서 시류를 거슬러 새롭게 혁명적 프롤레타리아트를 구성해내는 투쟁이기도 했다.

이 시기 '프롤레타리아트의 소멸'은 다름 아닌 노동계급 운동 내 이러한 각종 기회주의에 의해 만들어진 것이다. 즉 사회주의 운동·노동운동 내 자본가계급의 하수인, 2중대에 의해 노동자들이 정치적·이데올로기적으로 무장해제당하면서, 배외주의, 애국주의, 민족주의로 이끌리고, 제국주의 전쟁에서 '자'국 부르주아지를 지지하는 '조국 방위'로 내몰린 것이다.

따라서 혁명적 주체로서 프롤레타리아트를 새롭게 다시 세워내는 과제는 이러한 노동계급 운동 내 기회주의(사회배외주의와 중도주의, 그리고 제국주의 초과이윤에 매수된 노동귀족과 노조관료 등)와의 투쟁과 직결되었고, 그 투쟁을 통하지 않고서는 다시 '주체를 형성'할 길이 없었다('대배반'의 재앙을 맞아 이 배반과 싸우지 않고 자생적으로 혁명적 주체가 형성되길 기다리는 것이나, 노동자들을 '조국 방위'로 내모는 기회주의 지도부와의 투쟁 없이 '반전 평화!'로 광범한 대중을 모아내서 혁명적 '주체 형성'을 한다는 것은 위선이 아니면 공문구다).

그리고 이 기회주의와의 투쟁은 단순히 지난 인터내셔널 대회의 결의, 즉 제국주의 전쟁이 야기하는 위기를 이용하여 자본주의 붕괴를 앞당긴다는 결의를 되살리는 수준을 넘어서 전쟁에 대항하는 프롤레타리아 혁명의 강령과 전술·슬로건, 그리고 새로운 조직화(새로운 공산주의 인터내셔널과 공산주의 당)를 위한 투쟁이 되어야 했다. 이렇게 전쟁 반대 투쟁·노동계급 운동 내 기회주의와의 투쟁·프롤레타리아 혁명을 위한 투쟁은 하나로 묶였고, 단일한 투쟁이 되었다.

이 책의 글들은 역류에 맞선 레닌의 이 투쟁이 고립을 불사하면서 혁명적 정신을 얼마나 긴장시킨 불굴의 투쟁이었는지를 생생하게 보여준다.

2017년 6월

양효식

찾아보기

제2인터내셔널의 붕괴   **059** 레닌   Владимир
전집   Ильич
Ленин

1판 1쇄 발행 2017년 7월 31일

지은이 블라디미르 일리치 레닌
옮긴이 양효식
펴낸이 김찬

펴낸곳 도서출판 아고라
출판등록 제2005-8호(2005년 2월 22일)
주소 경기도 파주시 가온로 256 1101동 302호
전화 031-948-0510
팩스 031-948-4018

ISBN 978-89-92055-61-1 04300
ISBN 978-89-92055-59-8 04300세트

이 책은 허형옥 디자이너, 물질과 비물질,
대현지류, HEP프로세서, 더나이스, 경일제책
노동자들의 노동을 통해 만들어졌습니다.
또한 편집과 제작비 마련 과정에서 레닌북클럽
회원들의 도움을 받았습니다.

* 책값은 뒤표지에 있습니다.
* 레닌북클럽:
facebook.com/groups/leninbookclub